AF125711

Gergely Berzeviczy

Die Reformen Kayser Josephs in Ungarn

Gergely Berzeviczy

Die Reformen Kayser Josephs in Ungarn

ISBN/EAN: 9783743330443

Hergestellt in Europa, USA, Kanada, Australien, Japan

Cover: Foto ©ninafisch / pixelio.de

Manufactured and distributed by brebook publishing software
(www.brebook.com)

Gergely Berzeviczy

Die Reformen Kayser Josephs in Ungarn

Politifch-kirchliches

MANCH HERMAEON

von

den Reformen Kayfer Jofephs überhaupt

vorzüglich in Ungarn,

mit

nüzlichen Winken

zur

Richtung der Gefinnungen des Adels der Geiftlichkeit
und des Volks auf den nächft bevorftehenden
Reichstag in Ungarn.

Opinionum commenta - delet dies ---
naturae iudicia confirmat.

Cicero.

Gedrukt mit Wörbözifchen Schriften.

Vorreden.

Erste Vorrede,
über den Titel des Buchs.

Um den Titel zu meinem Buch war ich auf keine Art verlegen. Andere Schriftsteller und Autoren, haben so manche schlaflose Nacht, über dem Sinnen nach einem geschmakvollen Titel zugebracht. Mir bot sich in einem Augenblike eine unübersehbare Menge von Taufnamen der Bücher an. — Politische Schwadronerien — Beleuchtung einiger Abtheilungen des ungarischen Staatsrechts — Raisonnement eines Weltbürgers über Ungarn — Enthüllung der ungarischen Staatsverfassung — Summarische Nachrichten von den Begebenheiten des lezten Jahrzehends in Ungarn —

A 2 wohl-

wohlgemeinte Winke für die Landstän-
de auf den nächst bevorstehenden Reichstag in Ungarn — Etwas über den Katholizifm , Protestantifm , Jefuitifm —
(wenns nicht fo fehr abgedrofchen wäre) — jeder diefer Titel hätte zu meinem Buch mehr oder weniger gepafst.
Nie war die Ueberzeugung, dafs es leichter fey, zwölftaufend Titel zu finden,
als ein Buch zu fchreiben, fo lebhaft,
wie jezt, bei mir. — Weil es aber irgendwo heifst: wehe dem Mann in unferm Zeitalter, dessen Buch nicht durch
den Titel auffällt : fo kam ich denn darauf, mein Buch „*manch Hermäon* „ ganz
in der hermetifchen Sprache der Myste-
rien, zu taufen, und das um desto
mehr , weil der Name dem Innhalt
meiner Schrift wirklich entfpricht. „Die
Griechen, heifst es irgendwo, nannten
alles *Hermäa*, was sie, fo — beiher —
ungefucht auf dem Wege fanden; theils,
weil Hermes ihnen der Gott der Wege
war, theils, weil sie dem Hermes über
haupt, einen jeden glüklichen Zufall zu
verdanken pflegten. „

Zwey-

Zweyte Vorrede

über die Entstehungsart des Buchs.

***

Die Entstehung meines Buchs verdanke ich, nebst meinen Reisen durch das Königreich, griechisch dem Gott Hermes, ein paar Zufällen, über welche die ersten und lezten Seiten meines Buches, einen nicht undeutlichen Auffchluſs geben. Auf meine Reisen, die ich bald in Geschäften, bald aus Vergnügen unternommen habe, nahm ich mit, ein paar gefunde Augen zu sehen, offene Ohren zu hören, Beobachtungsgabe, Erweiterungstrieb, so viel ich habe, und Hang, Freundschaften zu suchen, ich kann sagen, auch zu finden, vielleicht mehr als ich sollte. Wer dies hat und zu gebrauchen weiſs, der kauft und sammlet politische und moralische Erscheinungen, ohne Mühe und Verdacht. Also leicht — wie beiher auf dem Wege — wie mans einigen Anachronismen ansehen kann — sind die Materialien gesammlet worden.— Schwerer ward es mir, sie, in eine gewisse Form geordnet, zur Welt zu bringen.

gen. Ich empfand für das Vergnügen des Sammlens doppelt heftige Geburts-fchmerzen.

Dritte Vorrede

über mein werthes Selbſt.

Diefes könnte gleichgültig fcheinen. Es ists aber nicht. Man sieht es gerne — wenn der Verfaſſer, der namenlos er-fcheint, wenigstens eine Klaue feines Ichs — hinstrekt. Nach diefer Klaue fucht man ihn dann zu erkennen. — Ich zei-ge dir die meinige, Lefer! Verfuchs ob ich dir nach derfelben fo kennbar feyn kann, als ich wünfche. Mein Symbol ist: Gott, König, Volk!— Den ersten fürchte ich, den zweyten ehre ich, das dritte hab ich lieb — fo lieb, dafs ich mich blofs aus Liebe zu demfelben entfchlofs, ei-nen Schritt zu thun, der taufenderley Urtheile und strenge Unterfuchungen nach sich ziehen kann. — Schwer ent-fchlofs ich mich zu demfelben, noch fchwerer that ich ihn. — Ist jeder, der den Beruf zur Schriftstellerey fühlt und

be-

befolgt, beim Ueberdenken der Folgen,
welche sie für ihn und das Ganze haben
kann, fo gewissenhaft als ich: fo ists mir
unerklärbar, wie man Bücher aller Art
zu Dutzenden, fo — als wärs Töpfe machen — fchreiben kann. Ich betheure,
bei dem, was mir vor allen andern heilig ist, alfo bei Gott, dem König und
dem Volk, dafs ich, bei dem lebhaftesten
Gefühle dessen, was ich dem Vaterlande
und mir felbst fchuldig bin, nach und
ohne Formularen, das Moralifche in meinem Entfchlufs geprüft habe. So gieng
eine Zeit hin — mit Federfchneiden und
Feder zerstampfen. Endlich ward die Vorstellung: die Obrigkeit, den König eh-
ren, und für das Volk fprechen, fey eine heilige, über alle Kollisionen erhabene,
Pflicht, in mir fo mächtig, dafs ich ihrem Drang folgte und fchrieb nefanda.

Vierte Vorrede.
über meine Abfichten und Erwartungen

Meine Absicht ist, auf den Strauch zu
fchlagen. — — Daher hie und da — ich
läugne es nicht — die Stimme der Lei-

denfchaft. Enthufiafm gegen Enthufiafm, dachte ich — wenn die Menfchen die Stimme der Vernunft nicht hören. — Laffe ich jedem fein *pectus*, fo lasse er mir auch meines. — Ob ich meine Absicht erreichen werde, das steht zu erwarten. Man follte glauben, dafs ein Buch, mit einem hermetifchen Titel an der Stirne; mit einem Drittheil auffallender Noten; mit vier Vorreden bei der ersten Auflage; über einige Theile der Staatsverfassung eines Reiches, das gröstentheils *ad terram incognitam* gehört; über die meisten Riefenfchritte eines gekrönten Reformators; über Kollisionen zwifchen Protestantifmus und Jefuitifmus; in einer Zeit der Gährung, kurz vor einem Reichstag, der unter die merkwürdigsten gehören foll — herausgegeben, Reiz genug für die Aufmerkfamkeit des Publikums enthält und auf keine Art verlegene Buchhändler-Waare bleiben kann. —

den 15. März 1790.

Lie-

Lieber, theurer Freund!

Iezt lebe ich in meiner traurigen Lage ohngefähr
so , wie der zum lebenslänglichen Arreſt verurtheil-
te Miſſethäter. Da er keine Hofnung haben kann,
diesſeits des Grabes ſein betrübtes Loos abzuän-
dern, bequemet er ſich zur Duldſamkeit, und brin-
get es in der Tugend der Ausharrung oft ſehr
hoch. Nicht ganz, aber einigermaaſſen doch auf
dieſe Art, ſuche ich meinen Kummer, ach! ſie kennen ja den namenloſen Kummer, der ohnlängſt meine Lebenskraft zerdrücken wollte, zu ertragen.

Leiden ohne Thätigkeit , ohne die Mittel zu
ſuchen und anzuwenden , welche die Leiden bald
erleichtern, bald entfernen, iſt Thorheit. Ein Thor
möchte ich weder in meinen noch anderer Menſchen Augen ſeyn. Darum ſah ich mich nach den
Mitteln um, von dénen ich wuſte, daſs ſie an andern ihre beruhigende Kraft geäuſſert haben. Ich
fieng daher an, nicht etwa mit der kalten Begier-

de

de eines Philofophen, dem es wohl geht, und der
nur aus Liebhaberey den Erweiterungstrieb feiner
Seele befriedigen will, ich fieng an mit dem fehn-
lichften Verlangen nach Troft, die herrlichen Vorftellungen zu lefen, in welchen die groffen Männer des Alterthums, *Sokrates*, *Epiclet*, *Seneka*,
Mark Antonin, Beruhigung fuchten und zum Theil
auch fanden. Anfangs gefiel mir faft alles. Ich
fand an mir felbft die Erfahrung beftätigt, dafs das
Beifpiel folcher Männer, die allgemein für grofs gehalten werden, von mächtiger Wirkung ift. Befonders fiel mir auf das *Epicletifche: find die Dinge in der Welt nicht gerade fo, wie du fie verlangft:
fo begnüge dich mit ihren gegenwärtigen Zuftande
und du wirft ruhig leben.* Ich verfuchte alfo die
fcheinbar groffe Kraft diefer Worte zur Stillung
meines harmvollen Herzens anzuwenden. Der Erfolg zeigte, dafs meine Mühe eitel war. Denn,
je länger ich dabei verweilte, je mehr und genauer
ich den Rath Epictets von allen Seiten prüfte;
defto lebendiger wurde die Ueberzeugung bei
mir: da ift keine *Himmelskraft,* leidende Herzen zu
beruhigen! Endlich verfiegte diefe Quelle, an der
ich einen ungewöhnlichen Fund gewonnen zu
haben glaubte, mir ganz. Ihr Waffer war mir un-
geniefsbar, wie das Waffer einer fumpfigten Cifter-
ne. Wie könnte auch das: begnüge dich mit dem
gegenwärtigen Zuftande der Dinge, wie könnte
das frommen, da eben die Zweifel über die Wohlthätigkeit meines gegenwärtigen Zuftandes meinen Kummer vermehren?

Um

Um nicht ungerecht zu feyn, mufs ich aber be-
kennen, dafs mich eben diefer Epiktetifche Gedanke, zum Nachdenken über den gegenwärtigen
Zuftand der Dinge im Allgemeinen, und befonders
über den Zuftand der Dinge in unferm Vaterlande
veranlafste, und in demfelben habe ich end'ich den
wirkfamften Troft gefunden. Der erfte flüchtige
Blick auf den Zuftand der Dinge, in welchem wir
leben, kündiget zwar eben nicht die furchtbarfte
Zukunft an. Wir fehen, dafs der Kampf, den
die Wahrheit gegen den Irrthum, die Tugend gegen das Lafter, das Glück gegen das Unglück
kämpfet, nicht ganz unglücklich fey, dafs fich vielmehr der Sieg auf die Seite des Guten neige.
Diefer wahrfcheinliche Sieg und der Sieg der Rechte der Menfchheit über ihre Unterdrücker und die
hierauf rege gewordene Aufmerkfamkeit der Fürften, diefe und diefen ähnliche Erfcheinungen find
eben keine traurige Vorbothen künftiger Zeiten.
Im allgemeinen mögen diefe Data immer von groffen und erfreulichen Folgen feyn und werden.
Ich fehe im Geifte aus diefen himmlifchen Keimen,
für manche Provinzen Europens, die fchönften
Blüthen, und die füffeften Früchte hervorgehen.
Allein unfer armes Vaterland wird fie nicht fo
bald geniefsen. Der Gedanke wird in mir unwan-
delbar feft: wir werden hier traurige Zeiten erleben. Diefen traurigen Zeiten hat Gott den fanf-
ten Engel, den er mir auf eine kurze Zeit zugege-
ben hatte, aus befonderer Gnade entriffen. Freund!
unendlich wichtig wird mir in diefer Lage der

A 5   Dinge,

Dinge, der Gedanke, auf den fie mich einft aufmerkfam gemacht haben: *Wer den Himmel wohl-
gefällt, der wird weggenommen aus dem Leben unter
den Sündern,* Das ift ein Troft, an dem fich jeder
mir ähnliche Dulder laben kann. Schreiben fie
ja meine geäufferten Beforgniffe dem Kummer
meines Herzens nicht zu. Ich weifs zwar, dafs
der Kummer fo gerne alles in trauriger Geftalt
fieht und mit fchwarzen Farben fchildert. Traurige Ahndungen find feine Töchter. Bei mir ift
ein anderer Fall. Bei mir ift die Ahndung einer
betrübten Zukunft, befonders einer betrübten Zukunft für unfere Glaubensgenoffen, keine leere ungegründete Ahndung. Der Gang aller Dinge in
unferm Vaterlande ift fo befchaffen, dafs ungewöhnliche Umftände dazwifchen kommen müffen,
*wenn uns Proteftanten kein widriges Schickfal tref-
fen foll.* Der Blitz in Rom oder in — — gefchmie-
det — der uns gelten foll, ift ganz fertig. Einen
ftarken feften Baum kann er zerfchmettern. Um
defto leichter uns, eine zarte Pflanze, eine Pflanze,
an welcher gefährliche, verderbende Würmer na-
gen, eine Pflanze, die hier, in diefem Lande, fo wenig Schutz hat! Man weifs aus unbezweifelten
Nachrichten die Gefinnungen unfers Monarchen
gegen uns. Offen, wie ein Deutfcher, laut wie ein
gerader Fürft, foll er fich über uns beklagt haben: *er hätte von den in Ungarn begünftigten Proteftanten unerwartete Undankbarkeit erfahren.* Aus
den Aeufserungen eines fo mächtigen und in feinen Unternehmungen zu rafchen Fürften kann
ich

ich nichts Gutes wahrſagen, beſonders wenn ich
bedenke , daſs er nicht ganz und gar unrecht haben mag, wenn er über uns klagt. Wir Proteſtanten ſind nicht nur Menſchen, wie andere, fondern wir ſind noch mehr als andere Menſchen.
Wir ſind in einem eigentlichen Sinne *Proteſtanten.*
Unſer Proteſtantiſm macht uns geneigt, der Kri-
tik, welcher wir die ehrwürdigſten Urkunden der
Religion unterwerfen, auch die Grundſätze der
Fürſten zu unterwerfen. Wir laſſen uns auf keine
Art und in keinem Sinne gerne tyranniſiren. Seit
dem der Proteſtantism eine gewiſſe Stimme in Europa hat, hat der Tyrannenton und die Pfaffenregie-
rung ſo ziemlich abgenommen. Nicht - Chriſtliche
Reiſende ſagen, daſs ſie die proteſtantiſchen Länder
in Europa am beſten bevölkert, am beſten kon-
ſtituirt, am beſten und zweckmäſsigſten regiert
finden. Da nun das Königreich Ungarn jezt *),
wenigſtens in einem Drittheile mit Proteſtanten
bevölkert iſt; da ſich ſeit der Toleranz in den
Oeſterreichiſchen Ländern manche Dinge anders
gewendet haben : da wir Proteſtanten jezt Siz und
Stimme

*) Jezt ſage ich. Denn einſt, wo der Ungar, in dem,
mit ſeiner Neigung zur edlen Freyheit ſympathiſi-
renden proteſtantiſchen Lehrbegriff ſeine Nahrung
und Freude fand, und die Laſten der Hierarchie,
mit ihrer ganzen Sklaverey verabſcheute, war der
gröſste, der edelſte Theil des Königreiches dieſem
Lehrbegriff zugethan. Die Urſachen des häufigen
unglaublich ſchnellen Abfalls von demſelben —
künftig.
Der Herausgeber.

Stimme haben in allen Landesſtellen, ſo geſchah
es, daſs die Anträge des guten, Groſſen Kayfers,
von uns Proteſtanten mehr, wie man es je ver-
muthet hätte, beſtritten wurden. An dieſer, wie
ſich der Monarch ſelbſt ausdrückte, unerwarteten
Beſtreitung einiger ſeiner Anträge mag der Proteſtantiſm, als ein ſolcher wohl einigen Antheil haben. Aber gewiſs nicht den einzigen und ganzen.
Denn, wenn auch der Proteſtant ſeine religiöſe
und bürgerliche Freyheit unter die erſten unent-
behrlichen Bedürfniſſe des Lebers zählt, und für
ſolche alles, auch die theureſten Opfer, hinzugeben
bereit iſt: ſo wird er doch von der andern Seite,
mehr als jeder andere Chriſtenthumsgenoſſe, durch
die mächtigſten Antriebe und Vorſtellungen, zum
uneingeſchränkt willigen Gehorſam gegen die Fürſten angeführt. Er glaubt dem Ausſpruch der
Bibel: ein jeglicher ſey unterthan der Obrigkeit;
denn die Obrigkeit iſt eine Anordnung und Die-
nerin des Himmels, mehr, als je es ein Kathol k
glauben mag. Und hätte er es aus der Bibel auch
nicht gelernet: ſo lernet er es aus ſeinem Völker-
recht, und dem Recht der bürgerlichen Geſellſchaften, nach deſſen Grundſätzen den Fürſten, das Recht
gebührt, ſelb t in politiſch - kirchlichen Dingen das
entſcheidende Wort zu führen.

Der Proteſtantiſm, der an ſolche Grundſätze
glaubt, und den Glauben an dieſelben ſo gerne
ausbreitet hatte demnach an den wiederhohlten Re-
monſtrationen gegen die Anträge des ungariſchen
Königs

Königs den einzigen ganzen Antheil nicht. Vielmehr waren da die Katholiken eine geheime Trieb-
feder und das aus Urfachen, derer lie fich vor der
ganzen vernünftigen Welt fchämen follten. Sie
können es nehmlich nichts weniger als gleichgültig anfehen, dafs die Proteftanten, die feit mehr
als hundert Iahren, der gekränkte Theil, der, von
den meiften, befonders den höhern Aemtern, aus-
gefchloffene Theil, waren, jezt wieder überall angeftellet werden. Ihre Herrfucht ift dadurch gekränkt, ihr Einflufs gefchwächt, ihre Stimmen,
die fonft alles entfchieden, unbedeutender geworden. Wollen lie fich von der *unbürgerlichen Gefinnung der Katholiken* gegen uns, ihre proteftantifche Mitbürger, überzeugen: fo denken Sie nur an
das Jahr 1782. zurük, in welchem, das Toleranz-Patent, ein unfterbliches Denkmal des Römifchen
Kayfers, Iofephs des II. bekannt gemacht wurde.
Wie fcheel fah der gemeine von feinem Pfarrer
bethörte Katholik dazu? Wie verlegen war felbft der
beffer denkende? Wie gefchäftig der Mönch, Stimmen dagegen zu fammlen? wie geheimnisvoll
der Gang der Kapitel - Gefchäfte? — Wie ftark
der Briefwechfel zwifchen den Erzbifchöfen
und Bifchöfen? Wie laut und mächtig die Einwendungen derfelben dagegen? Wie langfam und
faft unmöglich die Anftellung der Proteftanten
unter den alten Obergefpänen? *) Mit welchen
Hinder-

*) Nach der urfprünglichen Beftimmung follten die
Ober - Gefpäne, Häupter der Gefpanfchaften, ihre
Reprä-

Hinderniſſen muſte manche Gemeinde kämpfen, bis ſie die Freyheit bekam, mit der Laſt der Ernährung der katholiſchen Pfarrer, eigene Prediger, Schullehrer und Gottesverehrungen nach eigenem Glauben halten zu dürfen? Nein! Wenn eine heidniſche, dem Chriſtenthum ſchnurſtraks entgegen geſezte Religion hätte eingeführt werden ſollen: ſo wäre der Normal und Nicht - Normal, der bei dem k. k. Hof erſchlichnen und in den Geſpannſchaften liſtiger Weiſe e dachten Hinderniſſe, Einſchränkungen, Kabbalen, und Ränke zu viel geweſen. *Der groſſe Kayſer* hat indeſſen alle die Hinderniſſe, die, mit ſeiner Politik (ſoll er denn keine haben?) nicht nothwendig verwandt waren, mit mehr als menſchl cher Standhaftigkeit *gröſtentheils* überwunden, und den noch immer zahlreichen Proteſtanten ſeiner Länder, welche in vielen Dingen übler daran waren als die Juden, den freylich immer ſehr eingeſchränkten Genuſs der religiöſen und bürgerlichen Rechte zu wege gebracht. Wir haben ſeit dem Toleranz-Dekret mehrere hundert Gemeinden errichtet, mehrere hundert Kirchen, Bethäuſer und Schulen erbauet, und dienen nun Gott, nach der Weiſe unſerer

Repräſentanten und Beſchützer ſeyn. Nach der Zeit wurden ſie ſelbſtſüchtige Tyrannen — — beſonders aber Unterdrücker der zahlreichen Proteſtanten! Denn man wählte gewöhnlich ſolche dazu, die ſich durch ihren Haſs gegen die Religions - und Volks - Freyheit auszeichneten.

Der Herausgeber.

ſerer Väter. Die Proteſtanten bekleiden jezt höhere und niedére Aemter. Ehedém hatte auf höhere Landes- und Geſpanſchaften-Aemter nur der
Katholik ein Recht; Vorzüglich theilte ſich ein
gewiſſer engerer Ausſchuſs derſelben, die ſogenannten Sodales Mariani in dieſelben. *) Die ein-
träglichſten Aemter und Aemter, bei welchen man
ſich zum Wohl dieſer Parthey den mächtigſten Ein-
fluſs verſprechen konnte, wurden ihnen zu Theil.
Iezt iſt das eine ganz andere Sache. Die Proteſtanten haben das Recht, überall angeſtellt zu werden. Und ſie erhalten auch ſo manches Amt, wie
wohl-immer noch nicht nach dem billigen Verhältniſs ihrer Zahl und nach Maſsgabe ihrer Ge-
ſchiklichkeit, die ihnen noch nie abgeſprochen wurde. Es iſt nicht viel, daſs wir einen Vice-Can -
ler; ein paar geheime-, einige Hof einige Ap-
pellations- einige citulirte Räthe, ein paar Studien-
Dire-

*) Von dieſen *Sodalibus Mariae* bin ich jetzt 'nicht im
Stande, einen vollkommnen Begriff zu geben. So
viel weiſs ich, daſs der Gedanke, eine *Societatem*
Marianam zu ſtiften, von einem hohen Geiſtlichen
angegeben wurde, und daſs zu derſelben nur Adeliche zugelaſſen würden. Sie trugen ein kleines Kreuz-
chen unter den obern Kleidern der Weſte; protegier-
ten und beförderten einander aus aller Kraft; waren
die blindeſten Eiferer für den kraſſen Katholiciſm und
die muthigſten Beſtreiter jedes freyern Gedankens,
der ſich über ihre dummen *locus Communes* erhob.
Dieſes wenige weiſs ich aus eigener Erfahrung. Sonſt
hielten ſie ſich ſehr geheim.

Der Herausgeber.

B

Direktoren, Vice-Gefpäne, Stuhlrichter, Archiväre, Notarien, Konzipiften haben. Allein diefes Wenige gönnen uns die Katholiken nicht. Sie möchten uns diefe heiligen Bürger-Rechte wieder entreiffen. Darum fuchen fie uns verdächtig zu machen. Sie wiegeln uns zu Remonftrationen gegen die königlichen Anordnungen auf. Und wir, ach! wir gutherzige unpolitifche Menfchen! laffen uns, aus der Beforgnifs, dafs wir bei den argwöhnifchen Katholiken, für Vaterlandsfeinde gelten möchten, wenn wir zu den kayf. königl. Neuerungen fchwiegen, verführen; helfen mitrepräfentiren; führen hie und da das erfte Wort; überwiegen, weil uns das Ueberwiegen leicht gemacht wird, in manchen Gefpannfchaften die Stimmen anderer; werden zum Schein und ins Geficht als Verfechter der vaterländifchen Rechte, als rechte Patrioten und einzige Stüzen der alten Konftitution gelobt, und, trunken von diefem Lobe, merken wir nicht darauf, dafs wir bei Hofe angegeben und dadurch um das Zutrauen des Kayfers dergeftalt gebracht werden, dafs er fagen mufs: ich erfahre, dafs die Proteftanten undankbar find.

Freund! mir thut es tief im Herzen wehe, dafs wir uns auf diefe Art überliften, und um das Zutrauen eines guten Königs bringen laffen. *Sie* haben fo manche Gelegenheit, auf unfere Proteftanten zu wirken. *Ihr* ausgebreiteter Briefwechfel und die Reifen, welche *Sie* oft unternehmen müffen, könnten dazu recht bequem und wohlthätig thäthig benuzt werden, unfere Glaubensgenoſſen, auf ihre gefahrvolle Sorglofigkeit und Lage aufmerkfam zu machen. Sagen Sie überall, wo Sie nur hinkommen: dafs die Zeit noch nicht da fey, wo man mit den Katholiken, nach der uns fonſt eigenen Offenheit und Aufrichtigkeit, umgehen und ihnen ganz trauen könnte Einmal werden fie noch gewiſs unferes vollen Zutrauens würdig werden. Denn einmal werden fie doch einfehen lernen, dafs ihre Lehren, ihre Religionslehren, welche urfprünglich die wohlthätige Abficht haben follen, Humanität und Menfchlichkeit zu befördern, zu unmenfchlich, zu unbürgerlich find. — Es fängt an, auch unter ihnen zu dämmern. Aber der volle Tag iſt noch ferne. Bis dahin, bis der volle Tag anbricht, wollen wir fie zwar mit Wohlwollen und mit zuvorkommender Liebe behandeln, aber bei Wahrnehmung diefer Pflicht und in jedem Umgange mit denfelben das vor Augen behalten, was eine nähere Bekanntfchaft mit dem Geifte des Katholicifmus fo mächtig und nachdrücklich lehrt: *dafs der Katholik, als ein folcher, im ganzen, vollen Sinne des Worts, ein redlicher Mitbürger anderer Religionsparthcyen unmöglich werden könne.* Ich weifs, dafs fich bei diefem Saz Ihr menfchenfreundliches Herz empören, und meiner Behauptung fo manche Beyfpiele edler, biederer Katholiken entgegen fezen wird. Ich felbſt mufs geftehen, dafs ich in dem Kreifs *Ihrer* Bekannten einige folche kenne. *Sie* felbſt haben mir ihre Namen, nebſt einer kurzen Karakteri-

ſtik

ſtik ihres edlen Herzens und vollkommen toleranten Betragens bei einer gewiſſen Gelegenheit —
zugeſchickt. Allein das ſind einzelne Ausnahmen.
Die Grundſäze ſolcher Katholiken ſind nicht aus
ihnen ſelbſt. Bellarmin, Kochem, Kaniſi, der
Biſchof zu E . . . und andere dergleichen mo-
delten ſie nicht, Umgang, Lectüre, Erfahrung
und 'redliches Nachdenken über die Menſchheit
hat ſie gebildet und uns näher gebracht. Aus
dieſen wenigen Ausnahmen werden *Sie* doch keine
Regel machen wollen. Sie würden gegen die ge-
ſunde Logik und die Erfahrung ſündigen. Im
Ganzen iſt der Katholik, als ein ſolcher, ein Menſch,
der auſſer der Autorität einiger italiäniſcher Biſchöfe und des Pabſtes, keine andere anerkennt;
der, wenn es ihn dieſe heiſſen, allen möglichen Rechten, den Rechten der Natur, den Rechten der Of-
fenbarung, den Rechten der bürgerlichen Geſellſchaften, Gotte und ſeiner Menſchheit Hohn
ſpricht, alſo ein Menſch, in deſſen Augen nichts
heilig iſt, als das, was — Rom, Pabſt und der Biſchof für heilig erklärt. Da wir nun mit ſolchen
Menſchen zu thun haben; ſo müſſen wir, aus dem
Triebe eigener Erhaltung und Vollkommenheit,
weiſe und *klug* handeln. Nun leben Sie wohl, mein
Theuerſter! ich bin mit aller freundſchaftlichen
Zuneigung u. ſ. w.

So fchrieb vor kurzen ein guter Freund an mich. Sein gefunder Menfchenverftand, feine Beobachtungsgabe, fein liebevolles Herz, fein vieljähriger Umgang mit Katholiken aus allen Stän den, vorzüglich aber feine erprobte Wahrheitsliebe bürget mir für die Zuverläsfigkeit der in feinem Briefe enthaltenen Bemerkungen. Wüfte ich, dafs er den Katholicifm nur aus Raifonnement kennet: fo würde ich ihm unmöglich auf Treu und Glauben trauen. Allein ich weifs, dafs er nur wenig lieft, aber defto mehr beobachtet, dafs er befonders feit einigen Jahren auf die Kabalen der Katholiken aufmerkfam war, ein genaues Tagebuch über alle hieher gehörige Erfahrungen, die er in feinem Kreife machen konnte, hielt *) ; und fo verdient er meinen ganzen Glauben. Die Abficht feines an mich gerichteten Schreibens, zeigt fein Brief an. Ich foll ihn öffentlich bekannt machen, ich foll die Proteftanten warnen. Dafs ich mich fchwer dazu entfchlofs, das habe ich fchon in der Vorre- de gefagt. Mein Geftändnifs mag dir, Lefer! unwahrfcheinlich vorkommen, aber es ift das Ge- ftändnifs eines ehrlichen Mannes, der an Gott, Unfterblichkeit und Vergeltung glaubt, dafs ich lange Zeit mit mir felbft, in Anfehung des Auftrags meines Freundes, kämpfte. Ich erwog alles, was ich da zu erwägen hatte. Befonders ward die

B 3   Vor-

---

*) So lange er lebt, wird das Tagebuch allem Vermuthen nach ein Geheimnifs bleiben. Einft, fchmeichle ich mir, in den Befitz deffelben zu kommen.

Der Herausgeber.

Vorstellung mehr als jede andere in mir lebendig,
daſs ich durch dieſe Schrift, das gemeinſchaftli-
che Intereſſe, und die Einigkeit der Stände meines Vaterlandes unmöglicher machen, und dadurch
das Gute, was beyde etwa bewirken könnten, verhindern werde. Die Stimme der Menſchlichkeit,
welche ich vor allen andern am liebſten höre, und
welche bei dieſem Gedanken in mir laut ſprach,
machte mich von demſelben zurük beben. Bald
hätte ich meinen Entſchluſs ganz aufgegeben,
allein die Sorge für das Wohl meiner proteſtantiſchen Mitbrüder überwog alle, aus nahen und
entfernten Folgen entſpringende, Bedenklichkeiten.
Ich ſchreibe alſo der Aufforderung meines Freundes gemäſs, um die, über die Proteſtanten ſchwe-
bende, Gefahr zu entdeken; ſie auf den Lauf der
Dinge aufmerkſam zu machen: gegen ungerechte
Beſchuldigungen zu vertheidigen; das Vertrauen
unſers guten Fürſten zu verdienen, überhaupt
aber meinem Vaterlande nüzlich zu werden. Und
ich werde ihm nüzlich werden, wenn ich den Katholiken ſage: daſs wir jezt den Geiſt ihres Katholiciſm mehr als ſonſt kennen und ſeine Bewe-
gungen beobachten, und den Proteſtanten erklä-
re; daſs es immer gefährlich ſey, mit Menſchen zu
thun zu haben, die, auſſer Gott und dem Landesfürſten noch einem *Dritten* huldigen; die heilig-
ſten Menſchenrechte dieſem *dritten* aufopfern; ehedem unſere durch Verträge uns zugeſicherten
Gerechtſame, wie im Scherz, mit unerhörter Treuloſigkeit zertraten; jezt, dem kleinen Theil der

durch

durch Iofeph den Einzigen erhaltenen Freyheit uns
nicht gönnen, überhaupt aber dahin arbeiten, damit der Landesfürft bei allen feinen Unternehmungen, wodurch er dem ganzen Lande und uns eine
vortheilhaftere Situazion geben will, recht viele
Hinderniffe finde. Das ift ohngefähr die Abficht,
die ich mir bei diefer Schrift vorgefezt habe.
Willft du mehr davon erfahren, Lefer, fo magft du
den Gang mit mir machen.

Das Wenige, was ich, vor mehr als dreifsig
Jahren, aus der Gefchichte, diefer grofsen Lehre-
rin der Menfchen, gelernet habe, war feitdem
immer ein Gegenftand meiner Betrachtungen in
der Einfamkeit. Da liefs ich, in meinen Erhoh-
lungsftunden, Bilder von ganzen Königreichen,
ihren alten Bewohnern, ihren jezigen Unterthanen,
vor meinem Geift erfcheinen und kannegiefferte,
weil ich dafür die gröfte Empfänglichkeit zu haben fcheine, am öfterften, über ihre Konftituzionen, und da wiederum, nicht fo wohl über deren
gröffere oder geringere Vollkommenheit, als über
die Veränderungen, die man mit denfelben vorgenommen hat. Aus Vergleichungen der hiftorifchen hiezu gehörigen Angaben fchien es mir, dafs
nur wenige Reiche der Welt, fich um die Axen
ihrer alten Konftituzionen fo unabänderlich herum
dreheten als Spanien. Es ift Weltkündig, dafs die
Spanifche Konftituzion eine der elendeften von

der Welt fey. Und doch hat man an denſelben
ſeit der Revolution in den verein·gten Niederlan-
den, welche warnend genug war, faſt nichts abgeändert. Die Urſache dieſes ewigen Stilleſtandes
finde ich, nicht ſo wohl in dem phyſiſchen Kara-
ſter der Spanier, als vielmehr in der zahlloſen Menge der Geiſtlichkeit und des Adels, welche zwo
unnüze Klaſſen von Menſchen *) ſich bei dem Alten
wohlbefinden und über die Unverlezbarkeit aller
ihnen günſtigen Länderverfaſſungen wachen. Sollte
auch ein Menſchenliebender König an ſolchen
Konſtituzionen ändern wollen, ſo iſt das eine politiſche Unmöglichkeit. Denn der Pfaff ſchrekt
ihn mit der Hölle; glaubt er an dieſe nicht, mit
Gift; und der Adel, wenn er, wie geſagt, zahlreich
iſt, mit dem Schwerde in der Fauſt. · Und ſo muſs
das arme gemeine Volk, mehrere Jahrhunderte
lang, den ganzen Jammer der alten Syſteme empfinden, bis doch einmal ein mächtiger Aufweker
kommt. Andere Reiche und beſonders jene, wel-
· che Nordwärts liegen, ſind in ihren Verfaſſungen
öfters umgewandelt worden. Tiefere Einſicht in
das wahre Wohl der Völker, welche bald der Noth
bald einer genauern Bekanntſchaft mit der Geſchichte ihre Entſtehung verdankt, hat an dieſen
Um-

---

*) Ich nenne den Adel und die Geiſtlichkeit eine un-
nütze Menſchenklaſſe, ſo bald ſie ſich zu ſehr ausbreiten und vermehren. Denn dann muſs wohl das
Mark der übrigen Unterthanen in ihre Küchen und
Bäuche. Seyd doch konſequenter, ihr Menſchen!!
und, ihr Könige, auch !

Umwandlungen der Länder den gröften Antheil.
Die Ausführung derfelben war das Werk grofser
Könige, und, gabs folche nicht, der Unterthanen
felbft.

Ein fo grofser König, ein reformierender König
wollte auch der Kayfer Jofeph II. werden, ob aus
den Gründen und Abfichten, aus welchen man es
feyn mufs, das weifs ich eben fo wenig, als ich
mit der Gefchichte feiner Bildung zum Regenten
bekannt bin. Ob die Lehrer, welche Ihm gefunde Politik, Staatenkunde und Regentenmoral
beybringen follten, feinen Geift auf die Mängel
der Staaten, die fein Erbe waren, aufmerkfam gemacht, und ihn, durch Gefchichte und Menfchenkenntnifs, glükliche Veränderungen *) zu machen
gelehrt haben, ift mir unbekannt. So viel weifs ich,
dafs er, mehrere, auf verfchiedene Art konftituirte,
grofse und kleine, glükliche und unglükliche Länder fah, fich da Erfahrungen fammelte, mit einander verglich, die Mängel feiner künftigen Staaten, die er mehrmalen durchftrich, entdekte und
fich, in den Zeiten feiner Mitregenfchaft gegen
Freunde, Kläger und Inftanten oft äufserte: „Ihm
feyen die Misbräuche und Unvollkommenheiten feiner Staaten und der jezigen Regierung nicht un-
B 5   be-

*) Glückliche Veränderungen! höre ich manchen fa-
gen. Der Niederländer Abfall, der Ungarn Murren!
Glückliche Veränderungen! — Sind fie fchon darum
unglücklich,weil die Niederlande abfallen, und die Ungarn murren, frage ich?

bekannt, jezt könne er denselben aber noch nicht abhelfen", Ist jene Anekdote, die man beim Antritt seiner Regierung herum trug, wahr, dafs er von seinem Vater, dem Kayser Franz, ein ziemlich langes Sünden Regiſter der vorigen Regierung bekam: ſo gieng ihm in dieser Sache noch mehrers und helleres Licht auf. Er durfte in diesem Wörterbuche der Staats - und Regierungsſünden nur herum blättern, um 'gleich mit dem erſten Blik mehrere anomale Dinge zu entdeken, welche nach allen geſunden Begriffen der Politik, der Regentenmoral und des Zweks der Staaten, einer schnellen und gänzlichen Reforme bedurften. Unter dieser Konſtellation der Dinge, da er eben, über die, während seiner ſechzehnjährigen Mitregentſchaft, geſammleten Erfahrungen am ernſthafteſten nachdenken mochte, ſtarb die *große Thereſia*, die noch gröſſer geweſen ſeyn würde, wenn ſie ſich von dem Geiſt der Hierarchie weniger hätte beherrſchen laſſen und öfnete ihrem groſſen Sohne die Laufbahn, die er bis jezt durchlief, mit ſo vielen, ſo gewagten, ſo schnellen und zum Theil auch glüklichen Schritten, als man es bis jezt von einem öſterreichiſchenFürſten noch nicht geſehen hatte—. Denn, kaum war der Mond, von dem Tode Marien Thereſiens an, dreymal in ſeiner Bahn um ; ſo fieng *Joſeph* ſein Reformen - Werk ſo rüſtig an, dafs eine Aenderung die andere drängte. Wäre ich Willens, ein vollſtändiges Werk von den Reformen dieſes Regenten zu schreiben, oder vielmehr könnte ich das: ſo würde ich meine Gedanken

ken in irgend ein Syftem hinein zwängen, wenigftens würde ich mich an die chronologifche Ordnung halten. Weil ich mir aber die einzige Abficht vorgeftekt habe, feine mannigfaltige Aenderungen nur von *der* Seite durchzugeben, wie folche die Proteftanten aufgenommen haben; fo ift
hier jede Ordnung gleichgültig. Es foll ja, wie
der Titel fagt, ein Manch Hermäon feyn!

Unter allen Verordnungen *Jofephs,* war das
Toleranz - Dekret eines der erften und wichtigften. Zuerft alfo

Von feinem Toleranz - Decret.

So wie diefes Dekret im November des 1781
Jahres *) publicirt wurde, ift es auch im Auslande bekannt. Ich müfte den Ausländern eine un-
begreifliche Indolenz zumuthen, wenn ich vor-
ausfezen wollte, diefe unerwartete politifche Erfcheinung in den öfterreichifchen Staaten wäre ihrer Aufmerkfamkeit entgangen. Vielmehr ift diefer Schritt Jofephs in allen europäifchen Ländern,
aus verfchiedenen Urfachen, allgemein bekannt
worden,

*) Der Tag der Ausfertigung bey [der löbl. Ungar.
königlichen Stadthalterey war der 29 Oktober. Un-
terzeichnet haben es der Graf Johann Cfchaky und
Michael Prefseker. m. p.

worden, und hat eben so verfchiedene Senfazio-
nen felbft in den Kabinetern hervorgebracht.

Das Toleranz-Dekret gewähret den Proteftanten in den öfterreichifchen Ländern folgende Freyheiten: Jeder Ort, der hundert Familien zählt
und die Mittel zur Erbauung der nothwendigen
kirchlichen Gebäude, wie auch zum Unterhalt der
kirchlichen Perfonen, ohne eine merkliche Be-
fchwerung des fteuerbaren Volks, aufbringen kann,
darf nun die zur Verwaltung des Gottesdienftes
erforderlichen Perfonen und durch fie den Gottesdienft halten. Die Bethäufer dürfen indeffen, ihrer äuffern Form nach, mit den Kirchen, in welchen publiker Gottesdienft gehalten wird, keine
Aehnlichkeit, und folglich keine Thürme, Gloken *)
und Portale auf die Gaffen haben. Für den Mann
von Talenten und Verdienften darf fein Glaubensbekenntnifs, bei keiner Anftellung für ein Hindernifs
angefehen werden. Das Recht des Eigenthums
und des Erwerbs, von welchem die Proteftanten
hie und da ausgefchloffen waren **), foll ohne Ein-
fchrän-

*) Das Recht, Glocken zu haben und läuten zu dürfen
 ift wahrhaftig eine fehr gleichgültige Sache. Aber
 für den, der den Katholicifm kennen will, ift das
 nicht gleichgültig, dafs als einige proteftantifche Gemeinden, das Zeichen, welches durch Glockenklang
 gegeben wird, durch das Klopfen auf Bretter
 erfezen wollten, man fie deffentwegen zur Verant-
 wortung zog!!

**) Wir waren davon ausgefchloffen: in Tyrnau, Neu-
 tra, Freyftadt an der Waag, Gran, Erlau, Kalotfcha,
 Ofen,

fchränkung auch ihnen gebühren. Die Eide, die
man ihnen abfordert, dürfen nie anders, als in Formeln, die mit ihrem Glaubensbekenntnifs über-
einftimmen abg
faft werden. *) Zur Theilneh-
mung an dem katholifchen Gottesdienfte, die Proteftanten zu zwingen, ift nicht erlaubt, **) wodurch zugleich alle intolerante Artikel der Innungen und Handwerkerzünfte aufgehoben find. ***)
Die Reverfe proteftantifcher Ehegatten, nach welchen fie, ihren katholifchen Ehegatten verfprechen
muften, alle ihre Kinder in der katholifchen Religion erziehen zu laffen, ****) verlieren ihre verbin-
dende Kraft. Für die Zukunft follte in Anfehung

der

Ofen, Peft, Fünfkirchen, Stein am Anger und vielleicht noch an mehreren Orten, die mir aber nicht
bekannt find.

*) Ein Kunftgriff der Katholiken, der ihnen über alle
Mafsen gelang, Proteftanten von den Aemtern aus-
zufchliefsen, war unter andern auch die fogenannte
dekretal Eidesformel, in welcher die Jungfrau Maria
und die Heiligen Gottes zu Zeugen angerufen werden.
**) Katholifche Kirchendiener, Herrfchaftliche und
Komitats - Trabanten jagten das arme proteftantifche
Volk in die katholifchen Kirchen. Gieng es nicht:
fo wurde es hie und da geftraft, befonders wegen
Verfäumnifs der Frohnleichnams - Proceffionen.

***) Proteftantifche Meifter und Gefellen mufsten die
Quatember - Andachten und Opfer mithalten.

****) Mit diefen Reverfen hatte es folgende Bewandnifs.
Man liefs es gerne zu, dafs Perfonen von ungleicher Religion einander freyeten. Man fuchte fogar ihrer Lie-

be

der Gatten ungleicher Religion das für Richtſchnur
gelten: Der Proteſtant ſoll ſeine Knaben, die Ka-
tholikin ihre Töchter, hingegen der katholiſche
Ehegatte alle mit einer Proteſtantin erzeugte Kinder in ſeiner Religion erziehen, indem das leztere
zur Würde der herrſchenden Religion zu gehören
ſcheint. Der katholiſche Geiſtliche ſoll den kranken Proteſtanten verſchonen und ſich demſelben
auf keine Art aufdrängen *): den proteſtantiſchen
Geiſtlichen ſtehet es frey, ihre Glaubensgenoſſen
in Gefängniſſen zu beſuchen, und, wenn ſie zum
Tode verurtheilt werden, auf den Richtplaz zu
begleiten. Alle die Kirchen und Schulen, in deren Gebrauch die Proteſtanten bis jezt waren, behalten ſie auch fürs künftige. Werden ſolche bau-
fällig

be Nahrung zu geben. Kam es einmal zum Verſprechen, welches ſo bindend war, daſs man es für
unauflöslich hielt, wenn es auch nur gleichſam im
Scherze geſchah •): ſo würden ſolche Perſonen unter
keiner andern Bedingung kopulirt, als unter der,
wenn der proteſtantiſche Theil auf die Erziehung
ſeiner Kinder beyderley Geſchlechts Verzicht that.
Ich ſelbſt kenne einen Vater, der einem ſolchen
Reverſe zuwider, aber mit Einwilligung ſeiner katholiſchen Gattin, die mit ihr gezeugten Kinder
erſt öffentlich und dann bey entſtandener Klage
heimlich in der proteſtantiſchen Religion erziehen
wollte. Der Prozeſs, den man ihm deſswegen machte,
koſtete ihm ſchweres Geld und zog ihm einen langen Arreſt zur Strafe zu —!

*) Dieſe Verlobungen trugen den katholiſchen
Geiſtlichen manchen Ducaten ein.

*) So weit war es mit uns gekommen! So weit, daſs
man gegen den unaufhaltbaren Geiſt der Proſelyten-
mache-

fällig, oder bedürfen fie · einer Erweiterung; *) fo
wird es erlaubt, folche von *beliebigen Materialien*
neu zu bauen, jedoch mit der Bedingung, dafs der
Aufwand darauf, für das fteuernde Volk nicht
drükend werde. Filialkirchen, fo wohl die, welche man ihnen ohnlängft gefperrt, als auch die,
welche man ihnen durch jezt noch anhängige Fif-
kal-Prozeſſe ftreitig gemacht hat, follen ihnen un-
verzüglich zurük gegeben werden. **) Gefperrte
Kapellen Adelicher Perfonen mögen wieder zum
allgemeinen Gebrauch, felbft zum Gebrauch der
unadelichen Einwohner der Ortfchaften, wo fich
folche

macherey der katholifchen Geiftlichkeit, wodurch fie
fogar die lezten Stunden der fterbenden Proteftanten
bitter und unruhig machte, Gefetze geben mufste.
Welche Begriffe mag doch wohl mit den Worte
„Glückfeligkeit‟ ein Priefter verbinden, der folche,
von einer katholifchen Gebetsformel, der lezten Oelung
und dem nach dem katholifchen Gebrauch empfange-
nen Sakrament abhängig macht? Ihre Liebe, aus
welcher fie das gethan zu haben vorgeben, mag ihnen der Himmel verzeihen!

*) Man hat Beyfpiele, dafs vermögende zahlreiche Ge-
meinden, deren Bethäufer alle Augenblike den Um-
fturz drohten, mehrere Jahre lang um den Bau neuer
Kirchen mit vielen Unkoften — anfuchen mufsten.

**) Die Jahre zwifchen 1770. bis 1780. waren in Anfe-
hung vieler Oberhungarifchen Filial-Gemeinden die
Jahre einer traurigen Krife. Die Bifchöfl. Kapitel
zu E. und zu R, gaben den Sauerteig zu diefer
Gährung. —

folche befinden, eröfnet werden **.) Die kanonifchen Vifitationen der katholifchen Bifchöfe,
welche diefe, felbft auf die Proteftanten ausdehnten, und die Prediger derfelben über die Lehre
von der Taufe ausfragten, hören in Anfehung der
Proteftanten von nun an auf *). Die proteftantifchen Superintendenten können folche felbft vornehmen, wenn fie dadurch dem gemeinen Volke
nicht zur Laft fallen, **. Sie dürfen auch, wenn
es die Angelegenheiten ihrer Religionsparthey er-
heifchen, im Beyfein eines katholifchen Kommis-
färs eine Synode halten, deren Gegenftände aber
zum

**) O! mit eurer Freyheit, ihr Edlen von Ungarn!
Freyheit der Perfon und der Befizungen vertheidigt
ihr. Die edelfte Freyheit, nach eigener Ueberzeugung glücklich werden wollen, habt ihr mit Füfsen
getreten!

**) Die kanonifchen *Vifitationen* der Bifchöfe, befonders der Bifchöfe zu E. zu G. zu K. waren das
Schrecken der proteftantifchen Ortfchaften und ihrer
Prediger, wenn fie keine determinierte Männer waren.
In meiner Gegenwart, hat einmal ein Domherr von
G. einen Prediger in meiner Nachbarfchaft, nicht
durch die Fragen: Was ift die Materie und die Form
der Taufe? fondern durch unnütze, überfiüfsige Fragen — eben darum, weil fie es waren — aus der
Faffung gebracht. Ich Laye hätte ihm gerne geholfen
und den Rath gegeben: bringe ihn doch du aus
der Faffung. Aber durfte ichs? durfte ers?

***) Deffen hat man ein paar Superintendenten, in den
jahren meiner beften Jugend, beym Antritt der Regierung Marien Therefens befchuldigt. Aber der Grund
diefer

zum voraus allerhöcſten Orts angezeigt werden
müſſen. *) Uebrigens ſollen dieſe Freyheiten
der Proteſtanten, der katholiſchen Parthey auf keine Art zum Nachtheil gereichen. Deswegen bleiben die katholiſchen Geiſtlichen im Befiz aller der
Gebühren, die ſie bis jezt von den Proteſtanten
genoſſen haben. **)

Ich bin, mit dem gröſsten Theil des Publikums
darinnen einerley Meynung, daſs wir durch dieſes Dekret ſchäzbare Vortheile erlangt haben.
Der Innhalt deſſelben und meine Noten darunter,
die ſich auf ganze Bögen ausdehnen lieſsen, zeugen von unſerm traurigen Zuſtand unter den vorigen Regierungen. Indeſſen ſind dieſe Freyheiten, (die wir uns ohngeachtet des Dekrets gleichſam erkämpfen muſsten) ſo ſchäzbar ſie immer
ſind, kaum ein Schatten jener Gerechtſame, die
wir

dieſer Beſchuldigungen war — der bekannte theolo-
giſche Neid!

*) Ein wenig Miſstrauen. Wir ſehen es für gut an,
zu unſerer Ehrenrettung und Sicherheit.

**) Dieſe Gebühren, von welchen ich unten, in einer
Note, weitläuftiger ſprechen werde, haben es verur-
ſacht, daſs aus einen Dorfe, das nur wenige Katholiken zählt, bey 30 Familien, (welche als Anſiedler
mit dem Verſprechen herein kamen, frey zu ſeyn
von den katholiſchen Geiſtlichen,) nachdem ſie
ſchon einige Jahre hier geweſen waren, mit Hinter-
laſſung der meiſten Feldfrüchte und leerer Häuſer
wieder abzogen.

C

wir einft, nach den heiligften, wenigftens eben
fo heiligen Verträgen erlangt haben, als alle übrigen Verträge zwifchen den Ständen und Ständen,
Ständen und König feyn mögen *). Vor 170 Ja-
ren, wurden wir fchon, theils weil wir die Katholiken an der Zahl übertrafen, theils eben fo
gute Bürger wie fie waren, zum Genufs vollkommen gleicher bürgerlicher und religiöfer Freyheit
erhoben, das einzige ausgenommen, dafs der katholifche Klerus Mittel fand, die Erhebung unferer
zahlreichen und aufehnlichen Geiftlichkeit in den
Rang der Landftände zu verhindern **). Das fogenannte Toleranz-Patent gab uns alfo das nicht
ganz, nicht einmal halb zurük, was wir ehedem
befaffen und genoffen. Aber wir freuten uns doch
über diefe zwar gemuthmafste, aber nur fchwach
gehofte Erfcheinung. Etwas ift doch beffer als
Nichts. Wer den vollen hellen Tag nicht zu fehen hoffet, der freuet fich auch auf die Dämme-
rung. So wars mit uns. Wir freuten uns fogar
darüber, dafs der Kayfer alle diefe uns ein-
geräum-

---

*) Schlaget doch! ihr Ariftokraten Ungarns in euren
Corpus Iuris nach, das ihr für das Heiligfte, billigfte
Konftitutionsbuch anfehet. Die Dekrete des 1608.
16c-9. 1622. 1647. Jahres werden euch eurer Treulo-
figkeit überführen.

**) Die Mifsvergnügten nutzten diefen Umftand zu
ihrem Vortheil, und luden verfchiedene proteftanrifche
Geiftliche zu den Landtag in der Bergftadt N e u f o h l
ein, mit dem Verfprechen, denfelben auf dem Landtag Siz und Stimme zu geben.

geräumte Freyheiten für Wirkungen feiner Gnade
ausgab, und fie von *feiner oberſten Gewalt über
kirchliche Gegenſtände* herleitete. Für einen oberſten Biſchof feiner Länder hat er fich zwar bei
dieſer Gelegenheit nicht ausgegeben. Denn ohngeachtet er es, in dem, von den Proteſtanten
feſtgeſezten, Begrif iſt, und fich auch felbſt dafür
halten mag: fo fagte er es doch nicht. — Dadurch hätte er fich eine Würde angemaſst, welche, gleich beim Anfang feiner Regierung, die
ganze katholiſche Welt, vorzüglich aber die an
Italien hangenden Biſchöfe feiner Länder, auf
ihn aufmerkſam und geneigt gemacht hätte, feinen wohlwollenden Abfichten entgegen zu arbeiten, um ja keinen Landesfürſten zu haben, der
feine ihm zukommende Würde im ganzen vollen
Sinn fühlt und gebraucht. Er fagte nur: daſs er
die Proteſtanten, *aus Landesfürſtlicher Huld und
Gnade*, an diefen Freyheiten Theil nehmen laſſen
wolle. Mit dieſer Landesfürſtlichen Huld und
Gnade hat es felgende Bewandniſs. Einſt waren
die Proteſtantiſchen Stände fo zahlreich und mächtig *), daſs man ihre Forderungen in Anfehung

C 2   der

---

*) Schon im Jahr 1559. war der ganze höhere Adel,
drey Familien ausgenommen, der evangeliſchen Lehre
zugethan. Diefs iſt ein Geſtändniſs des Jeſuiten
Santó in Sentiwany *differt. paral. S.* 217. Gleich
nach der unglücklichen Schlacht Ludwigs bey Mo-
hátſch, wo viele katholiſche Geiſtliche umgekommen
find, allo fchou im Iahr 1526. haben mehrere Gemeinden, mit Vorwiſſen der kathol. Biſchöfe evan-
geliſche

der Religion auf den Landtägen vornehmen und abhandeln mufste. Alle unfere urfprünglichen Gerechtfame find uns auf den Landes - Verfammlungen, mit Uebereinftimmung der Landftände *) zu Theil worden. Alle unfere Freyheiten waren Wirkungen heiliger Landesverträge. Nachdem aber die angefehenften · proteftautifchen Familien theils ausgeftorben . **), theils zu den Katholiken übergangen find ***), glükte es diefen, uns *ad viam*

gelifche Lehrer berufen. Und fo wars bis 1611. Wer fich davon überzeugen will, der fehe in den Akten, der im erftgenannten Jahre, durch den Erzbifchoff Franz Forgátfch verfammleten Provincial-- Synode. Freylich werfen uns das die Katholiken vor, dafs unfere Lehre in diefem verworrenen Zeitalter ausgebreitet worden ift. Wir können fragen: in welchem Zeitalter ift wohl der Papft das was er ift geworden? und: Sind Zeiten und Umftände nicht ein Werk der Vorfehung? —

*) Der Clerus hat zwar immer reclamirt. Allein man fand doch Mittel dem Verfolgungsgeifte deffelben dadurch Gränzen zu fezen, weil man die meiften Dekrete, mit der Klaufel ficher ftellte: (non obftantibus Cleri reclamationibus) die Ausführung der Dekrete follten die Proteftationen der katholifchen Geiftlichkeit auf keine Weife hindern. —

**) Wie zum Beyfpiel die Gräfl. Thurfoifche, Ofstro-fithifche, Zrinifche, Deröfifché, Drugetifche.

***) Die Gräfl. *Ilefchhafifche, Prenifche, Battyanifche, Nadafdifche, Lökölifche, Balafchoifche, Nyarifche, Forgatfchifche, Revaifche, Czoborifche, Kolouttfchifche,* und mehrere andere Familien find von uns abgetretten.

Die

riam inftantiae und *gratiae regiae* zu relegiren, das
heifst, von der *willkührlichen Gnade* des Landesfürften abhängig zu machen *). Nun durften wir die
Angelegenheiten unferer Religionsgenoffen, ihre
Klagen, Rechte und Forderungen nie in den Verfammlungen der Landftände vortragen. Man liefs
uns in einem verworrenén, unbeftimmten, be-
daurenswürdigen Zuftand. Jedes Emporftreben,
uns aus diefem Zuftand heraus zu arbeiten, und
in eine den Landesverträgen gemäfse Kathegorie
zu fezen, Synoden, Zufammenkünfte der proteftantifchen Stände, Konfiftorien wurden uns unterfagt,
und wenn wir welche hielten, unter erlogenen Vorwänden für null und nichtig erklärt. Und das alles gefchah darum, weil die Ränkevollen Bifchöfe mit dem
zahlreichen Heer ihrer Clienten in Ordensbändern
und verrofteten Säbeln**) mochten beforgt gewefen

C 3   feyn,

Die Künfte, wodurch man fie zum Abfall brachte,
   verdienen eine eigene Abhandlung.
*) Für euch, biedern Männer! unter den Katholiken ift
   diefe Anmerkung! Ihr wollet es auf keine Art zu-
   laffen, dafs ihr, in Anfehung eurer Eigenthums-
   Rechte von der Willkühr der Fürften abhängig werdet. O! empfindet doch das Unrecht, das inconfe-
   quente Verfahren eurer Geiftlichkeit und eurer durch
   fie verblendeter Vorfahren. Sie haben unfere Gewiffens-Freyheit, die Gewiffens-Freyheit eurer proteftantifchen Mitbürger der willkührlichen Gnade katholifcher Fürften preisgegeben. Wie könnet ihr
   euch doch darüber wundern, dafs eben jetzt, da
   ich diefes fchreibe, eure bürgerlichen Privilegien
   von der Willkühr des Landesfürften abhangen?
**) In Ungarn verftehet man diefe Ausdrüke wohl. Es
   find Züge eines Gemäldes, das einen Meifter fucht.

feyn, dafs wir, von unferer guten Sache unterftüzt, an den Landtägen Parthey machen, Stimmen gewinnen und die, zwifchen Bürgern und
Bürgern fo klaren, unbezweifelten Rechte gleicher Religions - Freyheit und gleicher Bürger - Gerechtfame durchfezen werden. Denn, dadurch
wäre ihr *Lieblingsfuftem* von einem (Gott vergieb
mirs; ich meine es nicht übel) *marianifchen Reiche*, das fie in Ungarn gründen wollten, über
den Haufen geworfen worden. Sie fuchten daher auf Wegen, auf denen nur ein Schüler *Ma-
chiavells*, nur ein, in der Schule des gewandte-
ften Gewiffenlofen gebildeter Menfch gehen kann,
uns, mit allen die Religionsfreyheit betreffenden
Gegenftänden von den Landtagsverhandlungen aus-
zufchliefsen und, wie gefagt, von den Regenten,
die fie einft gängelten, und von ihrer Gnade, deren Begrif fie nach ihren Abfichten verengten
oder ausdehnten, abhängig zu machen. Auf diefen Wegen, die ich einft vielleicht bekannt machen will, gelang es auch ihnen. Traurig, aber
für den, der den Geift des Katholicifm ftudirt,
merkwürdig, find alle Verhandlungen der ungrifchen Landtäge vom Jahre 1681 bis 1727.

Nach fo harten, ungerechten Behandlungen,
nach fo vielen, in allen Zeitaltern gefammleten
Erfahrungen, deren Refultat fich in dem Saz ver-
einigt: *dafs der Katholicifm alles unterjochen, be-
kehren*, oder vielmehr unter feine Formeln bringen will, und zu diefem Zwek, jedes Mittel,
auch

auch die Vernichtung der heiligften Verträge, ge-
wiffenlos genug brauchet; war uns das, dafs ein
fo imponenter Fürft, als *Jofeph der II.* beim Antritt feiner Regierung *war*, von feinen Regenten-
rechten Gebrauch machte, eine unerwartet er-
freuliche Erfcheinung. Wir freuten uns über ihn
und feine Unternehmungen, wie fich der gemifs-
handelte Gefangene freuet, wenn der lezte Schlag
gefchieht, der feine Feffeln löfet. Allein diefe
Freude verbitterten uns unfere katholifchen Mitbürger in einem hohen Grade. Sie verbitterten
uns folche nicht allein dadurch, dafs fie auf alle
mögliche Art fich bemüheten, die Ausübung der
uns zugedachten Gerechtfame zu verhindern und
den Kayfer zur Aenderung feiner Gefinnungen zu
bewegen; fondern vorzüglich dadurch, dafs fie
uns fchon damals Mifstrauen gegen den Kayfer
einzuflöfsen fuchten, durch fcheinbare Beweife
der Unrechtmäfsigkeit feiner Unternehmungen,
und Verkleinerung feiner menfchenfreundlichen
Abfichten. —

„Dafs der Kayfer, (fagten fie, bald laut und
gerade zu, bald in dem geheimen Tone folcher
Menfchen, die auch das Gute verdächtig machen
„wollen) euch diefe Freyheiten erlaubet, das ift
„eine Staatsmaxime, wodurch er euch für fich
„gewinnen, eure Glaubensgenoffen auf feine Sei-
„te bringen, das gemeinfchaftliche Intereffe des
„Landes theilen und euch, mit der Zeit, als Be-
„förderer feiner Unternehmungen brauchen will.
C 4 „Es

„Es liegt uns allen fehr viel daran, dafs wir bei
„einander halten, dafs fich kein Theil des Lan-
„des zu dem Fürften hin neige. Denn es ift faft
„ausgemacht, dafs unferer ganzen Konftituzion
„eine fürchterliche Kataftrophe bevorftehet. Neh-
„met ihr das Toleranz-Dekret an, fo werdet ihr
„aus Dankbarkeit verbunden feyn, den Kayfer
„bei feinen Entwürfen und ihrer Ausführung zu
„unterftüzen. — Seyd alfo auf eurer Hut: wir
„warnen euch freundfchaftlich. — Ueberdem
„wird das ganze Toleranzfyftem, fo bald der Re-
„gent feine Ablichten erreicht, in Trümmer zer-
„fallen. Wer garantirt euch diefe Gnade? —
„Wer bürget euch für alle diefe Freyheiten? —
„Nehmet fie alfo nicht an. Erkläret dem Kay-
„fer, dafs ihr das Toleranz - Dekret, aus wich-
„tigen Urfachen, mit Dank zurükgebet, von fei-
„ner Gnade, für jezt wenigftens, keinen Gebrauch
„machen wollet, fondern alles von einem Land-
„tage erwartet. — Und haben wir einmal die-
„fen: fo wollen wir da für euch fprechen, die An-
„gelegenheiten der Kirche zum Gegenftand der
„Landtagsverhandlungen wieder erheben, und mit
„euch neue Vergleiche treffen. Geben wir euch
„da Landtagsmäfsig eure Freyheiten zurük, fo
„werden folche gewifs dauerhafter feyn, als die
„Beweife kayferlicher Huld und Gnade im Tole-
„ranzpatent.„
Wie manchen wird hier das Herz pochen, dafs
ich fie vor dem Publikum verrathe, dafs ich hier
eine der feinften Wendungen des Katholicifm öf-
fent-

fentlich bekannt mache! Aber kann ich anders?
kann ichs mit guten Gewiſſen verſchweigen, daſs
der Katholik, a's ein ſolcher, mit einem fremden
Religionsgenoſſen, und ſelbſt mit einem katholiſchen Regenten, wenn dieſer etwa mit dem Her-
ſcher ſeines blinden Gewiſſens kollidirt, es nie
wohl meinen könne? Sie, deren Anherrn, mit
vielem Aufwand unbegreiflich böſer Künſte, uns,
ad gratiam Caeſareo - Regiam relegiert und unſer
Recht, in der wichtigſten Angelegenheit des Lebens, in der Religions- Angelegenheit öffentlich
ſprechen zu dürfen, allen Geſezen der natürlichen
Billigkeit und bürgerlicher Verträge zuwider ver-
achtet haben; ſie, von dem nehmlichen men-
ſchenfeindlichen Geiſte beſelt, wollten uns jezt
wieder, aber nur auf einem andern Wege, unſere Religionsfreyheit entreiſsen! Ihr vermeint-
lich heiliger Zwek, heiliget alle Mittel, auch die,
deren ſich der verrufene Gewiſſensloſe ſchämen
würde. Es war ein Glük für uns, daſs wir
uns' hier, es ſey aus Gründen oder nur von
ohngefähr, nicht überliſten lieſsen, daſs wir
dem Kayſer und ſeinen Verſicherungen wider allen dagegen gemachten Verdacht mehr als ihren
reizenden Vorſtellungen glaubten. Denn, wiewohl ihre Verſprechungen einigen Schein der
Wahrheit haben: ſo wäre doch das, was ſie uns
verſprachen, damals wenigſtens auf keine Weiſe
geſchehen. Wenn es den Katholiken zu Ende des
vorigen und zu Anfang des laufenden Jahrhunderts gelingen konnte; damals, als der Bigotte-

rie

rie noch weniger und der alten ungrifchen Red-
lichkeit noch mehr war, gelingen konnte, unfere
Gerechtfame zu unterdrüken und gleichfam aus
den Händen zu.winden, wie hätte man fie uns
jezt zurük gegeben, jezt da fo viele hundert katholifche Geiftliche von dem Mark proteftantifcher
Adelichen und Unterthanen leben? Diefe würden als Landftand Himmel und Erde bewegt haben, um nur im Genufs der Zehenden, der Stol-
gebühren und vieler andern Einkünfte zu bleiben.
Aber noch mehr, das Maas, die Stimmen zu würdigen, ift in Ungarn, wie in allen fchlecht kon-
ftituirten Ländern, der Reichthum, der Rang und
das hieraus entfpringende Uebergewicht der Stim-
menden. Einen andern Mafsftab, den Mafsftab,
den wohl verftandene Menfchen - und Burger-
Rechte geben, kennen und haben die wenigften *).
Wenn nun unter folchen Umftänden, und über
eine folche Angelegenheit, Menfchen fprechen,
die, wie zum Beyfpiel, der K. ErB. B. von G.
der Bifchof von E. der B. von F. der B. von W.
der B. von Z. der ErB. von K. die Gr. I. B. K. F.

drey-

*) Seit einem Jahrzehend haben die Gefinnungen man-
cher auch folcher Menfchen, welche Einflufs haben,
eine andere Richtung bekommen, fo, dafs man hoffen
kann, der, von Seiten des Königreichs fo oft ange-
fuchte und von Seiten des Königs fchon zugefagte
Landtag werde für die Proteftanten günftig ausfallen.
Dafs ich doch in meiner redlichen Hoffnung nicht
befchämt würde! Katholiken! dafs ihr doch vor der
Welt nicht lächerlich werdet!

dreymal, zweymal, einmal hundert taufend Gulden jährlich verzehren, fich mit ihren alles anziehenden Gelde Anhang verfchaffen, und uns Proteftanten, aus Politik, Bigotterie und wer weifs warum, abgeneigt find; wenn folche Menfchen wider die Proteftanten, wider ihre religiöfe und bürgerliche Freyheit ftimmen: dann mögen die einzelnen Stimmen der aufgeklärten Katholiken, eines Hf. v. P. eines Gr. T. eines Gr. H. und mancher Herren von — (bei denen, die érhabenen Grundfäze des Bürgerrechts mehr gelten, als die Menfchheit empörenden Breven und Bullen aus Italien) für uns fprechen: fo werden fie doch nichts ausrichten, fie werden auch mit Hülfe des beften Königs den traurigen Zuftand der Proteftanten umzuwandeln nicht vermögen. Denn wie gefagt, hier gilt der Rang, vorzüglich der geiftliche, der Reichthum, und das, was hieraus folgt, für die befte Stimme. Wer fich hiervon durch Beyfpiele überzeugen will, der gehe in die Gefchichte des Kayfer Leopolds zurük.— Diefer, in mancher Rükficht grofse, Kayfer war oft ganz entfchloffen, dem fehnlichen Bitten der Proteftanten Gehör zu geben und ihre gerechten Klagen, womit fie ganz Europa erfüllten, zu ftillen. Allein einige in allen Künften der heuchlerifchen Religiofität geübte Jefuiten, diefe Meifter in der Kunft, den Gewiffen zu imponiren, vereitelten alle feine Abfichten, erftikten jeden toleranten Gedanken, der in feinem Herzen entftund. Das war aber auch nicht anders möglich, in der

dama-

damaligen Erzpfaffenwelt. Das alles gut machen-
de *placet* der Hierarchie, war, bei jedem Schritte
des Lebens unentbehrlich, wenn man ja noch auf
kirchliche und *phyſiſche* Exkommunikazion Rükſicht nahm. Und was giebt der Menſch für ſein
kirchliches und phyſiſches Leben nicht gerne hin?
Gabs auch einige politiſche Männer, welche dem
guten Kayſer Nachgiebigkeit gegen die Proteſtanten aus Grundſäzen rathen konnten: ſo
durften ſie es doch nicht wagen. Furcht vor Bann
und Gift, womit die Gewiſſenloſen umgehen konnten, hielt die Stimme der Menſchenfreunde zurük.
So wie es damals war, iſts zum Theil noch jezt.
Jeſuiten - Schüler führen noch das Ruder. Das
marianiſche Reich (ſo nennt man in der Sprache
der Hierarchie das Königreich Ungarn — deſſen
gute Hälfte von der verehrungswürdigſten Jungfrau, nichts mehr weiſs, denkt und hält, als die
wohl verſtandene Schrift lehrt) — zählt ihrer beſonders unter dem mittlern Adel ſehr viele. —
Dieſe Menſchen hätten, jede Propoſizion des geſunden Menſchenverſtandes, gerade zu, oder mit-
telſt geheimer Minen verworfen. Denn ihnen iſt
nichts Recht, Gut, Geſund, als was in Italien
dafür erklärt wird. Hätte nun auch der König,
oder ſein Statthalter, die Propoſizion gemacht:
„das Syſtem von Europa; die Klagen der Prote-
„ſtanten, ihre heiligen Rechte, welche nie ver-
„jähren können, weil es Rechte des geſunden,
„oft verkannten, ſich aber auch immer erneuern-
„den, Menſchenverſtandes ſind; das allgemeine
„Wohl

„Wohl der gefammten Staaten Oefterreichs, die
„blofs durch ihre Intoleranz vielen andern nach-
„ftehen, forderte es nothwendig, dafs die Prote-
„ftanten zum Befiz und Genufs ihrer alten Frey-
„heiten erhoben werden, und das, befonders auch
„darum, weil ihre religiöfen Grundfäze mit dem
„Zweke des Staats nicht nur nicht fich wohl ver-
„tragen, fondern ihn auch mehr, als jede andere
„Religion, möglich und wirklich machen:„ Die
Bürger des marianifchen Reichs, die nur felbft leben, befehlen, herrfchen wollen, hätten uns in
unfern alten. traurigen Zuftande gelaffen. Ich
will den Fall auch annehmen, der hier noch denk-
bar ift: der König hätte fich in feiner Verlegenheit feiner Rechte in kirchliheh Sachen bedient,
fie in Ausübung gebracht und die Toleranz der
Proteftanten, mit Hülfe feiner Sprecher errungen:
fo wäre eines von beiden erfolgt: entweder hätte
man ihn verkezert, (welches allerdings einen gewiffen Schein der Wahrheit hat, wenn es Prälaten
thun, die auf einem Landtag eine Art von Pro-
vinzial-Synode vorftellen) oder man hätte das,
die Freyheiten der Proteftanten betreffende, Patent
fo auf Schrauben gefezt *), dafs wir doch endlich
die

*) So auf Schrauben gefetzt, wie einige Dekreto des
vorigen Jahrhunderts. Im Jahr 1681. hat man, vermuthlich auf Angeben des, in allen Künften der
Profelytenmacherey geübten Kathol. Clerus angefan-
gen, den Dekreten zur Gunft der Proteftanten, die,
im Landa berüchtigte, Klaufel anzuhängen: Salvo tamen

die wenigſten Vortheile von demſelben gehabt
hätten.

Erfahrungen machen vorſichtig. Wir über-
dachten die Bedrükungen und Widerwärtigkeiten,
die uns ehedem die Treuloſigkeit unſerer katholiſchen Mitbürger zugezogen hat, erinnerten uns,
des alten, gewiſs wahren und in faſt ähnlichen
Umſtänden entſtandenen, hier im Lande allgemein
bekannten Sprüchworts: *ne higy néki; mert Pa-*
piſta — der Katholik, *als ein ſoicher*, iſt deines
Vertrauens unwürdig; glaubten ihren ſüſſen Verſprechungen nicht, nahmen das Toleranzdekret,
ohngeachtet ſeiner bald näher zu bemerkenden Un-
vollſtändigkeit an, und bleiben nun ſeit acht vollen
Jahren (dank ſeys dem Geiſte des Jahrhunderts, der
Menſchen - und Bürgerrechte ſo mächtig begünſtigt) im Beſiz der uns dadurch zugeſicherten
Freyheiten. Dafs wir durch das Toleranzdekret
unſere Herzen an den guten Ioſeph anſchloſſen,
und uns zum Theil für ſeine Abſichten und Un-
ter-

men iure Dominorum terreſtrium — Recht verſtanden heiſst das ſo viel: Durch die Freyheiten der Proteſtanten, ſoll das Grundherrſchaftliche Recht keinen
Nachtheil leiden. Dieſe aus unſchuldiger Abſicht
gemachte Einſchränkung, haben blinde Eiferer von
Adel ſo gemiſsbraucht, dafs ſie ihre proteſtantiſchen
Unterthanen verfolgten, ſie zur Annahme der kathol.
Religion zwangen, und mehrere Tauſende derſelben
auch dazu brachten. Die Güter der Gr. J. B. E. E.
und anderer geben davon traurige Beyſpiele an die
Hand.

ternehmungen gewinnen lieffen, das mufs keinem
wunderbar fcheinen. Wir wuften es wohl, dafs
diefer Fürft fehr viel gewagt hat für uns. Ein
Fürft, der ftark genug ift und männlich genug
denkt, um mit Aufopferung feines Lebens — dem
alles zermalmenden Geift des Katholicifm Gränzen zu fezen, ift eine feltene Erfcheinung, und
fchon darum verdient er Dank und Verehrung. —

Manche von uns, und befonders die, welche das
kleine überfehen und von groffen Fürften lauter
groffe, ungewöhnliche Dinge fich verfprechen, fahen das Toleranzdekret nur als den erften Schritt
an, der uns in das Gebiet der alten Freyheit ganz
verfezen follte. Vorzüglich aber erwarteten fie
gänzliche Befreyung von dem mehr als eifernen
loch des *Juris Stolae*, welches die katholifchen
Geiftlichen wenigftens über zweymahl hundert
taufend adeliche und unadeliche Proteftanten mit
barbarifcher Strenge ausüben. *) Von diefem *Iure*

Sto-

*) Landes - Dekrete von den Jahren 1647. 1681. haben
das Ius Stolae auf den allgemein anerkannten Grundfatz der natürlichen Billigkeit zurückgeführt: *Es
follen weder die katholifchen Stände denen protefantifchen Predigern, noch die protefantifchen Stände denen katholifchen Geiftlichen etwas zu zahlen gehalten
feyn.* Nichts deftoweniger aber hat man die armen
Proteftanten nach und nach, meiftens durch offenbare Gewalt, unter das Ius Stolae der katholifchen
Geiftlichen gebracht. Bis auf das Toleranz - Dekret
haben fie jedoch diefe Zahlung gewiffermaßen verdient.

Stolae find wir aber nicht befreit worden. Einen
Schritt machte der Monarch noch. Er hob alle
Tauf-

dient. Denn, da die Proteftanten eigene Geiftliche
nicht halten durften, oder, wo folche auch waren,
die verfchiedenen Amtsverrichtungen durch katholifche vollzogen werden mufsten: fo hat man fie da
doch nicht ganz umfonft bezahlt. Iezt, da jeder, aus
600 Seelen beftehende Ort feinen eigenen Seelforger
hat und diefer die fogenannten kirchlichen Functio-
nen an feinen Glaubensgenoffen verrichtet, wird der
katholifche Geiftliche gegen alle Gefeze der Billigkeit
ganz umfonft bezahlt. — Ich kenne anfehnliche Dörfer und Städchen, die aus 500 - 800 - 1000. und mehr-
reren Seelen beftehen, wo, auffer dem Mefsner,
Schulmeifter, feiner Familie, und etwa noch fünf bis
zwanzig Menfchen der katholifche Geiftliche keine
Glaubensgenoffen fonft hat , und folglich gar nichts
thut, und doch für jede Function, die der proteftantifche Geiftliche verrichtet, feine Gebühren, und hie
und da, den ganzen Zehnten zieht. Dafs man den
proteftantifchen Geiftlichen ernährt, und ihm doch
auch für jede Verrichtung etwas beftimmtes oder un-
beftimmtes anbietet, dafs er das auch, zumal wenn
er geizig oder arm ift, annimmt, verfteht fich von
felbft. Eigentlich verdient er es auch. — Manche
Orte wollten die Gebühren den kathol. Geiftlichen
entziehen. Allein man gab fie bey den Gerichten an,
und die Gerichte, oder vielmehr die kathol. Geiftlichen durch die Gerichte prefsten es von ihnen aus.
Das nenne ich unbillig und barbarifch, zu ärndten
wo man nicht gefäet, zu fammlen, wo man nicht ge-
ftreut hat. Diefe Erpreffungen der Stolar - Gebühren
find für die Proteftanten doppelt läftig, weil man fie
nicht gerne und umfonft giebt. Dafs ich nichts *un-
gegründetes* fchreibe, wiffen katholifche Geiftliche
felbft.

Tauf-Stolen auf. Hier blieb er aber vermuthlich
aus wichtigen Urfachen ftehen. Umftände deter-
miniren den einzelnen Menfchen und den König,
Wir glauben dafs ihn mächtige Umftände deter-
minirten, da ftille zu bleiben, wo er auf der einge-
fchlagenen Bahn weiter gehen wollte. Wir fpann-
ten alfo auch unfere Erwartungen in etwas herab
und blieben feit dem Toleranzdekret fo ruhig, dafs
wir den Monarchen, nicht durcn eine einzige kirchliche Gegenftände betreffende Bitte befchwerlich
fielen. Stof zu Klagen hätten wir im Ueberflufs
gehabt. Zum Beyfpiel, den, den die leztere Anmerkung dargeftellt. Und das noch zu fehr Unbe-
ftimmte in dem Toleranzpatent felbft.*) Allein
wir dachten: kommt Zeit, kommt Rath. Kann
der Fürft fernerhin noch etwas thun: fo wird er
fein unfterbliches Werk nicht unvollendet laffen.
Und dadurch bewelfen wir, dafs wir die Unternehmungen diefes Fürften von der rechten Seite
an-

felbft. Und die Akten mancher Gefpannfchaften find
für die Wahrheit meiner Ausfagen gefetzmäfsige Beweife. O! der Billigkeit, der ;Bürgerrechte, der
Menfchheit in Ungarn! Katholicifm hat das alles
verfchwinden gemacht.

*) Zum Beyfpiel: Wer foll Verlobte verfchiedener Re-
ligion, befonders wenn der Bräutigam ein Proteftant
ift, kopulieren? Wer feine männliche Erben taufen?
Ift der katholifche Geiftliche verbunden, bey den
Begräbniffen der Proteftanten Glocken ziehen zu
laffen? u. d. m.

D

anfehen und beurtheilen. Unfer Urtheil vom Toleranzdekret kann alfo auf folgende kurze Säze
zurükgeführt werden: Wir hätten es aus der
Hand der Landftände gerne angenommen. Da
wir aber hiezu gar keine Hofnnng haben konnten: fo nahmen wir dann auch das Wenige noch
Unvollkommene aus ider Hand des Königs an.
Es fchien uns: die Vorfehung machte durch ihn
einen ungewöhnlichen, faft an das Aufferordentliche gränzenden Schritt. Diefen wollten wir nicht
unbemerkt und ungenützt gefchehen laffen. Lefer!
kannft du es uns verdenken, wenn du diefen Artikel durchgelefen haft?

*Verbefferungen des Status publico - Ecclefia-
ftici* (des politifch - kirchlichen Wefens)
bei den Katholiken.

Das Wort „*Status publico — Ecclefiafticus* (und
b. *Ordinationes Regiae in publico - Ecclefiafticis,,*)
welches ich, „ *politifch -Kirchliches Wefen* nenne, war
vor der Regierung Iofephs in den Erzkatholifchen
Ländern alfo auch in Oefterreich, nicht bekannt.
Lefer, welche je ein gefundes Natur - und Bürgerrecht ftudiert haben, wiffen es wohl, dafs die
Häupter der bürgerlichen Gefellfchaften das Recht
befizen, die Form des Gottesdienftes und manche
andere in diefe Rubrik einfchlagende Dinge vor-
zufchreiben und anzuordnen. Und in diefem Na-
turrecht ändert wohl die chriftliche Religion nichts.
Den

Den Lehrern der Religion überläſt man die Sorge
für die Erhaltung des einmal eingeführten kanoniſirten Lehrbegrifs, Alles andere aber, was zu
dieſem Lehrbegrif weſentlich nicht gehört, behält
die bürgerliche Geſellſchaft oder ihr Repräſentant
für ſich, Wie ſich die Prieſter der verſchiedenen
Religionen, in und auſſer dem Kirchendienſt, kleiden; wie ſie ſich nähren; wie und wann ſie den
Gottesdienſt halten; welchen Aufwand ſie darauf machen ſollen; in welchem Verhältnis ſie gegen die Obrigkeiten ſtehen: was für Pflichten ſie
gegen ſolche zu beobachten haben? und, ſind mehrere Religionspartheyen im Staat; was ihr Recht
oder ihre Verbindlichkeit in Anſehung derſelben
ſey; wie die Jugend, die ſich dem Dienſt der Religion
widmet, am zwekmäſigſten, für ihre Beſtimmung
gebildet werden ſoll und kann? dieſes und das dieſem ähnliche zu beſtimmen und anzuordnen, iſt nach
der Lehre der Vernunft nicht das ausſchlieſſende
Recht des Prieſterſtandes, ſondern der ganzen Geſellſchaft oder, was noch vernünftiger und der Geſchichte zu folge immer nüzlicher war, der Repräſentanten der Geſellſchaft—. Die Proteſtanten,
die, nach dem Urtheil aller vernünftigen Katholiken, in Sachen des Staats, der Religion und der
Kirche, dem Geſez der Natur am nächſten gekommen ſeyn ſollen, haben das Verhältnis der Kirche
gegen den Staat, auf die erwähnte Art beſtimmt.
Den Dienern der Religion liegt die Sorge für die Erhaltung des (leider! ſchon lange) kanoniſirten Lehr-
typus und für den Volksunterricht nach demſel-

D 2   ben

ben ob. Es fcheint, dafs fie auch damit zufrieden
find, es fey nun, dafs fie das fchon für Ehrenvoll
genug halten, oder darinnen ihre Beruhigung finden, den Gefezen der Natur und der bürgerlichen Gefellfchaften treu zu bleiben. Die Repräfentanten der Völker hingegen find Verwalter und
Auffeher des politifch kirchlichen Wefens. Sie
beftimmen durch Kollegien, die unmittelbar von
ihnen abhangen, die Zeit, den Ort, die Art des Gottesdienftes und den Unterhalt der Mittelsperfonen,
durch welche derfelbe verwaltet wird. Wer fich
je, auch nur oberflächlich, in den proteftantifchen
Ländern umgefehen, und auch diefe Gegenftände
des politifch-kirchlichen Wefens, feiner Aufmerk-
keit gewürdiget hat: den werden Thathandlungen
überzeugt haben, dafs die Gefellfchaft dabei unendlich viel gewinnet. Ungegründet ift zwar der
Vorwurf nicht, den hierarchifch gefinnte Katholiken den Reformatoren, dem Luther und Kalvin,
von je her gemacht haben: diefe Herren hätten das
Bad mit dem Kinde ausgefchüttet — deutlicher —
fie hätten der Würde und den Vortheilen des geiftlichen Standes zu viel vergeben; durch die Uebergabe aller Epifkopal-Rechte an die Völker und
Regenten, hätte der Lehrftand doch fehr viel verloren. Reinigkeit der Religion erhalten und
über die Sitten ihrer Diener wachen, den Volksunterricht beforgen, und Sittenrichter in einem
gewiffen Verftande feyn, das wäre doch gar zu wenig gegen die Vorzüge, die diefer Stand einft, in
dem Schoofse der katholifchen Mutter-Kirche be-
faſs

faſs und genoſs —. So mags wohl ſcheinen und
zum Theil auch ſeyn, Allein die Vorzüge, die
wir da hatten, waren nur Vorzüge eines Standes
in der Geſellſchaft. Wir haben ſie (wozu jeder edel denkende immer verpflichtet iſt, und der
Geiſtliche um deſto mehr, weil er die Ehrlichkeit
in jedem Sinne lehrt) dem Ganzen aufgeopfert,
weil das Ganze dabei unendlich viel gewinnt.
Wäre auch nur das der einzige Gewinn dabei, daſs
der geiſtliche Stand der proteſtantiſchen Länder,
der ſeine privat-Vortheile der ganzen Geſellſchaft
zum Opfer hingegeben hat, den verbeſſernden
Unternehmungen der Völker auf keine Art [wi-
derſteht: ſo iſt das ſchon ein ſchäzbarer Gewinn.
Erzkatholiſche Länder bleiben eben darum in einem ewigen Stillſtand, und, haben, wenn ſie auch
einmal zum Fortrücken erweket werden, eben darum unüberwindliche Hinderniſſe im Wege, weil
der katholiſche Klerus, der ſich nur durch Unwiſſenheit und Indolenz der Völker erhält, durch
ſeine Vorzüge Mittel findet, jedem Streben der
Völker nach Licht und Vollkommenheit, undurch-
dringliche Dämme entgegen zu ſezen. Frankreich neueſtes Beyſpiel hebt das neueſte Beyſpiel
der Pohlen auf. Und der Niederländer Beyſpiel gehört hieher nicht. — Und was iſt das wohl für
ein Schade, daſs der proteſtantiſche Geiſtliche die
kirchlichen Vorzüge des katholiſchen nicht beſzt?
daſs ſie keine Pfründen mehr haben, die, für nichts
und nichts 5000 bis 100000 und 300000 Gulden
einträgen? Man findet ſie in ihrer Eingezogenheit

D 3   zufrie-

zufriedener, durch ihre Kinder dem Staate nüzlicher, und verhältnifsmäfsig eben fo gelehrt und
vielleicht noch gelehrter, als die katholifche Geiſtlichkeit, die. alle die, im mittlern, im dummen
Zeitalter mit böfen Künſten erworbenen Vorzüge
beſizt und wie im Triumpf zeigt und geniefst *).
Glänzend ſind freylich alle ihre Vorzüge. Sie
macht einen Staat im Staat, gegen alle Analogien
der

*) Bemerkenswerth für den, der Ideen zur allgemei-
nen Gefchichte der Menfchheit, und befonders zur
Gefchichte der Religionspartheyen fammlet, iſt der
Umſtand, dafs die proteſtantifche Kirche und ihr
Lehrſtand, von je her, Kandidaten zu feinem Dienſt
im Ueberflufs hatte, ohne eigentliche Werber dazu
zu halten. Das Studieren auf eigene Unkoſten; die
Verachtung der Katholiken, die befonders diefen Stand
traf; der dürftige Unterhalt der Prediger; das in
jedem Betracht fchwere Amt, die äufferſt befchränk-
ten Ausfichten derfelben vermochten nicht junge Leute — von diefer Beſtimmung abzuhalten. Man fand
ihrer mehr, als man brauchte. —— Der katholifche Geiſtliche ſtudiert auf bifchöfliche oder Landes-
Unkoſten; hat ein bequemes Amt; Anfehen ohne
Verachtung; Auskommen ohne druckende Sorgen
und glänzende Ausfichten in die Zukunft, und doch
klagt man fchon in den Oeſterreichifchen Staaten, befonders in Ungarn über den Mangel an geiſtlichen
Kandidaten, deren fich jetzt mehrere als ehedem ein-
linden follten, weil die Noviziaten in den Klöſtern
aufgehört haben. Die Urfachen diefer feltfamen Erfcheinung zu ergründen, überlaffe ich euch, Philofophen unter den ungarifchen Bifchöfen, und wenn
ihr fie nicht finden, nicht heben könntet, befolget
meinen Rath, kontrahieret mehrere Kirchfpiele unter
uns

der Körper. Eigene Regierungsform, eigene Gefeze, eigene Gerichte, eigenes Intereſſe, eigenen
Regenten mit der Kreuz-Krone, mit welchen ſie
durch unzertrennliche Bande — zuſammenhängt!
Kurz, Sezt man den katholiſchen Kirchenſtaat mit
dem Staate der bürgerlichen Geſellſchaften in eine
Parallele zur ehrlichen, gewiſſenhaften Vergleichung: ſo wird man ſo vieler Ungleichheiten und
Ausnahmen gewahr, daſs man ſich gedrungen
ſieht, zu ſchlieſſen : die eine oder die andere Regel, die, nach welcher der katholiſche Kirchenſtaat,
oder die, nach welcher die bürgerliche Geſellſchaft eingerichtet iſt, ſey das Beyſpielloſeſte Anomalon in der Welt, oder, die katholiſchen Geiſtlichen, müſten von den gewöhnlichen Menſchen ganz
unterſchiedene Menſchen ſeyn, wenigſtens eine ganz
andere Beſtimmung, ganz andern Zwek, ganz anderes
Intereſſe haben, und folglich keine Bürger ſeyn wollen. Wie gefährlich ſolche Menſchen in jeder
bürgerlichen Geſellſchaft (wenn ſie kein Kirchenſtaat iſt; denn da mögen ſie machen, was ſie wollen)
ſeyn müſſen, und können, ſieht ein jeder. — Dieſe
dem Staat ſo gefährlichen Menſchen, hat der Kayſer
Ioſeph, durch ſeine Verordnungen im politiſch-

kirch-

---

uns armen Proteſtanten in eine Pfarre, und nehmt
die überflüſſigen Pfarrer, die wir ſo ſchwer und ſo
unbilligerweiſe ernähren, uns vom Halſe weg! Seyd
ihr Kenner eurer Kirchſprengel, ſo darf ich euch die
Oerter nicht anzeigen, wo kath. Pfarrer die zweyte
Kontribution für uns ſind. Nur wahre *Menſchenlie-
be:* ſo iſt euern und unſern Klagen abgeholfen.

kirchlichen Wefen, den übrigen Bürgern feiner
Staaten in etwas ähnlicher gemacht. Diefe feine
Verordnungen gehen uns Proteftanten nichts weniger als gerade an. Allein wir fahen doch, mit
allen den Katholiken, die, durch die Gefchichte,
wie fie *Royko* und *Dannenmeyr* lehren, aufgeklärt,
Reformen des katholifchen Kirchenwefens gewünfcht haben und noch gröffere hoffen, auch in
diefen Verordnungen mehr als menfchliches Beginnen, wir fahen den Finger Gottes, oder wollt
ihr fo, die weife Haushaltung der Natur, welche,
durch Gährung, von Unreinigkeiten jeder Art, zu
ihrer Zeit, fich befreyt. Mich deucht, die Vorfehung hat diefe Revoluzion, feit geraumer Zeit
her vorbereitet und vor fiebenzehn Iahren wirklich begonnen. Der Sturz des Jefuitenordens,
war, allen Männern, die bei den Begebenheiten
des Tags nicht ftehen bleiben, der Vorbote derfelben. Wie könnte man auch glauben, dafs eine
fo aufferordentliche Erfcheinung, als die Aufhebung der Jefuiten war, an dem Horizont der Gefchichte fich fehen laffen kann, ohne eine Urfache
von noch wichtigern Erfcheinungen zu werden?
Die weife Oekonomie, welche der Regierer des
Ganzen befolgt, und welche man in allen Begebenheiten der Welt fehen kann, wenn man fie mit
geraden Sinn betrachtet — bringt es fo mit fich.
Der verfchrieene Proteftantifm, (eine wichtige Be-
gebenheit des fechzehnten Iahrhunderts) entftund,
um ein Damm gegen den Aberglauben zu werden, der die Menfchen entweder zu fchwärmeri·
fchen

ſchen Thoren, oder zu' unverſchämten Freygei-
ſtern gemacht hätte. Er war beſtimmt, die Rechte der Vernunft und der Bibel der Vergeſſenheit
zu entreiſſen. Als aber der Proteſtantiſm, zum
Wächter der Vernunft und der Bibel gemacht,
theils zu ſchlummern, theils eine zwekwidrige
Richtung zu nehmen — anfieng: ſo muſte Na-
turaliſm und Deiſm, für die Rechte der Menſchheit
ſeine Stimme erheben. Bewahre der Himmel, daſs
ich es mit ihm halten ſollte! Nein! dazu bin ich zu
viel Laye. Aber das glaube ich, daſs er gemacht
iſt, von dem, der alles macht, die groſse Gährung
der Begriffe und Grundſäze, die jezt im Werke iſt,
nüzlich zu beſchleunigen. Ich glaube, daſs es ſo
ſeyn muſs, und daſs dieſer Gährung keine menſch-
liche Gewalt mehr ganz widerſtehen kann. Es ſoll
es muſs ausgähren — und dann, Heil euch Menſchen, Heil der Nachwelt! Der Prieſter, wird ein
Menſch und Bürger, die Religion Lebensweisheit
werden!

Der ſüſſen Träume! Keine Träume, Menſch!
auſſer du biſt krank, oder willſt es ſeyn. Dem
geſunden Menſchen, dem gegeben iſt, gen Himmel
zu ſchauen — ſüſſe gegründete Hofnung, die auf
Data aus der Geſchichte gebaut iſt. Entfernt iſt
ihre Erfüllung freylich noch. Denn wir tragen
erſt die Materialien zuſammen. Aus dem, was einer oder der andere zuſammenträgt, wird freylich
noch nicht gar viel. Laſs aber nur wenige Monarchen, wie Ioſeph iſt, mit Rieſenkräften, das Ge-

bäude

bäude des Aberglaubens erfchüttern: fo wird die
gehofte Epoche mit fchnellen Schritten herbei
eilen.

Die Reformen Iofephs im Kirchenwefen der Katholiken fahen wir, wie gefagt, für einen Finger
Gottes an. Ich bin gerecht, und das Gefühl der
Gerechtigkeit brachte gleich Anfangs den Wunfch
in mir hervor, dafs der Kayfer, bei diefem Refor-
mazions-Werk in Kirchenfachen, feine Bifchöfe
gebraucht, fie in fein Intereffe gezogen hätte. So
foll fein Bruder Leopold, ein glüklicher Regent,
bei allen Veränderungen, die er in diefem Fach
zu machen gefonnen war, die Bifchöfe als Rath-
geber und Vollzieher gebraucht haben. Etwas
ähnliches ift zwar auch hier gefchehen. In Wien
ift eine Religions-Kommiffion niedergefezt worden,
bei welcher ein paar aufgeklärte Prälaten mitwir-
ken. Allein die Auktorität diefer Herren ift nicht
imponent genug. Hätte der Kayfer nur zwey folche Bifchöfe, wie weyland der berühmte Dudi-
thius war: fo würden feine Reformen ftiller und
glüklicher vor fich gegangen feyn. Ungarifche
Bifchöfe konnte und wollte er nicht brauchen.
Sie find in einem Werk diefer Art allzumal unbrauchbar. Weiter vom Throne, in einem Lande,
wo die Verfchiedenheit des Glaubens das gemeinfchaftliche Intereffe nicht theilt; wo die Proteftanten, möchte ich fagen, ihnen nicht in die Karte
fchauen, hätten fie die Fahne der Empörung fchon
längft wehen laffen, eher, als die Niederländifchen
Bifchö-

Bifchöfe und gewifs auch gefährlicher. Ein M.
ein B. ein E. ein A. ein S. ein R. hätten fchon
längft nach alt-ungrifcher Sitte ihre Banderia gefammlet, dem reformirenden Kayfer den Krieg
angekündigt, ihre D--n zu Feldherrn gemacht,
und in Rom ihre Waffen einweihen laffen. Glük
genug, dafs das nicht gefchehen konnte, und hier
auch nicht gefchehen kann. Aber der Kayfer hat
auch das politifche Wetterglas, ich meine die Gefinnungen feiner ungarifchen Unterthanen, genau
befichtigt, und dann erft fein Werk begonnen.

Er hat die Zahl der Religiofen in Klöftern, welche das Fett des Landes im heiligen Müsfiggange
affen, vermindert; die Noviziate in den noch beftehenden Klöftern aufgehoben; den mechanifchen
Gottesdienft in alter zwekwidriger, fremder
Sprache abgefchaft; die Möglichkeit und Nüzlich-
keit des Gottesdienftes in lebenden, Landesfprachen gezeigt; in weitläuftigen Kirchfpielen, fo genannte Local-Kaplaneyen errichtet; die Wallfahrten unterfagt *); Benediktionen und Weyhungen
eingeftellt **); die Zahl der Altäre und der Bilder
womit

*) Unterfagt — Aber die Bifchöfe, die es eben fo gut
als der Kayfer und die Religions-Kommiffion wiffen,
dafs das *Wallfahrten* der gröbfte Aberglaube und
purer Unfinn fey, laffen das arme betrogene Volk
mit feinem Schaden zum Vortheil der Pfaffen, doch
immer noch wallfahrten.

**) Benediktionen oder Weyhungen, wodurch alle Be-
griffe von der Gegenwart, Schutz, Segen Gottes auf
eine unverantwortliche Weife verwirrt, und die armen
Men-

womit die Kirchen, auf eine den guten Gefchmak beleidigende, und wahre Andacht hindernde Art angefüllt waren, vermindert; den Verlobungen, durch welche unglükliche Ehen gefchlöffen und die Geiftlichen zur Ausübung der fchändlichften Eigennüzigkeit fo oft veranlafst wurden, alle bindende Kraft benommen; überhaupt alle den Eheftand betreffende Proceffe, (da folche dem Recht der Natur gemäfs, als Proceffe über Civil-Verträge anzufehen find) von den geiftlichen Behörden, (wohin fie ehemals mehrere Iahrhunderte lang nicht gehörten) auf die weltlichen Gerichte übertragen; und zur Erziehung des jungen Klerus die treflichften Anftalten, (General Seminarien genannt) gemacht *). Diefe und einige andere weniger

Menfchen unbarmherzig verblendet worden find; find von mancherley Art und betreffen mannigfaltige Gegenftände. Weyhung des Waffers, des Salzes, der Kerzen, der Haufser, der Ehebette, neuer Schiffe, der Saaten, der Weinberge, der Pilger oder der Wallfahrter vor und nach der Reife, der Ofterlämmer, der Eyer, des Brodes, der kirchlichen Kleider, der Altartücher, neuer Krucifixe, der Bilder, u. d. m. — Ein junger aufgeklärter Mann nahm einmal diefe Weyhungen zum Gegenftand feines Volksunterrichts, und zeigte den Ungrund derfelben. Das Vicariat zu T. forderte ihn vor. Er berief fich auf den Kayfer, wurde aber demohngeachtet auf eine unbarmherzige Weife von allen Amtsverrichtungen fufpendiert und über anderthalb Jahre lang feinem traurigen Schickfal überlaffen.

*) Ehedem hat hier zu Lande, ein jeder Bifchof fein eigenes Erziehungshaufs gehabt, welches er, aus den dazu

iger in die Augen fallende Aenderungen, hat
ayſer Ioſeph, bis jezt wirklich vollendet. Un-
mittel-

dazu beſtimmten Stiftungsgeldern, mit allen Nöthigen verſah. Unabhängig vom König und Königreich
konnte er mit Lehrern und Lehrlingen, nach Gefallen
ſchalten und walten. Fand er ſeine Paſſion in der
Verfolgung der Proteſtanten, überhaupt in der Aus-
breitung hierarchiſcher Grundſätze: ſo waren die
finſterſten Männer, die eifrigſten Anhänger der ultra-
montaniſchen Lehren, die beſten Profeſſoren in ſeinem
Seminarium, und ſo mufsten auch ſeine Zöglinge
ſeyn, wenn ſie gefallen, und gute Ausſichten haben
wollten. War er ein Proſelytenmacher: ſo mufsten
Lehrer und Zöglinge in den Künſten der Proſelyten-
macherey ſich üben. Lehrbücher, Lehrmethode,
Lehrſtunden Diſciplin, kurz alles war ſeiner Wahl,
Einſicht und Direktion überlaſſen. Der Staat mufste
aus ſeiner Hand die Lehrer nehmen, die er ihm
nach ſeiner Art, Abſicht und Intriguen bildete. Armer Staat, der aus der Hand eines Hierarchiſch-ge-
ſinnten, Volkslehrer und Sittenrichter, nein! nicht
Volkslehrer, nicht Sittenrichter, ſondern religiöſe
Cerimonienmacher annehmen mufs! Denn eigentli-
cher Volksunterricht, wie er nach den h. Urkunden der Religion ſeyn ſoll, war nie die Sache der
katholiſchen Geiſtlichkeit. Und wärd das auch ihre
Sache geweſen, ſo kann man ſich ja leicht denken,
was für Lehrer in ſolchen Inſtituten gebildet wurden. — Das alles ſehen aufgeklärte Menſchenfreunde
unter den Katholiken ein, und riethen dem Kayſer
Joſeph, die Bildung des jungen Clerus, unter die
Aufſicht der Hof-Studien-und Religions-Kom-
miſſion zu bringen. Die Biſchöfe erhielten nun den
Befehl, ihre Zöglinge in die General-Seminarien
nach Peſt und Prelsburg abzuſchicken. Dieſe Seminarien

mittelbaren Antheil nahmen die' Proteſtanten daran nicht. Allein ſie freuten ſich doch mit allen
beſſern Katholiken über ſolche Verbeſſerungen des
katholiſchen Kirchenweſens um deſto. inniger, je
beſſere Wirkungen für die Nachwelt aus denſelben entſpringen können und werden.

Wollte der Himmel! den Katholiken giengen
jezt einmal die Augen auf, damit ſie einſehen
möchten, wie das Auſſerordentliche der Religion
von ihrem Weſen, die Nebendinge von Hauptſa-
chen, und die elenden Ceremonien, von alten nüz-
lichen Gebräuchen abgeſondert und abgeſchaft
werden ſollen. Sondert doch von eurer Religion
den Geiſt der Hierarchie, den Wuſt unnöthiger
Ceremonien, vor allen Dingen aber die Proſely-
tenmacherey ab, ſo wird ſie für den denkenden
Chriſten weniger abſchrekend ſeyn. —

Popular

narien find auf das vortreflichſte eingerichtet; die
Direktoren derſelben ſind die beſten Männer, die
man haben konnte; auch bey der Wahl der Profeſſoren geſchah alles, was unter den gegenwärtigen Umſtänden möglich war. Die Zöglinge leben da, nicht
wie in Klöſtern, in einzelne Zellen vertheilt, ſondern in gröſsern Zimmern, zu 20, 30 und 50 bey
einander, auch nicht unter einem Mönchiſchen
Zwang, ſondern freyer und liberaler. Kurz: die
General · Seminarien ſind und können Anſtalten werden, von denen ſich die Zukunft herrliche Früchte
verſprechen kann. Aber — — —!!

Popular Konſkription oder die Zählung des Volks.

Dem in allem Betracht groſſem Könige, und eigentlichen Stifter des jüdiſchen Reichs, *David*,
fiel es auch einmal ein, ſein Volk zählen zu laſſen.
Die Geſchichte, die man davon hat, ſagt über die
Beweggründe ſonſt gar nichts als dieſes: David
wollte wiſſen, *wie viel des Volks ſey?* Die Könige
im Alterthum, berathſchlagten ſich gewöhnlich,
über jede Unternehmung der Regierung mit ihren Feldherrn. So that auch David mit dem Hel-
den Ioab, Aber Ioab war mit dem Antrag ſeines
Königs unzufrieden. *Was hat mein Herr König
zu dieſer Sache Luſt?* ſprach er. Aber auch hier
ſchweigt die Geſchichte. Sie ſtellet uns die ab-
mahnenden Vorſtellungen Ioabs eben ſo wenig
dar, als die Urſachen, aus welchen David wiſſen
wollte: *wie viel des Volks ſey?* David war ein Mann,
der gerne alle andere überſah, wie er denn wirklich in ſeiner Poeſie, alle diejenigen übertraf, die
je vor ihm oder nach ihm, auf dem Throne Ge-
dichte ſchrieben. Vom Könige David, bis auf
Friedrich, jüngſten Andenkens, herab, in einem
Zeitraum von ſchönen Iahrhunderten — kann
man auſſer dem *Mark Antonin* keinen auf-
weiſen, der mehr geſchrieben, ich darf es ſagen,
ſchöner geſchrieben hätte, als David. Mark Antonin und Friedrich der zweyte übertreffen den
erſtern an philoſophiſchen Kenntniſſen, an allgemeinen Grundſäzen, an abgezogenen Erfahrungen. —

gen. — Aber David, mehr, wie beyde, Sohn der Mutter Natur — läſt im hohen, erhabenen Flug der Phantaſie, in bilderreichen Schilderungen, in kraftvollem, beyſpiellos körnigten Redensarten beyde zurük.

Ein ſolcher Mann muſte die Rede ſeines Feldherrn: was hat mein Herr König zu dieſer Sache Luſt? albern finden. Sein gefaſster Entſchluſs muſte ausgeführt werden. Er ſandte Ioaben ſeinen Feldherrn und andere Hauptleute (militäriſche Beamte) aus, die Zählung ſeiner Unterthanen zu veranſtalten, Sie giengen (ſo erzählts die Geſchichte), wurden damit in *neun Monden und zwanzig Tagen* fertig uud brachten die Summe des gezählten Volks, welches Schwerd tragen konnte, in *Iſrael* achtmal hundert tauſend Mann; in *Juda* aber funfmal hundert tauſend Mann.

Hier könnte ich wohl die Geſchichte endigen und dann den Kayſer Ioſeph, wegen der von ihm veranſtalteten Volkszählung vertheidigen. Weil ich aber befürchte, daſs mich die Bibelleſer, wie weyland Voltairen, der Zerſtükelung des bibliſchen Textes beſchuldigen könnten: ſo muſs ich die Geſchichte weiter nach dem Kontext erzählen. Kurz darauf, als die Zählung des Volks, nach dem Befehl des groſſen Königes vollendet war, bereuete er ſeine That, darum, weil kurz darauf eine gefährliche Krankheit unter ſeinen Unterthanen ausgebrochen iſt, und er die Urſache

derſel-

derfelben, nach Art aller alten morgenländifchen
Dichter, in den nächften Urfachen und Begebenheiten zu fuchen gewohnt war. Jede auffallende,
nicht tägliche, befonders aber jede furchtbare Erfcheinung, fahen fie für eine Strafe der Sünde an.
Menfchen, welche die ganze grofse Haushaltung
Gottes nicht überfehen konnten, war das auch zu
verzeihen. So giengs dem guten David. Die
fürchterliche, kurz nach der Zählung feiner Unterthanen, ausgebrochene Peft, betrachtete er
als eine Züchtigung feines Unternehmens, das allem Vermuthen nach in der damaligen fehr dürf-
tigen Politik und Staatskunde, etwas neues
und unerhörtes war. In diefer Meynung beftätig-
te ihn auch einer feiner Hof-Propheten *), weil
er vielleicht, von diefer Denkungsart feines Königs, mancherley Vortheile erwartete. Wäre aber
David ein fo guter Philofoph gewefen, als er ein
guter Dichter war, fo hätte er die Urfache der
Peft, die in feinem Lande wüthete, nicht in der
Volkszählung gefucht, — er würde fie in fo manchen natürlichen Dingen gefunden haben, welche
mit feiner Volkszählung in gar keiner Verbindung
ftun-

*) Hof-Propheten — in fo ferne eine Art von Beicht-
Vätern, weil fie fehr oft auf die Regierungs-Maxi-
men der Fürften Einflufs hatten. Aber ein einziger
folcher Hof-Propheten, übertraf an Talenten, Dicht-
kunft, Beredfamkeit, tiefen Blick in die Zukunft,
und wahrer Volksliebe alle jetzt lebende Beichtväter
aller Europäifchen Könige und Fürften!

E

ftunden. Jeder nachdenkende Menfch wird vermuthlich hierinnen mit mir übereinſtimmen, beſonders
wenn er bedenkt, dafs die römiſchen Kayſer,
mehreremal die Völker ihrer Provinzen, in der
Abſicht zählen liefsen, um den Bedürfniſſen des
Staats angemeſſene Abgaben feſtzuſezen und aus-
zuſchreiben, (welches doch wahrhaftig weit mehr
war, als das Faktum Davids) ohne dafs ſie deswegen eine Peſt befürchtet, oder erduldet hätten.

Allein ſo geht es den Menſchen, die, ohne mit
Kenntnifs der Dinge, mit den allgemeinen Prinzipien vom Recht und Unrecht, die ſelbſt die Vorſehung befolgt, ausgerüſtet zu ſeyn, über Welt-
begebenheiten urtheilen. Joſeph hat nach dieſen
Prinzipien ſein Beginnen abgewogen. Und darum hat er es auch, ehe noch *neun Monden* und
zwanzig Tage verſtrichen, oder eine Peſt aus-
brach, vollendet. Pfaffen aller Art, mit Kapu-
zen und Kragen (vielleicht auch proteſtantiſche)
dachten wohl „*Joſeph möge ein ganzer David ſeyn*,‟
und prophezeyten, weil ihnen, (die in dem alten
Teſtamente mehr als im Leibniz und Villaume leſen) das Prophezeyhen natürlich wird, den Unterthanen Joſephs ein nicht geringeres Uebel, als
das war, welches das Reich Davids traf.

Proteſtanten beſſerer Gattung, ſahen dieſe ganze Sache von einer andern, gefälligen Seite an;
und mufsten ſich nicht wenig wundern, dafs ſich
der ſonſt brave Gr. F. wegen einer Sache dieſer
Art

Art abfezen liefs. Aber fo ifts: *die ungarifchen Magnaten, feigen Miiken und rerfchlukcn Kameele* *). Die Proteftanten waren und find davon

E 2 über-

*) Beyfpiele! Verlangtet ihr fie im Ernft, mit der Liebe zur Wahrheit: fo würde ich fie euch gerne geben. Weiter unten kanns noch gefchehen. Schwer werde ich mich dazu entfchliefsen, weil ich mich vor den Augen des Publikums fchämen müfste, dafs ihr fo inconfequent feyd, als man es nur feyn kann. — ! Ein Beyfpiel eurer Inconfequenz, mufs ich aber doch hier noch anführen, weil ich befürchte, dafs es fich aus der Reihe meiner Gedanken verlieren oder in einer andern Verbindung derfelben unbedeutender werden könnte. Ihr faget: der Bauer, der auf unferem Gut und Boden lebt, gehört uns zu: alles, was er ift, und verdient, ift und verdient er nicht fich felbft, fondern feinem Grundherrn. Ich will euch diefen defpotifchen Sinn und Glauben nicht ftreitig machen. Das mögen jene *Volksapologeten* thun, die der bedauernswürdige Zuftand des Bauernftandes einft noch erwecken wird. Wenn der Menfchenfreund einen Verbrecher mit feinen Feffeln klirren hört: fo geht es ihm fchon zu Herzen. Wie, wenn der zahllofe Bauerftand in Ungarn, dem eure Vorfahren fchwere Feffeln der Sklaverey angelegt haben, feine wehmüthige oder auch die ftarke Stimme der Verzweiflung erheben wird, wird fie keinen Menfchenfreund erwecken, damit er fich eines unfchuldigen von euch gemifshandelten Volkes, mit dém Geift eines Mirabeau, und mit der ausdaurenden Kraft eines Franklin annähme? Gewifs wird das gefchehen, ehe noch der zweyte Landtag von jezt an gehalten wird. — Doch dies nur im Vorbeygehen. Diefen euren Bauern hattet ihr von je her für euch behalten, als ein Schaaf immer fort fcheren, und auf dem Land-

überzeugt, dafs der Kayfer Jofeph bey der von
ihm veranftalteten Volkszählung nicht nur un-
fchuldige, fondern auch gerechte und wohlthätige Abfichten hatte. Sie wiffen es wohl, dafs ein
König, der, Induftrie aller Art anfachen, und
dadurch feinen, in diefem Stück, im Verhältnifs
gegen andere europäifche Länder, äufserft ver-
nachläfsigten Provinzen aufhelfen will, die Zahl
des arbeitenden Volks, aber auch die Zahl der
fteuerfreyen Brodeffer erfahren mufs. Sie wiffen,
dafs fogenannte Werbungen, fowohl den Sitten
der Völker, als felbft dem Militär-Dienft äufserft
nachtheilig find *), und dafs die Aushebung des
zum

Landtag 1715. vor denen, auf demfelben ausgeworfenen Abgaben und Impofiten fchützen follen. —
Aber nein! Eure eigennützigen Vorfahren mögen
befürchtet haben, dafs fie, die von Seite des Hofs
projektirte ftehende Armee, felbft werden unterhalten müffen. Darum haben fie darein gewilliget, den
armen Bauerftand mit neuen Laften zu befchweren,
ohne dafs ihr, nach eurer Gewohnheit, repräfentirt
hättet. — Da hat fich, in einer, für das ganze Land
und befonders für eure Prärogativen, fo wichtigen
Sache, keiner abfetzen laffen. Wegen der Numera-
zion der Häufer und der Volkszählung, hat der erwähnte G. F. fein Amt verloren. Sag ich nicht
recht: dafs die Magnaten Ungarns Müken feigen
und Kameele verfchlucken, das heifst: bey kleinen
unbedeutenden Sachen fich aufhalten, bey wichtigen
aber gähnen oder fchweigen?

*) Werbungen, ein Wort, bey welchem fich jedes ge-
fühlvolle menfchliche Herz empören mufs — waren
auch

zum Militär - Dienſt geſchikten jungen Volks, beſonders , wenn die Volkslehrer in Schulen ihr

E 3 wich-

auch im Königreich Ungarn gebräuchlich. Die Re-
gimenter ſchickten von Zeit zu Zeit, oder auch
auf immer einige in dieſer Kunſt geübte Officiere
in ihre Werbungs - Bezirke. Sie nahmen mit ſich
eine gewiſſe Zahl der ſchönſten, gewandteſten und
in den Ungariſchen Tänzen geſchikteſten Soldaten.
Dieſe wenn ſie auch Infanteriſten waren, doch nach
Art der gewiſs ſchönen Huſaren - Uniform gekleidet,
zogen in dem ihnen angewieſenen Kanton vom Städtchen zu Städtchen, beſuchten alle Jahrmärkte in demſelben; tanzten auf den Gaſſen herum in den un-
züchtigſten Geberden, ſoffen ſich voll, fluchten wie
keine Nation ,flucht *), begiengen die abſcheulichſten
Streiche, und zogen durch Vorſpiegelung eines zü-
gelloſen Lebens junge zur Zügelloſigkeit geneigte
Leute an ſich. Gewöhnlich verwilderten dieſe Werber, in dieſem ausſchweifenden Leben ſo ſehr, daſs
ſie nach Ausſage ihrer eigenen Vorgeſetzten, für dem
Dienſt ganz unbrauchbar wurden.. Welcher Schade —! und welcher Anblick, ſchön und, ich
kann ſagen edel gebildete Menſchen, in der Geſtalt der Bachanten zu ſehen! Aber ſie warben doch
gute und freye Soldaten an. Freye? Iſt das ein
freywilliger Soldat, den man mit ſolchen Künſten, meiſtens in dem unnatürlichen Zuſtande
des Rauſches, und der wilden Freude anwirbt?
Freyer iſt der Soldat, der, wenn er zum Soldaten-
dienſt

*) Gereiſte Perſonen verſichern: Der Ungar fluche,
wie keine Nation ſonſt! Mir iſt das ein untrüg-
liches Kennzeichen der Rohheit und Verwilde-
rung. Ich hoffe auch dir, Leſer! wenn du der
Vernunft huldigſt.

wichtiges Amt treu erfüllen *), nach denen einmal
verfertigten und jährlich mit geringem Aufwand
von Zeit zu Zeit zu berichtigenden Volkszählungs-
liften, die auch fonft ihren wichtigen Nutzen für
den Philofophen und philofophifchen Staats - Oe-
kono-

dienft aufgefordert wird, aus Grundfätzen der
Fahne folget. Und das kann allerdings gefchehen,
wenn —

*) Volkslehrer in Kirchen und Schulen, Diener des
Staats feyn wollen. Von diefen Leuten habe ich felbft
vor etlichen und zwanzig Jahren eine fehr kleine
Meynung gehabt. Ich wähnte, fie wären unnütze
Brodeffer. — Nachdenken über die Beftimmung diefer Leute hat mich denfelben gewogen gemacht. Ich
bin feft überzeugt, dafs, neben guten Polizey - Anftalten, fie das meifte Gute im Staat bewirken können.
Mehr gewifs als alle Galgen, Räder und Scharfrichter. — Aber fie müffen, wenn das gefchehen foll,
ihr Handwerk wohl verftehen und vom Staate befol-
det feyn. — Wenn nun folche gefchickte, vom Staate
befoldete, mit Menfchenkenntnifs ausgerüftete Lehrer
den Auftrag bekämen, ihn, von dem Staate, der fie
ernährt, bekämen: fie follen allen ihren Zuhörern
in Kirchen und Schulen, die Tugenden des Patriotifm lehren : fie follen recht oft über das Gute, das
wir in menfchlichen Gefellfchaften finden und geniefsen, fprechen ; fie follen bey jeder fchicklichen Gelegenheit die Verbindlichkeit den Staat zu fchützen
beweifen, und die Tugenden der militairifchen Lebensweife darftellen ; fo müfste mich alles trügen,
wenn man *Soldaten aus Grundfätzen*, alfo recht und
eigentlich freye Soldaten, in Ueberflüfs nicht bekäme.
Und ein folcher Soldat müfste gewifs beffer und ta-
pferer feyn, als jeder andere!

konomen haben, recht zwekmäfsig gefchehen
kann. Sie wiffen es wohl, dafs der, der den
Vortheil von einer ftehenden Armee geniefst, auch
die Laft der Einquartierung, die den armen Landmann allein drükte, nach allen Grundfäzen der
Billigkeit zu tragen verbunden fey. Sie wiffen,
dafs der Regent die Gegenden kennen mufs, die
mehr als andere bevölkert, zur Errichtung der
Fabriken und Manufakturen fich qualifizieren.
Soll ich es euch auf einmal und kurz fagen? Ift
der Hauptmann, der den Zuftand feiner Compa-
gnie nicht kennet, ein dummer oder ein fchlechter Menfch: fo ift gewifs auch die Regierung entweder dumm oder fchlecht, welche fich um die
Zahl der Regierten nicht bekümmert, fondern alles in dem elenden Zuftande der Verwirrung und
des Chaos läfst. Das alles wufsten die zahlreichen
Proteftanten ziemlich gut, und liefsen die Volkszählung gefchehen. Nur das einzige hätten fie wohl
gewünfcht, dafs (weil unfere Verfolger zur Zeit
Marien Therefiens oft gefagt haben: wir machten
eine *unbedeutende* Anzahl der Landesbewohner aus;
verdienten alfo nicht gehört zu werden; würden
in kurzer Zeit nicht mehr feyn) — bei der Gelegenheit der erften Zählung, auch auf die verfchiedenen Religionspartheyen reflektirt worden
wäre, um zu fehen: ob wir denn wirklich fo unbedeutend find, um nur *tolerirt* zu feyn? Ungerecht feyn, — ift Ehrlofigkeit. — Darum will
ich auch nicht in Abrede feyn, wenn man behaupten wollte, dafs der eine oder der andere

Pio-

Proteſtant, vom belachenswerthen Adelſtolz auf-
geblaſen, es auch nicht gerne ſah, daſs ſein wer-
thes Haus, gleich der Hütte ſeines Bauers, zum
Numerotragen herabgewürdigt, und er, nebſt
ſeinen, an den nehmlichen Adelſtolz gewöhnten
Hausgenoſſen inprotokollirt wurde. — Bei ſolchen Erſcheinungen, und ſollte man ſie auch an
ſeinen Blutsfreunden bemerken, kann man aber
mit vollem Recht ſich umſehen nach einem ſym-
pathiſierenden Freund oder Nachbar, und, erblikt
man ihn, mit Cervantiſchen Lächeln ihm zuru-
fen: *riſum teneatis amici!* —

Ausmessungsgeſchäft — Steuerrektifika-
zion — Physiokratiſches System.

Lauter neue Wörter, und noch neuere Begriffe für den Ungarn, wie er gewöhnlich iſt — ich
meyne für den Ungarn, der zehn bis zwölf Jahre
in die Landes - Schulen, deren zwey Drittheile',
bis 1773. Jeſuiten inne hatten, gieng, zwey, drey,
bis vier und noch mehrere Jahre ſogenannte *Patwarien* *) beſuchte, und ſich in der ganzen lieben
Welt

*) Patvárien, (für die Ausländer ein eben ſo unbe-
kanntes Wort, als für die Ungarn „das phyſiokratiſche Syſtem — oder auch jedes Raiſonnement über
einen beſſern Maaſsſtab, Steuer und Abgaben zu
beſtimmen) — Patvárien nannte man bald die Oerter,
bald die Zeiten, in welchen angehende ungariſche
Sach-

Welt Gottes um nichts anders' bekümmerte, als
um den *Verböcz*, *Szegedi* und *Hufzty* *) — Hier
habt ihr den ungarifchen Rechtsgelehrten *in nuce*.
Ich kannte in meiner Jugend und kenne auch
jezt einige, die von diefer Regel die Ausnahme
ausmachen. Gewöhnlich aber waren fie, ihre
Allegazionskunft in den Landesprozeffen abgerech-
net, in allem, was Philofophie, Staatenkunde,
allgemeines Staatsrecht, und Publizifmus in die-

E 5   fem

Sachwalter, fowohl die Theorie, als die Praxis der
ungarifchen Rechtsgelehrfamkeit meiftens durch Abfchreiben der, fehr oft elenden Rechtsfchriften erler-
nen mufsten. Der unbedeutende Advokat hielt fich
einen, höchftens zwey folcher Abfchreiber — denn
fo hiefsen fie auch. — Der berühmtere hielt ihrer
vieré>bis zehen. Waren diefe jungen Leute von ge-
ringerer, aber doch adelicher Herkunft — dies lezte
fchien in den meiften Fällen nothwendig zu feyn: —
fo brauchte fie der Advocat in allen feinen häufsli-
chen Gefchäften, von dem Abfchreiben feines Konzeptes an, bis zum Stiefelputzen herab. — War die
Zeit der Patvarie um: fo liefs fich der junge Menfch,
je nachdem er wollte oder fich es getrauete, von irgend
einem Gerichts - Kollegium — lafst uns die Wahrheit
. geftehen, quid pro quo examiniren — bekam nach
abgelegten Eid, das Diplom eines Iuris utriusque —
(das foll wohl heifsen Civilis et Canonici!) Advocati,
und wurde dann ein Sachwalter oder ein Akersmann,
oder — —. Man wird fchon diefen Gedankenftrich
verftehen und meinetwegen auch deuten. —

*) *Verböczius* — möchte doch irgend jemand die Gefchichte diefes Mannes beleuchten! Die zwey andern
kommentirten über fein Tripartitum.

fein Fache heifst, die elendeften Menfchen, die je auf dem Erdboden anzutreffen find. Aus folchen Leuten, wenn fie zumal Jefuiten - Schüler, oder Klienten der *Sodalium Mariae* waren, beftunden die meiften politifchen und juridifchen Kollegien. Zur Noth verftunden fie noch, was ein *Proceffus* in *recuperationem juris* nach allen feinen Gattungen und *Proceffus oppofitionalis* fey? Wie man aber dem Lande im Ganzen aufhelfen, Handlung befördern, Polizey - Gefeze einführen, mit einem Wort: den Staat glüklich machen müffe und könne? wie das befonders nach dem Beyfpiel anderer europäifchen Länder, durch verhältnifsmäffig gleiche Abgaben aller einzelnen Mitglieder der Provinzen zu den Bedürfniffen des Staats gefchehen müfle? dafür hatten und wollten fie keinen Sinn haben.

,Haft du diefes Bild vor Augen, Lefer, fo fchliefle felbft, welchen Widerfpruch, welche Gährungen, welche Remonftrazionen, das fogenannte Grundfteuerrektifikazionsfyftem verurfachen mufste und wirklich verurfachte. Wenn das lange verzweifelte Wort *) in Oefterreich felbft, wo der Bauer für

fein

*) Vielleicht wird es noch einmal, wenn der Kayfer Jofeph es nicht realifirt, fo zum Scheltwort angenommen werden, wie der italienifche Nahme Caraffa. Caraffa war zu Zeiten Leopolds Kommendant in Ober - Ungarn. Sein Karakter ift zu hefslich, als dafs ich ihn hier fchildern follte. Durch feine Graufamkeit ward er der Gegenftand der allgemeinen Ver-
ab-

ſein Bauergut etwas Geld ausgiebt, und es in ſo
ferne für ſein *reſpectives Eigenthum* halten kann,
ſo viele *Heſslichе* und *Nichtheſslichе* Widerſprü-
che veranlaſste: ſo kan man ſich um deſto weniger wundern, daſs man hier in Ungarn, wo ſich
der Grundherr für den einzigen unumſchränkten
Herrn ſeines Gutes hält *), die mächtigſte Stimme
dage-

———

abſcheuung. Sein Nahme gab den fluchkundigen
Ungar Stoff zu einem neuen Scheltwort. Er nannte
einen böſen, grauſamen Menſchen: Caraffia, gleichſam : Karafas - Brut. —

*) Denn er ſagt: Meine Vorfahren oder auch die, von
welchen ich mein Gut erhalten habe, haben das Land
durch Waffen erobert, oder für andere Verdienſte
durch Schenkungs - Urkunden von ihren Königen
bekommen. Dieſe Güter, die ſie alle ſelbſt, nicht
benuzen konnten, haben ſie, unter die Ueberwun-
denen, die ehemaligen Bewohner dieſes Landes, oder
auch unter die mitgebrachten ärmern Familien aus-
getheilt, und zwar unter den Bedingungen, daſs
dieſe das Land bauen, und dem Ertrag ihrer Arbeit,
auſſer den unentbehrlichſten Bedürfniſſen des Lebens,
die ſie doch auch befriedigen muſsten, an jene abgeben ſollen. So mags ſehr lange geweſen ſeyn.
Nachdem, aber der Bauerſtand Klagen erhoben und
zuweilen Aufruhr erregt hat, haben die Könige,
durch einige ſehr dürftige Geſetze, der Grauſamkeit
und dem Eigennuz der Grundherren Gränzen ge-
ſetzt. Das waren ſehr ſchwache Gränzen! Sie wurden noch oft durchgebrochen, bis die groſse Mutter
ihrer Unterthanen Maria Thereſia das ſogenannte
Urbarium, von welchem ich noch unten ſprechen
werde, eingeführt hat. Das iſt alſo wahr, daſs die
Grund-

dagegen erhob. Der Eingrif in die mehr als irgendwo unumfchränkten Eigenthumsrechte der
Unterthanen; die Furcht vor höhern Abgaben;
die Beforgnifs, dafs nach diefem Syftem, nach welchem die Befchaffenheit des Bodens, Steuern und
Abgaben beftimmt, auch der adeliche Grundbe-
fizer zu den Bedürfniſſen des Staats beytragen
müfste: das und noch manches andere, machte
die ganze ungarifche Nazion *) gegen den Kayfer

Jo-

Grundherren *eigentliche Eigenthümer* der Bauergüter
find. Der Bauer legt hier für das Gut, das er bebaut, kein Geld aus. Allein daraus folgt doch nicht,
dafs der Grundherr, für den Schutz, durch welchen
er bey dem Befitz feines Guts erhalten wird, gar
nichts zu entrichten fchuldig fey. Ich werde das
un er der Rubrik : Türkenkrieg deutlicher aus-
einander fetzen.

*) Nazion, ein Wort, wie es, in diefem Sinn nir-
gends fonft gebraucht wird! Denn, Nazion bedeutet
hier den hohen und niedern Adel, den katholifchen
Klerus und die Deputirten der freyen königl. Städte,
welche auf den Landtägen erfcheinen. Diefe leztern
haben zwar das Recht, da zu fitzen, aber auch die
Pflicht, wenn fie ja reden wollten, von den kleinen
Defpoten ohne Scepter, fich das Maul ftopfen zu
laſſen. Diefe Leute befchliefsen über den zahlreich-
ften beften Theil des Landes, über den Bauerftand,
das, was ihnen gut dünkt. Diefer Stand, zu welchen
alle grofse und kleine Marktflecken und Dörfer gehören, hat keinen einzigen Repräfentanten — Sprecher — Vertheidiger, der, wenigftens das, fagen
könnte: „Meine Herren! wir find auch Menfchen,
„und ftarke nervigte Menfchen! Wir wollen das Joch

„fo

Jofeph murren. Um den widrigen Eindruk, den
diefe Verordnungen auf die Nazion, in dem jezt
beftimmten Sinn, gemacht haben, zu erhöhen
und allgemeiner zu machen, hat man den Bürger
und den Bauer — auf eine unverantwortlich nie-
derträchtige Weife mit in das Intereffe des Steuer-
freyen Adels hineingezogen. Man hat dem Bürger und Bauer gefagt: „Wir hören, dafs ihr euch
„bei der Steuerregulierung nach dem neuen Maafs-
„ftab Erleichterung verfprechet. Ihr glaubet,
„dafs, weil auch der bis jezt fteuerfreye Adel zu
„den Bedürfniffen des Staats, nach der Gröfse
„und Befchaffenheit feiner Befizungen wird bey-
„tragen müffen, dadurch ihr um defto weniger
„kontribuiren werdet. Nein! Euch und uns will
„man ausfaugen — euch und uns arm machen.
„Der Monarch fucht alles zu unterjochen, um
„defto unumfchränkter herrfchen zu können über
„Menfchen, die kein Mark in den Beinen, kein
„Geld in ihrem Vermögen haben *).‚‚ Der Bürger
„fo lange nicht abfchütteln, fo lange es uns erleid-
„lich bleiben wird! Wiffet, dafs es einen Punkt
„giebt, über welchen ihr uns nicht fpannen müffet!
„Seyd doch Menfchenkenner! — Wer weifs, ob der
Punkt — die Zeit nicht fchon fehr nahe fey — wo
man diefe Herren fragen, wird: Mit welchem Rechte
habt ihr, alle, unfern Stand *allein* drückende, Gefetze
Sine nobis — de nobis — gemacht?

*) Komitatsbeamte, liefsen keine Gelegenheit unbenützt
vorbeyeilen (befonders bey ihren Reifen durch die
Komitate), recht viel Widerwillen gegen den Kayfer
in alle Gemüther auszuftreuen.

ger und der Bauer im Königreich Ungarn, wenn
er auch den gröfsten und befsten (wer weifs, ob
nicht auch den reichften) Theil des Landes aus-
macht, war, durch defpotifche Behandlung des
Adels gewohnt, die Autorität des Adels zu re-
fpektiren, — wie es halt fo ift, der Sklave re-
fpektirt die Uebermacht feines Defpoten — glaubte den Vorftellungen des Adels und fieng an zu
murren: „Der Adel mag doch nicht ganz un-
„recht haben; wer kann das auch wiffen, was
„doch einmal aus uns werden wird? Wir haben
„Urfache auf eine Erlöfung zu hoffen, — aber die
„Erfüllung unferer Hofnung ift vielleicht noch
„fehr weit entfernt.„ — So fprach der Bauer-
und Bürgerftand, und der Adel mochte über feinen Triumpf eine geheime Freude gehabt haben.
Der Kayfer Jofeph beftund aber, ohngeachter des
vielfältigen Murrens und Widerfpruchs, auf feinem Vorfaze mit Beyfpiellofer Standhaftigkeit,
liefs die ganze Fläche des ungarifchen Bodens aufnehmen, und das Refultat des jährlichen Ertrag-
niffes, durch eine gewiffe Art von beeidigten Ge-
ftändniffe ausrechnen und inprotokolliren. Dafs
eine folche Arbeit in einem Lande, deffen Ländereyen noch nie gemeffen, noch nie nach fogenannten Jochen beftimmt worden, und das doch
nach den berühmteften Geographen, dem Herrn
Büfching, 4760 Quadratmeilen enthält, einen
unfchäzbaren Aufwand erforderte, das kann jeder
leicht genug begreifen. Aber eben fo begreiflich
ift es, dafs diefe Arbeit *unendlich* viele Fehler haben

ben müſſe. Alle dieſe Fehler kann ich unmöglich beſtimmen. Die Regierung ſollte das beſtimmen können. Aber ich weiſs es, daſs weder der Kayſer, noch ſeine Räthe in *Wien*, noch der Statthal. terey - Rath in *Ofen*, der doch von dergleichen das ungariſche Reich betreffenden Dingen die genaueſte Kenntniſs haben ſollte *), alle die Fehler, die da begangen wurden, *anſchaulich genug* kennen werden. Denn hätte ich auch die freymüthigen Gedanken des Herrn Heſsls nicht geleſen, hätte ich nicht ſelbſt bei ſo manchen Aufnahmen der Aeker, Wieſen, Gärten, Waldungen die begangenen Fehler nicht mit angeſehen : ſo hätte ich doch ſchon, gut philoſophiſch, a priori, auf das höchſt Unvollkommene in dieſem Geſchäft ſchlieſsen können. Eine Arbeit, (ſo dachte ich gleich Anfangs,) eine Arbeit dieſer Art, die man mit Stümpern und geometriſchen Handlangern unternimmt, koſtet oft mehr als die Arbeit eines Meiſters, und, koſtete ſie auch nicht ſo viel, ſo iſt ſie doch unendlich fehlerhafter. **) Wie viel hundert

*) Sollte! Aber vielleicht iſt er mit zu vielen Geſchäften überladen! Vielleicht will er von dieſen Dingen keine Notiz nehmen! Vielleicht *ſpielt* er in Corpore und im Einzelnen gerne! Mein Gewiſſen, das Menſchen und beſonders Obrigkeitliche Rechte reſpektirt, läſst es nicht zu, daſs ich ein Pasquillant werde. Aber von vielen Bureau's iſt das doch wahr, was ich geſagt habe.

**) Statt der Beweiſe will ich nur die Anekdote anführen, die ich, in dem *Nachtrag* zu *Heſsls freymüthigen Gedan.*

dert Menfchen, die nicht einmal fo viel gefunden
Menfchenverftand hatten, als der erwähnte Ge-
fchworne, haben an den Ausmeffungsgefchäfte
gearbeitet? Wie unvollkommen mufs alfo ihre
Arbeit feyn! Jeder vernünftige ungarifche Unterthan des Kayfers hätte daher mit mir gewünfcht,
dafs fich der Kayfer und fein Projeftant, in diefer,
für das Ganze der öfterreichifchen Provinzen fo
wichtigen und wohlthätigen Sache nicht fo fehr
übereilt hätte. Allein hier begieng der Kayfer
felbft einen Fehler gegen den weifen Grundfaz des
alten Kayfers *Auguſts*: σπευδε βραδεως (eile langfam). Er begieng diefen Fehler auf eine fo
fichtbare Weife, dafs man ihm das, was *Kallima-*
chus an einem *Ptolomäus* nicht genug zu erheben
weifs **), zum Tadel anrechnen kann, und mufs.

Denn

Gedanken, lefe und für naiv halte. Ein Gefchworner, der befragt wurde, ob er fich das, was man
ihm in der Belehrung über die praktifche Ausmeffung
vorgetragen hat, gemerkt habe, antwortete: Ich
habe immer gehört, das Infchenierwefen fey eine
freye Kunft. Der Schneiderjunge brauchet drey Lehr-
Jahre, bis er Gefell werden kann — und ich foll in
der freyen Kunft der Infcheniere durch drey Stunden
Meifter geworden feyn?

•) Kallimachus befingt die königlichen Tugenden eines
Ptolomäus, entweder des *Philadelphen* oder des *Ever-*
geten, wo er unter andern fagt:
„der König unfers Volks — — —
„*Am Abend führt er aus, was er gedacht*
„*Am Morgen*; Abends jede grofse That;
„Und nebenbey gedenkt er noch des Kleinen;
„Die

Denn, es wäre weit beſſer und zwekmäſsiger geweſen, wenn man die ganze Sache mehr vorbereitet; die Manipulanten — ſo hieſs man die zur
Ausmeſſung zuſammengeraften Menſchen — un.
terrichtet, geprüfet, ausgeſucht, und auf die gewiſſenhaften *Fatierungen* des *Grundertrags,* ſelbſt
mit Zuziehung der Geiſtlichen, gehalten hätte.
Die Bauern, welche die Geſtändniſſe von dem Er-
trage der verſchiedenen Grundſtüke thun ſollten,
und auch quid pro quo gethan haben, waren von
der Beſchaffenheit der Sache zu wenig unterrich-
tet. Und ich weiſs nicht, wer ihnen den zwek-
mäſsigen Unterricht beſſer hätte geben können,
als der Geiſtliche, an deſſen Unterricht der Bauer
gewohnt iſt; der ſein Gewiſſen binden und löſen
kann; und deſſen einzige Beſtimmung iſt, auf die
Neigungen des Bauern zwekmäſsig zu wirken. —
Hätte man auch das Weſentliche in dieſem Geſchäft weltlichen Perſonen anvertrauen wollen —
wiewohl es nicht recht war — weil der Bauer in
dieſe Leute kein Vertrauen ſezen kann — die ihm
als ſeine Unterdrüker bekannt ſind: ſo hätte man
doch der Geiſtlichkeit auftragen ſollen, ſie möchte
zur Verhütung tauſenderlei Betrügereien, die Begriffe der Bauern, iu allem, was in dieſer Sache
Recht

„Die *Andern dachten Manches Jahre lang*
„*Und kamen oft nach Jahren nicht zum Schluſs.*
Das war Ruhm! Aber auch das iſt Ruhm, Jahre
lang berechnen, bedenken, vorbereiten, und, mag
es doch auch ſpät ſcheinen, ſicher zum Schluſs kommen.

F

Recht oder Unrecht ift, berichtigen und wirkfam
machen. Ferner war es die heiligfte Pflicht der
Regierung, wenn fie ja Vortheile von diefer Sache
wünfchte, wenigftens die Hälfte der Unkoften zu
tragen. Es den Grundbefizern gerade zuzumu-
then, dafs fie alle, die, durch ungefchikte Manipulanten und ihre Fehler verurfachte Ausgaben beftreiten follen, — war gewifs nicht recht. Dafs
die Grundherrfchaften fchon jezt von diefer Ausmeffung einen gewiffen Vortheil haben, das ift
wahr. Denn jezt weifs es auch derjenige Grund-
befizer, der feine eigene und feiner Bauern Län-
dereien noch nie meffen liefs, wie viel taufend Klafter
urbarer und nicht urbarer Grundftüke er ohngefähr
befizt. Bei allen Streitigkeiten der privaten Befizer
und ganzer Orthfchaften, welche in der Zukunft ent-
ftehen können, kan man hie und da, wo nehmlich
die Ausmeffung richtig gefchehen ift, folche entbehren. In fo ferne alfo gegenwärtige und künftige Grundherrn, von diefer Ausmeffung diefen
Vortheil haben, war es auch billig, dafs fie zu den
Unkoften auf folche etwas beytragen follten. Allein, dafs man es ihnen ohne weiteres zugemu-
thet hat, alle dabei vorgekommene (wegen Mangel an guten Manipulanten) hie und da doppelte
Ausgaben zu beftreiten, d s war, dünkt mich,
unbillig, unrecht. Denn der Vortheil, den fie etwa davon haben mögen, fteht mit dem gehabten
Aufwand, in einem zu feh. ungleichen Verhältnifs.
Und — Verhältniffe diefer Art aus dem Gleichgewicht rüken — ift politifche und moralifche
Unbil-

Unbilligkeit. —— Sacerdos poſt feſta, iſt freylich ſehr entbehrlich. Eben ſo der Gedanke, den
Betrachtungen über dieſe Dinge in mir veranlaſst
haben. Ich will ihn aber deſſen chngeachtet her-
ſezen. Wäre ich ein Staatsmann, ſo hielte ichs für
meine Pflicht, in allen Angelegenheiten dieſer Art,
dem Uebel *zuvorkommen*. Das bin ich aber nicht,
und ſo iſt genug, wenn ich mit meinem Rathe
nachkomme. Indeſſen kann auch dieſer *nachkom-
mende Gedancke*, manche andere, für die Zukunft
nüzliche, Gedanken erweken.

Jezt eben leſe ich, das Meiſterſtük hiſtoriſcher
Kunſt, *Gibbons* Abnahme und Fall des römiſchen
Reichs und ſtehe gleichſam auf den Ruinen des
groſsen nach und nach zerfallenden Staatsgebäu-
des. Ich ſehe die unvermeidliche Nothwendig-
keit, daſs es unter den Umſtänden, unter welche
es nach und nach kam, zuſammenſtürzen muſste.
Aber ich ſehe auch, daſs, ehe dieſe Umſtände kamen, der Rath in Rom ſolche Maſsregeln zu
nehmen wuſste, die zur Erhaltung, Verſchönerung,
Vergröſſerung, Wachsthum des Rieſenkörpers
recht zwekmäſsig erfunden und angewendet wurden Ich erſtaune, wenn ich bedenke, was dieſer
Rath in Rom, in dem unermeslichen Gebiete ſeines Staates anzulegen und zu bewerkſtelligen vei-
mögend war. Nach und nach kommt es mir in
den Sinn, daſs er ſeine Soldaten nüzlich zu be-
ſchäftigen wuſte, und durch ſolche es gethan hat.
Die Römer legten Straſſen an, bauten Brüken,

F 2   gru-

gruben Kanäle, errichteten Dämme durch ihre
Soldaten. Dadurch wurde der Soldat dem Staat
weit nüzlicher, als derjezige, der in Friedenszei-
tnn nichts anders ift, als ein blofser Konfument
feines Soldes und — Pflaftertreter. Für den nehmlichen Sold, den er aus der Hand des Staates em-
pfieng, war er fein Befchüzer und Verfchönerer.
Er ftiftete dem Staate nüzliche Denkmähler, welche die Nachwelt mehrere Jahrhundert lang mit
Dank bewunderte und nüzte. Er übte feine Lebenskraft in Friedenszeiten durch gemeinnüzige
Arbeiten; ward dadurch ein rüftiger Mann im
Kriege, hatte weniger Gelegenheit zu den Aus-
fchweifungen, zu welchen der Müsfiggang in
Städten und Dörfern fo leicht verleitet; befafs
mehr Geld, weil er mehr verdiente und als Frucht
fayrer Arbeit es beffer anzuwenden wufte —
und, um alles mit einem Worte zu fagen: dem
Staate und ihm felbft war dadurch geholfen. Wie?
wenn die Regierung bei den Ausmeffungsgefchäf-
ten, die Soldaten benuzt hätte? Wie, wenn fie in
ein jedes Komitat eine gewiffe Anzahl abgefchikt
hätte? damit fie da, die armen Landleute, welche
ihre nothwendigften Feldarbeiten, mit vielem Schaden verfäumen muften, erfezen möchten, Das
wäre für die Regierung Grofsmuth und Ehre, für
das Land Vortheil und Erleichterung gewefen! —
Konnten römifche Soldaten jene fchwere Arbeiten verrichten: fo hätten auch unfere, die leich-
ten Handlangerarbeiten bei den Ausmeffungen
thun können. — Gefchehene Dinge laffen fich
nicht

nicht abändern! Unfere Regierung begieng da einem groffen Fehler — den Fehler, den ein viel bedeutendes Sprüchwort aus einer gewiffen Sprache bedeutend genug ausdrükt:

Der Sattel gallopirt vor dem Rofs! !

So viel hatten nun alle vernünftige Katholiken und Proteftanten, an der Art, wie die Sache vorgenommen wurde, auszufezen. Was fagte man aber vom Zwek diefer Veranftaltung, in fo ferne er der ift: *den Grund allein der Kontribution zu unterwerfen, den aber, der ihn kultiviert und feine Produc̈te verarbeitet, mit allen andern Zweigen der Induftrie und Kunft Steuerfrei zu machen?*

Weder das, was einige Kameraliften vom phyfiokratifchen Syftem überhaupt, noch das, was Herr *Hefsl* und fein Kontinuator vom öfterreichifchen Steuer - Regulierungsplan insbefondere fagen und gefagt haben. Mehrere Lehrer der allgemeinen Staatswirthfchaft, und, wie ich es aus meiner Erfahrung weifs, felbft folche, welche über das phyfiokratifche Syftem nachgedacht haben, ftimmen in Anfehung diefer Sache darinnen überein: das phyfiokratifche Syftem fey in der Theorie, in der Gedankenreihe, auf dem Papier, fo glänzend fchön, fo tief gelehrt, fo viel verfprechend, als die Zeichnungen der beften theoretifchen Generale von Schlachten, Schanzen, Belagerungen und Retiraden immer feyn können. Der Boden foll zahlen, damit die gute Mutter - Erde noch fruchtbarer,

F 3

barer, noch fchöner, der Wald zum Götterhayn,
das Feld zum Garten, der Garten zum Paradies
erhoben — —, und die Menfchenfamilie, mit
allen Bedürfniffen, mit mannigfaltigen Nahrungs-
und Bequemlichkeitsmitteln verfehen werde. Das
ift herrlich. Der Grund zahlt allein; die Induftrie
jeder Art wird Steuerfrei. Das mufs nothwendig
einen raftlofen Fleifs, über alle Gattungen von
Kunft, Land- und Handwerkerarbeiten ausbreiten.
Handlung, Künfte, Profefsionen jeder Art werden
aufblühen. Das ift noch herrlicher. Der hierdurch angefachte Fleifs, wird, für die Moralität
und den äuffern Wohlftand recht gefeegnete Folgen und Wirkungen hervorbringen. Das ift über
alles herrlich. Aber alles nur auf dem Papier —
wie die platonifche Republik. Die Ausführung
diefes Ideals vom Nationalglük ift eben fo wenig
möglich, fo wenig nothwendig folgt, dafs der
theoretifch groffe General, der in feinem Studier-
Kabinet, viel verfprechende Schlachtordnungen auf
dem Papier entwirft, fie auch, im Felde auszuführen
im Stande ift. Plane, die fich im Entwurf empfeh-
len, find nicht immer ausführbar. So auch das
Phyfiokratifche Syftem. Es wird durch keine
Analogie beftätigt. Die Erfahrung kann uns bis
jezt kein einziges Beyfpiel, eines auf diefen phyfiokratifchen Steuerleiften zugefchnittenen Landes
zeigen. Statt aller Antwort, auf diefe mit vielem
Schein der Wahrheit gefchmükten Einwürfe, frage
ich diefe kleinherzigen — jeder Reforme widerfpre-
chende Leute, ob denn der Schlufs fo ficher, fo

Aus-

Ausnahmlos gültig fey: was noch nie und nirgends war, was nur in Idealen exiftirt, könnte auch nirgends und niemal realifirt werden?—*)

Hätten fich diefe Leute in der Gefchichte der Kunft und der Politik umgefehen: fo würden fie nie, wenigftens nicht fo leicht in diefen Unglauben verfallen feyn. Ehe der Luftball des *Mongolfier*, das Schiefspulver des *Schwarz*, die Buchdrukerkunft des *Gündermanns*, die Luftpumpe des *Gerike*, die Magnetnadel des *Goja*, das Syftem des Gleichgewichts in Europa, und der mit demfelben verwandte *Fürftenbund* erfunden worden find. Haben folche kleinherzige Leute, wie die Beftreiter des neuen Steuerrektifikazionsplanes find, von dergleichen Dingen, nicht einmal geträumet, vielweniger gedacht. Lafst das phyfio-

E 4   kra-

---

*) Indeffen foll doch der *Herr Schlettwein*, auf Befehl Sr. Durchlaucht des Markgrafen von Baden zu *Dietlingen* in der Markgraffchaft Baden, mit diefem Syftem fehr glückliche Verfuche gemacht haben. Herr *Schlettwein* beruft fich auf diefe Verfuche mehrmalen, zum Beyfpiel in „les Moyens d' arreter la mifere publique p. 86. Wicht. Angelegenheit. Th. 2. ferner in der von der kofselifchen Agrikulturgefellfchaft 1777. gekrönten Preisfchrift vom Werth der Güter p. 29.“ Für mich ift das überzeugend genug. Aber für fo manche Unglaubige meiner Nation, wünfchte ich, dafs, woferne diefe Art der Steuerregulirung in Dietlingen noch befteht, fie einmal noch recht im Detail, befchrieben werden möchte. Davon verfpräche ich mir, auch für meine Nation, recht viel gute Wirkung.

kratifche Syftem immer ein Ideal feyn, — ein ver-
wünfchtes Ideal in den Augen der Befizer weitläuftiger Landereyen; als Ideal wird es nicht lange bleiben. Der grofse Kayfer Jofeph hat fchon
fehr viele, erft vor einem Jahrzehend in bloffen
Idealen exiftirende, unmöglich fcheinende Dinge
möglich gemacht. Von einem Diener der Beichtväter, was feine Anherren mehr oder weniger waren, hat er fich zum oberften Bifchof feiner Länder empor gefchwungen; der Hierarchie unheil-
bare Wunden gefchlagen; das vielköpfigte Ungarn, unter wenigere Köpfen reduzirt; fich von
einer Menge Mitregenten befreit; die Gewiffens-
freyheit eingeführt; die thebaifche Wüfte gerei-
niget; die Gränzen des Königreichs Ungarn er-
weitert. Kurz, er hat zum Theil mehr gethan,
zum Theil nur thun wollen, als es je vor zehn
Jahren in eines antiphyfiokratifchen Menfchen
Sinn gekommen wäre. Ein Fürft, der das alles
thun und ausführen konnte, wird auch das phyfiokratifche Syftem durchfezen, und die herrlichen Folgen deffelben der ganzen Welt um defto
leichter zeigen, je gewiffer es ift, dafs der gegenwärtige Krieg mit der Pforte, nicht fo wohl Eroberung neuer Provinzen, fondern vielmehr Erweiterung des diefem projeftirten Steuerfufs günftigen, alle Produfte des Landmannes erhöhenden
Handels zur Abficht hat.

Heſsl, ein Mann vom feften Karakter und geraden Sinn, hat, den auf Phyfiokratie gegründeten
neuen

neuen Steuerfuſs, weniger von der Seite ſeiner
Unausführbarkeit, als von der Seite ſeiner Unvoll-
kommenheit und Fehlerhaftigkeit angegriffen. *)
Er glaubt, er ſey allerdings ausführbar, aber bei
weiten nicht ſo herrlich und für das Ganze wohlthätig, als es die theoretiſchen Phyſiokraten meinen. In dem, was er über die Ausmeſſung und
Fatierungen ſagt, trete ich ihm vollkommen bei.

F 5   Und

*) Dieſen Mann ſchätze ich, weil er ſtark genug war,
in einer, wie man in Oeſterreich ſagt, ſchwierigen
Sache freymüthige Vorſtellungen zu machen. Er
ſchrieb: *Freymüthige Gedanken, über die neue Steuer
und Urbarialregulierung.* Wien 1789. Der Kayſer
las das Büchel, oder lieſs es ſich referieren, ſprach
mit Heſsln darüber und beſchenkte ihn mit 100 Ducaten. — Ein gewiſſer *Johann Karl della Torre* ſez-
te Heſsls Gedanken fort, aber weniger gründlich in
einem *Nachtrag zu den freymüthigen Gedanken,* Wien
bey Möſsle 1789. Gegen dieſe Schriften erſchien
die ſogenannte *Jeremiade,* die aber, bey aller der
guten Abſicht, die ſie zu haben ſcheint, eine andere
Jeremiade verdient. Denn der Mann ſchreibt im
eigentlichen Verſtande *jämmerlich.* Die ſonſt gute
Sache verliert durch dieſe elende Vertheidigung
viel — zumal wenn man ſie mit der Heſsliſchen
Schrift: „*Gebrechen der neuen Steuerrektification aus
Originaldaten bewieſen,* Wien 1790.'' vergleicht.
Unendlich gründlicher und der guten Sache würdi-
ger, hat die Heſsliſchen Einwürfe ein Ungenannter
beantwortet „*in der Prüfung der freymüthigen Gedanken über die neue Steuer und Urbarialregulierung*
Wien bey Gräffer und Kompagnie 1789. Man ſieht
daſs dieſer Mann eben ſo gut als Heſsl über die Sache nachgedacht hat. Ich werde von ihm bald mehr
ſagen.

Und ich habe das fchon oben bemerkt, dafs man
die Sache zu wenig vorbereitete, zu viel übereilte.
Einige feiner Einwürfe verdienen keine Antwort,
wie zum Beyfpiel der: dafs durch die Abftellung
der Frohndienfte und des Zehends die Allodiaturen und Schäfereien der Grundherren leiden und
eingehen werden. Das mögen fie hie und da immer. — Denn da haben fie gewifs keine natürliche, dem Ganzen, worauf es hier befonders ankömmt, zuträgliche Lage. Dadurch verliert die
Grundherrfchaft allerdings etwas. Allein diefes
etwas ift zum Theil eine ehrenvolle politifch- und
moralifch würdige Aufopferung zum Vortheil
des Ganzen, theils wird es fo wohl von Seite
der Herrfchaften, als von Seite der Unterthanen
doppelt erfezt werden. Von Seite der Herrfchaften durcheine zwekmäfsigere Kultivirung ihrer Allodiaturen, welche, durch Frohndienfte
elend genug kultiviert wurden. *) Von
Seite

*) Die Grundherrfchaften werden nach einigen Jahren
ihren Vortheil bey der Abfchaffung der Frohndienfte
finden. — Sie werden zur Kultivirung ihrer Allo-
dial - Ländereyen, eigenes Zugvieh halten müffen.
Dadurch wird, freylich nur nach und nach, das
ungleiche Verbältnifs, zwifchen den Allodialgründen
und zwifchen dem Viehftand (welches man befonders in Ungarn äufferft ungleich findet) ausgeglichen
werden. Man wird fo viel Zugvieh halten müffen,
als man zur Bebauung der Aeker braucht, und nicht
mehr Feld, als man mit feinem Zugvieh ordentlich
bebauen kann. Man wird alfo zu diefem, natürlichen Grundfatz der Feldwirthfchaft, von welchem
man zum unerfezlichen Schaden der Länder abgekom-
men

Seite der Bauern; weil fie dann ihrer eigenen Wirthfchaft ungehindert vorftehen, fie vervollkomnen, erweitern und felbft auf Haltung der Schafe werden ausdehnen können. Wer fich von der Heilfamkeit der Abfchaffung der Frohndienfte überzeugen will, der betrachte doch die Provinzen, wo das Frohnen mit Gelde bezahlt wird. Er wird da Herrfchaften und Bauern, befonders die lezten, (die denn auch nächft den Kaufleuten, den beffern Theil, die Stärke der Länder ausmachen) in einem gefeegneten Zuftande antreffen. Da hingegen, wo man mit allen böfen Künften der Politik, das alte Syftem der Frohnen, mit allen in barbarifchen Zeiten eingeführten Misbräuchen des Lehnrechts, beybehalten hat, ift der zahlreiche Bauernftand, in einer bedauernswürdigen Lage. Arm, kriechend, falfch, betrügerifch, dumm, und daher, für jede liberale Bürgertugend fo gut als todt. —

Gegrün-

men war, wieder zurückkehren. Aber fo ein Opfer? — So ein Opfer von *etwas!* Wäre diefes Opfer indeffen, über alle Vergleichung theuer — : fo fordert es ja die natürliche Billigkeit, das Wohl des Staates und euer eigenes Intereffe. — Und das letzte befonders. Ich will von meinem Unterthan lieber um etwas weniger fordern, und bey dem Wenigen ficher feyn, als gegen Recht und Billigkeit Prätenfionen über Prätenfionen auf ihn machen, denen er nur fo lange Genüge thut, bis er Gelegenheit bekommt, das Joch, das ich auf ihn warf, ganz abzufchütteln.

Gegründeter ist der Einwurf, dafs man bei der
Berechnung des Grundertrags, die Kulturkosten
und den Werth des Saamens, mit in Anschlag hätte bringen follen, welches jedoch nicht geschehen
ist Der *Ungenannte*, der die *Prüfung der Hefslischen freymüthigen Gedanken*, geschrieben hat,
sucht die Regierung gegen diesen Einwurf zu vertheidigen. Aber ich mufs gestehen, dafs mich
seine Gründe nicht überzeugen, und dafs ich in
Ansehung dieser Sache, dem Herrn Hefsl Beyfall
geben mufs.

Für das Wesentlichste der Hefslischen Gedanken
halte ich den Einwurf; dafs, da man zwischen den
Gebirgsbewohnern und den Bewohnern des platten
Landes keinen Unterschied gemacht hat, jene, bei dieser neuen Steuerregulirung ihren Vortheil finden,
diese hingegen zu Grunde gehen müssen. Denn sagt
er, (und seine Vorausfezung gründet sich auf
practische Bemerkung und Erfahrung) der Gebirgsbewohner hat vor dem Bewohner des platten
Landes mannigfaltige Vortheile, die man diesem,
durch nichts verschaffen kann. Aufser dem, dafs
sich jener mannigfaltige Quellen des Erwerbs er-
öfnen kann, z. B. den Verdienst durch Fuhren,
wozu sich in gebirgigten Gegenden weit mehr
Gelegenheit darbietet, als auf dem platten Lande,
kann er sich auch, mit wenigerem Aufwande alle
Landwirthschafts · Geräthschaften anschafen, und
manche Holzfabrikate zum Verkauf verfertigen.
Bienenzucht, Schafzucht, zur Erzeugung des Kä-
ses,

fes, Spinnerey, alles das ift da einträglicher. Mit
einem Worte: der Gebirgsbauer hat vor dem
Bauer des platten Landes fo manche wefentliche
Vortheile, auf welche man keine Rükficht nahm,
und eben dadurch, die beabfichtigte gleiche Aus-
theilung der Steuern und Abgaben verfehlte.
Diefer Steuerfufs wird den Oberländer heben, den
Unterländer ruiniren.

Dafs diefe Betrachtungen, einigen Schein der
Wahrheit haben, und dafs fie auch auf die Bewohner des Königreichs Ungarn anwendbar find,
das ift jedem bekannt, der über den Horizont
feines Geburtsortes hinaus fieht. *) Allein hätte
der

*) Unter den *Ungarn* giebt es deren aber fehr wenige.
Ich kenne nicht fo leicht ein Land, wo die Menfchen
einander fo wenig kennen als hier. Und das hat
mich veranlafst, die folgende, auf gewiffe Data,
(die ich einft bekannt machen werde) gegründete
Bemerkung herzufetzen. Die Bewohner des *Oeden-*
burger, *Eifenburger* und eines Theils des *Saladenfer*
Komitats, gegen die Steurifche und Kroatifche Gränze, find verhältnifsmäfsig reicher, als die *Bewohner*
der Rabaköz. Und das find fie durch Holz-
Leinwand - und Pferd - Handel. Das, durch feine
Armuth an Getraide, zum lächerlichen Sprichwort
gewordene *Arwer* und *Liptauer Komitat* an der pohl-
nifchen Gränze, ift, durch feinen Holz - Käs - und
Leinwand - Handel Geldreicher, als die Gefpannfchaf-
ten, *Gran, Neograd und Pefth.* Die Gefpannfchaften
Gömör, (ein Theil von *Klein - Honth*) und vorzüglich
Zips, haben mehr Geld aufzuweifen als *Hewefch*,
Saboltfch

der Gebirgsbewohner noch mehrere und wefentli-
chere Vortheile, als die angeführten find: fo er-
wächft doch, bei der neuen Steuerregulirung für
ihn, im Verhältnifs gegen den Bauer des ebenen
Landes, keine dem leztern nachtheilige Ungleich-
heit. Denn, der Plattländer baut fein Feld leichter, mit wenigeren Unkoften, und erwartet von
feinem ergiebigen Boden einem ungleich
beffern Ertrag, den er auch, befonders, wenn
er (wie das gewöhnlich der Fall ift) in der
Nähe fchifbarer Flüffe wohnt, mit leichte-
rer Mühe verauffern kann. Der Gebirgsbauer
entbehrt diefe Vortheile gröfstentheils. Die Kultivirung der bergigten Gegenden erfordert mehr
Mühe, Zeit und Hände. Der Gebirgsbauer braucht
zur Bebauung feines Grundes ftärkere und mit-
hin auch theurere Geräthfchaften. Er mufs (nach
allen phyfifchen Beobachtungen) weit öfter als
jener mit den Elementen kämpfen, und die frohe

Hof-

Saboltfch und *Bihar*: Ihr Reichthum kommt von Eifen
Leinwand-Honig-und Wachshandel. — Dafs die, in die
Klaffe der ärmern Gefpannfchaften gehörige Bezirke,
einzelne Grundherrfchaften aufzuweifen haben, deren
Vermögen das Vermögender Grundoefirzer in Oberlan-
den überfteigt, das ift wahr. Allein ich habe meine Vergleichung nur a potiori gemacht. Und in diefem Sinne
ift die Bemerkung wahr. Der Oberländer hat mehr
Baarfchaft und Wirthfchaftsgeräthfchaft , deren Zahl
und Werth gröfser ift als die des Unterländers. Er
kleidet fich beffer ; ift felbft in Anfehung des Vieh-
ftandes diefem überlegen. Diefer Bemerkung wird
jeder beyfallen, der fein Vaterland kennt.

Hofnung der Erndte, auf feinem ohnehin kleinen Boden, durch Wolkenbrüche, Ueberfchwemmungen und Hagelwetter vereitelt fehen. Auch der Abfaz feiner, mit mehr Mühe und Koften hervorgebrachten, Produkte, ift oft mit mannigfaltigen Hinderniffen verbunden. Zugefchweigen, dafs, weil er fich ftark vermehrt und fein Gebiet gewöhnlich fehr klein ift, er faft gar nichts, oder nur unbedeutende Kleinigkeit, von Grundprodukten an andere überlaffen kann. Der Ungenannte Prüfer der Hefslifchen freymüthigen Gedanken, hat im 9ten §. einiges hievon berührt, aber alles das, was man hier dem Herrn Hefsl entgegen ftellen könnte und müfste, bei weitem nicht erfchöpft. Schwach und unbedeutend erfcheint der Hefslifche Einwurf, befonders dann, wenn man, wie das Syftem der Phyfiokratie es nothwendig erheifcht, die Hauswirthfchaft des Bauern von feiner Feldwirthfchaft unterfcheidet. Hält man diefe zwey Dinge gegen einander, fo fteht die Feldwirthfchaft des Plattländers mit der Hauswirthfchaft des Gebirgsbauers im Gleichgewicht. Es find zwey gleiche Verhältniffe; nur etwa hie und da, durch die gröfsere Aemfigkeit des Gebirgländers unterfchieden.

Das find die wefentlichen Einwendungen des Herrn Hefsls, die er unendlich mehr, und ich kann fagen, fchöner — wahrhafter verftärkt hätte, wenn er, mit der Dohmifchen Schrift *) über das

phyfio-

*) Die Erfindung und erfte Ausbildung des phyfiokratifchen Syftems fchreibt man gewöhnlich den Franzofen

phyſiokratiſche Syſtem, *vertrauter* bekannt geweſen wäre. Ich weiſs nicht, wie es kommt, daſs
dieſe, in jedem Betracht, merkwürdige Schrift,
ſeiner Aufmerkſamkeit ganz entgieng. Denn man
findet in ſeinen ſonſt nicht unwichtigen Anmerkungen gar keine Spur des Dohmiſchen Geiſtes und
Ideengangs. Hätte er die Dohmiſchen dagegen
gemachten Erinnerungen geleſen, gefaſst und auf
das Locale der öſterreichiſchen Staaten, wenn er
ſie ja kennet, angewendet, ſo wären mir und jedem Freunde der Wahrheit, ſeine freymüthigen
Gedanken unendlich wichtiger. Schäzbar, wie
ich ſchon geſagt habe, iſt mir der Mann immer,
weil er ſeine in ſeiner, vielleicht ſehr eingeſchränkten, Lage gemachten Anmerkungen, mit
der

ſen, und unter dieſen, dem königl. franzöſiſchen
Leibarzt *Franz Quesnay* zu. Bald nach der Erfindung
ward es auf den deutſchen Boden verpflanzt und mit
deutſcher Sorgfalt gepflegt. Die Herrn, *Schlettwein*,
Heſſen-Dármſtädtiſcher Regierungsrath, *Iſelin*, Rath-
ſchreiber in Baſel, *Mauvillon*, Heſſenkaſſeliſcher Hauptmann dachten der Sache ferner nach. Und Herr
Dohm, der, im ganzen Europa rühmlich bekannte Statiſtiker und Publiziſt, entſchloſs ſich einen eigenen wichtigen Auffatz darüber, in das deutſche
Muſäum Jahrgg. 1778. 2 B. 10 St. einzurücken, welchen ein Wiener 1782. beſonders abdrucken liefs.
In dieſer Dohmiſchen Schrift, werden die Haupt-
punkte des Syſtems, und die bedeutenden Einwürfe
dagegen, ſo ſchön als gründlich aus einander geſezt.
Leſer! Vielleicht haſt du auch dagegen repräſentirt,
ohne dieſe Schrift zu kennen? Iſt das; ſo biſt du
bedaurenswürdig wie jeder inconſequente Schreyer!

der Freymüthigkeit eines deutschen Manns schrieb, Schäzbarer ist er mir wenigstens, als so mancher Ungar, der ohne zu wissen, was an der Sache, für das Wohl des Landes Gutes oder Nachtheiliges seyn mag, dagegen schrie und protestirte. Seine Einwendungen scheinen mir indessen noch nicht die Wahrheit und Stärke zu besizen, dass ihrentwegen die Einführung des bestrittenen Systems, ins Stoken gerathen müsste oder sollte. Denn, das physiokratische System, wird, ohngeachtet der Hesslischen und Nichthesslichen Widersprüche, >egen für das Königreich Ungarn seyn, wenn nur *einst* folgende, — wie soll ich das zur Zeit noch nennen?— *pia desideria* — aber doch *desideria* eines grossen Volks zur Erfüllung kommen! Nur mehr aktiven Handel — noch mehr fremde Völker ins Land *) — noch mehr Umwandlung mit dem Karakter des Ungarn, der ursprünglich ganz Nomadisch war, zum Theil noch ist, und als solcher in diese Gegend der Welt

*) Ich weifs, dass ich schon durch diesen Wunsch, für einen Feind des Vaterlandes angesehen werde. Denn mir ist nicht unbekanut, wie man seit geraumer Zeit, seit zweyhundert Jahren, gegen jeden Ausländer protestirte. — Man mag wohl seine Ursachen gehabt haben. Aber diese Ursachen mögen seyn, was sie wollen: so ist es doch nach allen Analogien wahr, dass es nur wilden und rohen, unbürgerlichen Völkerschaften eigen ist, Ausländer zu hassen. Und mit den Ursachen, welche die Ungarn veranlasten, der Einführung der Ausländer sich zu widersetzen, mag immer — Neid und Hass verbunden gewesen seyn.

G

Welt auf keine Art taugt *); — baldige Verpflan-
zung des in Oesterreich als Oesterreich zahlreichen
Volks verschiedener Künstler, Fabrikanten und
Manufakturisten nach Ungarn — damit man nicht
gezwungen sey, so gar viele hundert tausend Rth.
nach Oesterreich, also in ein gewissermaßen frem-
des Land, zu schiken; mehr bestimmte und *mehr
gerechte* Verhältnisse zwischen den Grundherren und
den Unterthanen— ein besseres und gerechteres *Urbarium*, wobei man gewissenhafter zu Werke gien-
ge, als bei dem von der großen Therese eingeführten *), und hiezu noch funfzig Jahre Zeit; —
nur die Erfullung dieser Wünsche der vernünftigen Patrioten zum Voraus; so müste das System
der Physiokratie über alle seine Feinde triumphi-
ren. —

*) Mit allem Respekt gegen den mir ehrwürdigen No-
madenstand, wo er an seiner natürlichen Stelle ist,
sey das gesagt! Wenn aber der Ungar — mitten in
Europa — weit von den Steppen Asiens — noch
immer nomadisch — das heist — unbürgerlich denken und handeln will, so ist das eine unverzeihliche
Inkonsequenz! Vielleicht schaft der künftige Landtag
Rath!

*) Therese hatte die besten Absichten; wer ihrer Asche
diesen Ruhm versagt, der ist undankbar, — der ist
ein Majestätschänder. Allein man vereitelte ihre
menschenfreundlichen Bemühungen. Lusimus Mariam
Theresiam — sagte einer. Ja wohl habt ihr sie zum
Besten gehabt! Denn eine unpartheyische Geschichte
des Urbariums würde die Geschichte der muthwillig-
sten Betrügereyen seyn. Daß sie doch jemand
schriebe!

en. — Auch fo , wie es jezt ift,!— unterfcheidet es fich von dem alten, zu fehr willkührlichen, Steuerfufs auf das rühmlichfte.

Ich möchte gerne mit den Betrachtungen über diefen Gegenftand zu Ende. Aber einen Gedanken kann ich doch nicht unterdruken. Ich feze ihn alfo her. Vielleicht wird er fruchtbar an guten Folgen werden. Beffere Ungarn ; Ungarn, welche über die Länderverfaffungen nachgedacht und Erfahrungen gefammlet haben, find müde geworden, die alte, — in jedem Sinn *alte* , Konftituzion ihres Reichs zu erhalten. Sie fehen es ein, dafs all das Schreyen und Repräfentiren derer, die ihrem Vortheil dabei finden, oder das Ding nicht beffer verftehen, fie vor dem Verfall nicht fchüzen kann. Sie wünfchten daher *eine Konftituzion* feftzufezen , *die durch ihre innere Wohlthätigkeit,* durch fich felbft, *fich erhielte.* — Ein grofser fchöner Gedanke! eine Konftituzion , die durch ihren fittlichen Grund , jeder Gefahr trozet! Möchte doch irgend ein heller, konfequenter Kopf es verfuchen, diefes Syftem, angepafst auf das Locale diefes Landes, zur Grundlage der künftigen Konftituzion zu erheben. Sezte er auch feinen Plan nicht durch, fo würde er doch den Dank feines Volks und der Nachwelt verdienen. Er würde für die Zukunft arbeiten— und das ift, deucht mich, Verdienft und Lohn genug.

Das

Das ift das, was ich über das phyfiokratifche Syftem fagen wollte. — Proteftanten und Katholiken, die für Perfektibilität Empfänglicheit haben — und im Stande find, über Gegenftände diefer Art nachzudenken, werden fich, ich hoffe, mit dem gröfsten Theil meiner Urtheile, begnügen. Jene indeffen mehr und leichter als diefe. Bei jenen hat der gefunde Menfchenverftand geltendern Werth. Jedes Ding fteigt und fällt nach dem Ausfpruch deffelben. — Die Katholiken werden hingegen von zarter Jugend an gewöhnt, die Stimme von Abend zu hören, und jedes Dinges Werth nach den Kanonen, die von dannen kommen, zu beurtheilen. Die Regenten follten wirklich, fo lange wenigftens, bis der Menfchenverftand in ihren Ländern geltend wird, das *placet* des Mannes von den fieben Hügeln nicht gerade zu hintanfezen *). Ein Mann, der das Heilige entheiligen, das Entheiligte heiligen, und folglich über alle, den Werth der Dinge betreffende, Ideen und Urtheile der Menfchen, im vollen Sinne des Worts, *willkuhrlich* herrfchen kann, ift für die Regenten — ein *non plus ultra - Werkzeug* zur Ausführung aller, auch fchon defpera-
ter

*) Das ift aber das grofse, noch nie ganz aufgelöfte Problem, für alle, vom Geift des wahren Chriftenthums, befeelte Räthe katholifcher Fürften: *Wie kann man den gefunden Menfchenverftand geltend machen, ohne gegen das placet jenes Mannes anzuftofsen, und die ganze Sache mehr oder weniger zu verderben?*

ter Unternehmungen, wenn fie fich nur mit ihm
einverftehen. Nur hat diefes Einverftändnifs mit
jenem Mann, überaus grofse Hinderniffe. Denn
auch jener Mann ift ein Fürft — ein heiliger Fürft,
deffen Kanonen — eine doppelte Wirkung haben,
auf den Geift und auf den Körper des Menfchen.
Kommt nun ein weltlicher Regent. (zum Beyfpiel
der Hegent, der den Grundfaz hat: dafs er *allein*
verbunden ift, fur das Wohl feiner Unterthanen
durch zwekmäfsige Mittel zu forgen) mit ihm in
Kollifion, fo mufs er gewöhnlich den kürzern
ziehen. Jezt fcheint ihm zwar eine Kataftrophe
zu drohen. — Die Gährung der Begriffe und
Grundfäze, von welcher ich oben fprach, wird,
fpäter oder früher auch die Begriffe und Grundfäze in Anfehung feiner läutern und ins Reine
bringen. Wir werden eine Epoche erleben, die
ihn uns in einem ganz andern Lichte zeigen wird.
Er wird fich mit feinem bifchöflichen Hut und
Schlüffel begnugen, aber den Scepter niederlegen
müffen! Er hat das um die Welt verdient! verdient, dafs man feinen Anmaffungen, die chriftliche Welt zu beherrfchen, die Gränzen feze, welche Kirchengefchichte und Philofophie anweifen.

Neue Gerichtsordnung. Gerichtshöfe.

Provinzialtafel. Landesarchiv.

Menfchen, die einmal für allemal an das Herkommen angewöhnt find, und von der ganzen

ungarifchen Verfaffung beffere Meynung haben,
als man haben kann, wenn man mit derfelben vertrauter bekannt wird, werden vermuthlich denken, der Kayfer Jofeph hätte doch auf einmal zu
viel unternommen, zu viel ausführen wollen. Im
Allgemeinen glaube ich das felbft. — Aber du
wirft dein Urtheil doch ändern, Lefer, fo bald du
diefe Rubrike durchgelefen haft. Du wirft fagen:
wenn irgend eine Verfaffung durch fo viele ab-
fcheuliche Mifsbräuche verunftaltet ift; wenn fie
fo wenige reine, beftimmte Regeln, und fo viele,
das Ganze verwirrende Anomalien hat, fo ift,
einem, an beftimmte Grundfäze gewohnten und
wohlwollendem Geifte, das *temporifiren*, das *Auffchieben*, das *Nichtreformiren* eine feltene Kunft.
Der Gedanke: das ift doch zu arg — überwiegt
den politifchen Gedanken: Dies Arge abzuftel-
len ift vielleicht noch zu früh. So wars beim
Kayfer Jofeph. — Der wohlwollende Drang,
dem Argen Gränzen zu fezen, oder hie und da
es auch ganz abzufchaffen, ward in ihm fo mächtig, dafs er, wie wir unten bemerken werden,
in dem politifchen Berechnungen manches überfah.

Von der *neuen Gerichtsordnung* kann ich nur etwas weniges fagen. Denn fie ift mir, ihrer wegen
beffern Eigenfchaften, nie fo auffallend gewefen,
als die alte von Fehlern aller Art ftrozende Gerichtsverfaffung. Anfangs wollte ich die alte Gerichtsordnung, wenn fie ja *Ordnung* genannt zu
werden verdient, mit der neuen in eine Parallele
fezen

fezen — aus der Vergleichung allgemeine Refultate ziehen und dem Lefer darftellen. Eine beffere Apologie für den reformierenden Kayfer giebt es nicht. Aber zu einer folchen Arbeit gebrach es mir an der Zeit. So viel kann ich dir, Lefer, fchon zum voraus fagen, dafs wenn du die Art, nach welcher hier die Gerichte gehalten, und die Gerechtigkeit verwaltet worden, genauer betrachteteft; fo müfsteft du dich, *nolle velle*, des Thurzifchen Ausdruks erinnern : *et fuerunt venientes ex Scythia!* Denn für diefe Weltgegend war das alles in der That zu unvollkommen, unbürgerlich, einfeitig. Dafs an der *alten Gerichtsordnung*, oder vielmehr an den *Confvetudinibus*, aus welchen fie nach und nach entftanden ift, ohne je *publica auctoritate* *) in ein *Syftem* gebracht zu

G 4   wer-

---

*) Das fogenannte Corpus Iuris, ift hier alles in allem. Allein nie hat man es verfucht, *publica auctoritate*, aus diefem ungeheuren Wirrwar,

  Ius publicum Hungariae —
  Codicem legum politicarum —
  Ordinem iudiciarium —
  Sanctionem de delictis —

und dergleichen mehrere unentbehrliche Dinge zu extrahiren, und dem Publico Europae vor Augen zu ftellen. Man lieft alles in einem Chaos beyfammen; entweder, weil man keine tüchtige Männer zu einer folchen Arbeit fand, oder, welches wahrfcheinlicher ift, weil man gerne blieb in diefer Dunkelheit! Die verzweifelten Pfychologen fagen : der Zuftand des Menfchen in ideis obfcuris (ftatus idearum obfcurarum)

werden, viele abendländifche gelehrte und ungegelehrte Geiftliche, einen groisen, aber nicht leicht zu beftimmenden Antheil hatten, das hat feine unbezweifelte Richtigkeit. Beftimmen liefse fich indeffen der Grad des Einfluffes, welchen abendländifche Geiftliche auf die politifche und gerichtliche Verfaffung von Ungarn hatten, wenn man Römifche und alte Französifche Gefeze mit den Ungarifchen genau vergleichen möchte. Alle Publiziften fagen, dafs man in den Ungarifchen Gefezen viele und merkliche Spuren der Römifchen und Alt-Französifchen entdeken kann. Das kann aber auch nicht anders feyn. Der Ungar, der aus einem Nomaden ein Krieger ward, hatte an den Wiffenfchaften keinen Gefchmak. Diefen Gefchmak brachte ihm erft, und das auch mit vielen Schwierigkeiten, der König *Matthias* bei. Ein grofser König! Die erften Anfänge der Humanität unter den Ungarn fchreiben fich von ihm her. Selbftfüchtige Ariftokraten verkannten ihn. Aber er verdient Dank und Achtung jedes Vernünftigen, weil es, unter ihm und durch feine Bemühungen, in Ungarn zu dämmern anfieng. Ehedem brauchte der Ungar fremden Verftand

zum

rum) fey der angenehmfte. Das mögen einige in Ungarn, wenn auch nur obfcure gefühlt haben. Sie machten aus ihrer Verfaffung ein Geheimnils! — Aber es wird fchon eine Zeit der Publicität — ein Weker kommen! Für diefesmal fey dies Wenige genug.

zum Denken, fremde Hände zum Schreiben. Er
machte ausländifche Geiftliche zu feinen Räthen,
Kanzlern und Gefezverfaffern. Und waren auch
diefe feine Geiftliche gebohrne Ungarn, fo find
fie doch als Ausländer zu betrachten, weil fie aus
Mangel eigener innländifcher Schulen, die erft
recht fpät angelegt wurden, in fremden Ländern
ftudierten, folglich auch die Grundfäze fremder,
vorzüglich aber Römifcher, *Pädagogien* zurück-
brachten. Aus diefen hiftorifchen Angaben läfst
fich wohl vermuthen, wie, in die Verfaffung des
Reichs Ungarn, ein gewiffes *Quantum* des Römifchen und alt - fränzöfifchen Geiftes herüber wan-
derte? Ohngeachtet deffen aber ift doch in allen
politifchen und gerichtlichen Gefézen, vorzüglich
in den leztern, der eigenthümliche Geift des Ungarn fichtbar. Anders konnte es auch nicht feyn.
Gefeze wurden auf den Landtagsverfammlungen
gemacht! Die Art der Gerichte, oder vielmehr
die Verwaltung der Gerechtigkeit, entftund nach
und nach aus den *Confvctudinibus*, an welchen das
Temperament und die Willkühr jedes einzelnen
Dynaften, oder mehrerer zufammenhaltender Grafen, den gröfsten Antheil hatte. Schon aus diefem kann man fchliefsen, wie unvollkommen alles feyn mufste? Das war es auch. Du wirft
dich davon überzeugen, Lefer! wenn du nur folgende kleine Skizze gehörig betrachteft und prü-
feft.

Erftlich richtete nur der Adel und der Geiftliche. Wie man den Bürger - und Bauernftand, von

allen

allen Landesunterhandlungen — den erften zum
Theil, den andern ganz, ausfchlofs; fo durften
auch Leute aus diefen Ständen auf die höhern
Richter-Aemter keinen Anfpruch machen. Nimmt
man die Anfangs kleinen unbedeutenden königl.
freyen Städte aus, in welchen es dem Adelichen
oft zur Schande gerechnet wurde, Stadtrath oder
Richter zu feyn, fo wird man fonft nirgends den
Unadelichen angeftellet finden *). Der Edelmann.
machte den Advokaten, der Edelmann den Referenten, der Edelmann den Richter. Immer war
man dafür beforgt, dafs die Verfammlung diefer Väter des Volks, durch keinen Bürgerlichen
verunreiniget werde. Wer fich nur ein wenig
in der Gefchichte der Menfchheit und der Staaten
umgefehen hat, der wird fich fchon hieraus, einen nicht undeutlichen Begrif von der Unvoll-
kommenheit der ungarifchen Gerichtsweife ab-
ftrahiren.

Ferner war der Ort, wo man die Gerechtigkeit
verwaltete, niemals feft beftimmt. Es waren fogenannte *judicia ambulatoria*, welche von den
drey oberften Richtern des Landes, dem *Palatin*,
dem *Iudex curiae regiae*, und der *perfona prae-
fen-*

---

*) Jofeph fieng an, nach dem Beyfpiel aller vernünfti-
gen Regenten, auch das Verdienft des Bürgers zu
würdigen. Er hat brave Männer bürgerlicher Herkunft zu den Aemtern erhoben, die fonft nur ein
Eigenthum des Adels waren. Sie find aber Dorn in
den Augen des Adels.

sentiae regiae, nach ihrer Willkühr, bald da bald
dort ausgeschrieben wurden. Eines Theils war
das gut; so wie manche andere Gewohnheiten.
Die streitenden Partheyen durften nicht weite kost-
spielige Reisen unternehmen; die Verwaltug der
Gerechtigkeit ward ihnen in *facie loci*, gleichsam
zu Haufe, zu Theil. War ihnen aber der oberste
Richter, von welchem die Streitfrage entschieden
werden sollte, nicht gut; so konnte er sie, nach
Gefallen, von einem Ende des Königreichs bis
zum andern zum Gericht konstituiren. Man wird
mir freylich einwenden: das wäre nur Missbrauch
gewesen. — und ich bin auch der Meynung —
aber Dinge dieser Art, müssen, so weit es menfch-
licher weise möglich ist, nach so reinen Regeln
eingerichtet werden, dass fie selbst der Muth-
willige nicht misbrauchen könne. Und eben *diese reinen Regeln fehlten noch zur Zeit in allen Theilen der ungrischen Konstituzion.*

Der allergröbste Fehler in der Art, wie die
Gerichte gehalten wurden, war *endlich* (denn mehrere will ich nicht anführen) der, dass es den
obersten Richtern — und, wie mich dünkt, ohne
alle Einschränkung — erlaubt war, die übrigen
richtenden Personen zu wählen, und an den be-
stimmten Ort zu berufen. Einem Mitunterthan,
einem *Particulier*, einem so *imponenten* Mann
müsste man das nie erlauben. Denn *auri sacra
fames* — und andere Quellen des Partheygeistes,
find hier unvermeidlich. Meine Begriffe von einem

nem. wahrhaft rechtfchaffenen unpartheyifchen
Manne, find kein Ideal. — Ich verehre auch,
den gewöhnlich Rechtfchaffenen. Aber meine
dreyfsig jährige Erfahrung hat mich überzeugt,
dafs auch diefe gewöhnlich Rechtfchaffenen, eine
feltene Erfcheinung find, zumal unter den höhern
Ständen, welche mehr als andere in Gefahr ftehen, durch Reichthum, Wohlleben und Würden
von der einen Seite, von der andern aber, durch
das Kriechen, Schmeicheln und Heucheln ihrer
zahlreichen Kreaturen verdorben zu werden. Bift
du fo alt, wie ich, Lefer! und haft du Welt-
und Menfchenkenntnifs zum Studium deines Lebens gemacht, fo darf ich nicht fürchten, dafs du
mich für milzfüchtig, oder für einen Mifanthropen
halten wirft. Ich bin gefund und aus Grundfäzen
Weltbürger. Auf diefem äufserft fchlechten Fufs
blieben die Gerichtsfachen der Ungarn, bis gegen das Jahr 1723, ohne dafs es ihnen eingefal-
len wäre, auch nur etwas daran zu ändern. Aenderungen diefer Art mögen zwar immer viele Hinderniffe gehabt haben: Sehr wenig Sinn für Perfektibilität; fehr viel Vortheile aus der alten Konftituzion für den Adel; und die Unruhen und
bürgerlichen Kriege der vorigen Jahrhunderte.
Aber bei alle dem fcheint es doch unbegreiflich,
wie man bis 1723 in diefem Wirwarr bleiben
konnte? Vielleicht wäre man noch immer darinnen, wenn man um diefe Zeit nicht durch eine fo
mächtige Veranlaffung zu Aenderungen aufgefordert worden wäre. Nachdem nehmlich der groffe

fe *Eugen*, mit dem Kayſerl. Königl. Siegreichen
Heere die Türken in ihre alten Gränzen zurük-
ſcheuchte: ſah man mit einem male, in allen
Rechten des Eigenthums, vorzüglich in den Gegenden, welche am längſten den türkiſchen Baſchen gehorchten, unbeſchreiblich grofse Verwirrung. Die rechtmäfsigen Beſizer waren entweder ausgeſtorben, oder ſind in die Gefangen-
ſchaft geſchleppt worden, oder ſie haben, um ſicherer zu ſeyn, aus den Gegenden, die der Türk
beherrſchte, ſich wegbegeben. Die auf dieſe Art
Herrenlos gemachten Güter, wurden nach und
nach, bald *res nullius*, bald bekamen ſie Herren, die
aber entweder *Uſurpateurs* oder zweydeutige Beſizer waren. Dieſe Finſternifs in einen hellern
Tag zu verwandeln; die ſo verworrenen Rechte
des Eigenthums nach Möglichkeit ins Reine zu
bringen, proponirte der Kayſerl. Königl. Hof,
dafs es unumgänglich nothwendig ſey, die alte
Gerichtsverfaſſung umzuändern, beſſer zu organi-
ſiren, verzüglich aber einen neuen Gerichtshof
(die im Lande berüchtigte *Commiſſio neoacquiſtica*)
zu errichten. Dafs doch irgend einer, der mit
nöthigen Daten hiezu verſehen iſt, eine unpartheyiſche pragmatiſche Geſchichte dieſes Gerichts-
hofes ſchriebe! Das müſste eine Geſchichte werden, aus welcher man deutlich genug lernte, wie
manche Familien, welche in den Zeiten der türkiſchen Tyranney zur Unwiſſenheit herabgeſunken
ſind, ihre rechtmäfsigen Beſizungen verloren, und
andere ſolche an ſich geriſſen haben. In Ungarn
dürfte

dürfte man fie freylich nicht druken laffen. Aber
verdient würde man fich dadurch machen, um
die Menfchheit in Ungarn, welche auch hier, wie
fonft, betrogen wurde. Ich bin nicht im Stande,
eine folche Gefchichte zu fchreiben. Einen gene-
rellen Begrif von diefer Kommiffion will ich jedoch geben.

Wie gefagt, die Barbarey der Türken hat es
gemacht, dafs nach ihrer Vertreibung aus Ungarn ganze Streken Landes öde, verlaffen, Herrenlos waren, oder auch unrechtmäfsigen, zwey-
deutigen Herren gehorchten. Alles in diefem verworrenen Zuftande zu laffen, war nicht rathfam
und nicht billig. Die Herrenlofen Güter follten
ihre Herren bekommen; *Ufurpateurs* dem rechtmäfsigen Befizer Plaz machen ; und die, deren
Recht zweydeutig war, ihr Recht darthun und
depuriren. Die ganze Sache war zu verwikelt,
als dafs fie je, nach der alten Verfaffung der Gerichte, auseinandergefezt und abgethan werden
konnte! Man errichtete alfo ein eigenes *Forum*,
vor welchem die verworrenen Rechte des Eigenthums entfchieden werden follten. Diefes *Forum*
hiefs *neoacquiftica Commiffio*, weil die rechtmäfsigen
Anfprüche auf verlorne Güter hier bewiefen und das
Recht zum Eigenthum vom *neuen* dargethan werden mufsten. Da gabs nun eine Menge Prozeffe,
zwifchen Bürgern und Bürgern, welche um den
Befiz der Güter ftritten, und zwifchen Bürgern
und dem Landesherrn, der alle jene Güter, auf
wel-

welche keiner feine Anfprüche und fein Recht
beweifen konnte, zu feinen fogenannten Domai-
nen - Kameral - und Kron - Gütern fchlug Man
liefs jedem, der *ad revindicationem* und *recupera-*
tionem Juris procediren wollte, alle Rechtsmit-
tel — das fagte man wenigftens. — Fehlte es
ihm aber an den hier zu Lande gefezmäfsigen Proben, fo fiel das *quaeftionirte* Gut, ohne weiters,
dem *Fifcus* anheim. Und dies gewifs von Rechts-
wegen. Nicht die erobernden Kayfer — fondern
die Uneinigkeit und Selbftfucht der Ungarn, zogen den Türken ins Land. Durch fie felbft, durch
die Ungarn, ward er fo mächtig, dafs er fich im
Befiz eines grofsen fchönen Theils diefes Landes,
über hundert Jahre lang erhielt. Nicht die Ungarn (denn was waren fie wohl damals?)*) fondern der *Kayfer* und König, mit Hülfe deutfcher
Bundsgenoffen unterftüzt, trieb den Feind aus dem
Lande. Diefe Vertreibung koftete manche Millionen
Gul-

*) Noch einmal: was waren wohl die Ungarn zur
Zeit der Eugenifchen Siege? Einzelne Ungarn waren
immer brave Männer; Männer, die fich befonders
durch militairifche Tugenden auszeichneten. Ich
möchte vor Freude weinen, wenn ich an den Sieg
bey Martinjefchte denke. Wie fie 1789. find, fo waren fie 1717. auch. Aber nur einzeln genommen.
Im Ganzen? Eine Regel mit unzähligen *excipitur*
oder Ausnahmen — alfo ein wahres Anomalon. Ein
Volk, welches Scythifche Ungebundenheit, und den
Schutz deutfcher Kayfer gerne mit einander genoffen
hätte, und noch jetzt gerne genöffe,

Gulden. Diefe viele Millionen waren kein urfga-
rifches Geld. Der ungarifche Bauer und *der
Bauer allein*, fieng erft 1715 an, eine mäfsige Kontribuzion zu zahlen. Dafs der Adel zu dem entfcheidenden Krieg zwifchen 1716 — 1720 irgend
eine Kriegsfteuer gegeben hätte, das finde ich
wenigftens nirgends. Die vielen Millionen Gulden, waren auch nicht Einkünfte ungarifcher Do-
mainen - und Kron · Güter. Denn wiewohl
diefe nahmhafte Summen eintragen, fo braucht
fie ja der König von Ungarn zu feinem Hofftaat.
Die vielen Millionen, welche die Vertreibung der
Türken aus Ungarn köftete, waren ein Gut der
Herzoge von Oefterreich, der Markgrafen von
Mähren und der Könige von Böhmen, alfo ein
Gut der fogenannten erbländifchen Provinzen.
Für diefe vielen Millionen, die zum Beften der
Ungarn verwendet wurden, und die ich, in diefem Sinn, ein Anlehen nennen kann, war der
König befugt, ein *Aequivalent* zu fordern. Ein
folches *Aequivalent* follten jene Güter werden,
deren ehemalige Befizer ausgeftorben waren; oder
ihre Rechte auf keine Art beweifen konnten. Sie
follten Erfaz für den Aufwand werden, welchen
die Kayfer fo freygebig hergaben. Diefen Erfaz
hätten fie auch gewifs bekommen, wenn die fo-
nannten *Direktoren der königlichen Fiskal - Prozeffe*
für fich nicht geärndtet hätten. Dafs diefe nach
und nach reich wurden, das weifs jeder, der,
wie ich, feine funfzig Jahre zählt, und diefe Sache feiner Aufmerkfamkeit gewürdiget hat. Ein
                                                gewif-

gewiſſer N., ein anderer N. haben da, als — —
— — und als — — — den Grund zu ihrem
Reichthum und ihren Würden gelegt. Gewaltig
reiche Menſchen, beſonders ſolche, deren Ur-
ſprung in der Dunkelheit ſich verliert, wachſen
nicht, wie Schwämme, aus der Erde. — Die
cauſas primas et medias ihres Wachsthums würde
eine unpartheyiſche Geſchichte der *Neoacquiſtik*
aufdeken. Ich wundere mich darüber, daſs für
eine Sache, wie dieſe iſt, noch ſo wenige Menſchen Empfänglichkeit haben. Doch genug. — —
Ich irre nicht, wenn ich ſage, daſs man noch
jezt, in Anſehung einiger Güter, mit eben dem
Recht, wie damals, eine *Commiſſionem neoacquiſti-*
cam niederſezen und beginnen könnte. Die Aus-
beute für den K. K. *Fiſcus* wäre vielleicht nicht
ſo groſs, aber doch ſo rechtmäſsig, wie damals! —

So wie die Neoacquiſtiſche Kommiſſion zu arbeiten anfieng, häuften ſich Prozeſſe über Prozeſſe. Der Streitigkeiten zwiſchen Bürgern und
Bürgern gabs kein Ende. Zur Beylegung derſelben auf dem vorigen oben beſchriebenen Wege
hätten hundert Jahre kaum hingereicht. Die drey
groſsen Vice - Könige von Ungarn, der *Pfalzgraf*,
der *Judex Curiae Regiae* und die *Perſona praeſen-*
tiae Regiae, deren willkührliche Macht nur durch
einige wenige Geſeze begränzt wurde *), würden

---

*) Ich habe nichts dawider, wenn eine Nation derglei-
chen Repräſentanten ſich wählt. Alle uns bekannte

Anaden in der Sache fehr willkührlich und partheyifch gehandelt haben. Darum wurde es denn befchloffen, die alten wandernden unbeftimmten Gerichtshöfe, in mehr beftimmte und an einen Ort gebundene *Judicia* zu verwandeln, und ihre Zahl, nach den Bedürfniffen damaliger Zeit, zu vermehren. Ich will fie in einer auffteigender Reihe darftellen. Dorfgerichte : Gerichte der Marktfleken; der königlichen freyen Städte ; der Grundherrfchaften ; der Gefpannfchaften ; vier Diftriktual - Gerichtshöfe (auch Tafeln genannt) ; die königliche Tafel (jezt Appellazionstafel) und endlich die Tafel der Sieben - Männer) *tabula Septem - vir - alis*) von welcher es ehedem noch immer erlaubt war , an den König zu appelliren *). Diefe Vermehrung der Gerichts-

Analogien find dafür. Aber man mufs dann auch diefen Repräfentanten genaue Gränzen vorfchreiben, und über die Beobachtung derfelben genau wachen. Gefchieht das nicht: fo werden aus folchen Repräfentanten Defpoten. Man wird fagen: es fey fchwer, den Repräfentanten der Völker folche Gränzen zu fetzen. Ja wohl, ift es fchwer. Denn, eben diejenigen, welche defpotifiren wollen, haben an den Gefetzen den gröfsten, ich möchte fagen, den entfcheidenden Antheil. Mirabeau und Franklin — ach wo findet man euch ?!

*) In einem wohlgeordneten Lande, hätte man es fchon längft veranftaltet, dafs es jedermann bekannt würde. welche Art der Streitigkeit vor diefen oder jenen Gerichtshof gehört. Hier war das nie der Fall. Höchftens

richtshöfe hatte, an und für fich felbft, viel Gutes an fich, zumal, wenn man jene Umftände im Sinn behält, welche fie veranlafst haben. Ift man aber Menfchenfreund und Menfchenkenner zugleich; fo kann man fich des Tadels unmöglich enthalten. Dafs man folchen Stümpern von Richtern, wie fie in den Marktfleken durchgängig waren, und aus vielen Urfachen feyn muften, fo gar das Recht, am Leben zu ftrafen (Ius gladii) einräumte; *) den Magiftratsperfonen der freyen königlichen Städte, die mit dem Policey- und Induftrie-wefen, wenn fie es nur verftehen, volle Hände zu thun haben, faft über alle Rechtsfälle zu entfcheiden, die Befugnifs ertheilte **; dafs

H 2   die

ftens war das, den geübtern Advocaten bekannt. Aber eben hierdurch fchon, hat man den Kläger, dem eigennützigen Advocaten Preis gegeben — ! Solte es auch fo fchwer feyn, zur Erleichterung des armen gemeinen Mannes, der feinen eigenen Agenten unmöglich haben kann, alle Gattungen der Streitfragen, fo zu klaffifiziren, dafs er, ohne Weiters, ohne Anfrage, am gehörigen Orte, feine Klage anbringen könnte? Wir wollen fehen, was der künftige Landtag hierinnen veranftalten wird!

*) In den neuern Zeiten konnten fie ja keinen zum Tode verurtheilen, ohne geprüfte Rechtsgelehrte vom Komitat zu Rathe zu ziehen! Das weifs ich wohl. Aber warum multiplicirt man doch entia fine neceffitate? — — .

**) Dafs die Stadträthe über einige Rechtsfälle urtheilen und entfcheiden follen, das verfteht fich von felbft Abe.

die Prozedur der Grundherrfchaftlichen Gerichte
mit den armen, der Inquifizion unterworfenen
Bauern zu wilkührlich war; dafs man auch diefen Gerichten die Befugnifs gab, am Leben zu
ftrafen; dafs die Kontrolle der adelichen Komitatsbeamten, wenn ja ein gröfserer Sicherheitswe-
gen gebraucht wurde, dem armen Bauer nur wenig half; dafs die Beyfizer der Komitatsgerichte
ausfchliefsend adeliche feyn mufsen, von den Obergefpänen meiftens nach Willkühr beftellt wurden,
nur zu gewiffen Zeiten zufammenkamen, und,
wenn fie auch über adeliche Streitfachen Gericht
hielten, doch aus der fogenannten Domeftikkaffe,
ihre Diurna fich bezahlen lieffen *); dafs die
Wahl

Aber diefe Rechtsgegenftände müffen wenige und
recht beftimmt feyn. Sonft befchäftige fich der Stadtrath mit Policey und Induftriewefen. Das ift feine
Sache, und damit hat er, wenn er nur will, genug
zu thun. Seine Arbeit ift es, nach der Zahl und Befchaffenheit der Stadt - und Land - Konfumenten zu
berechnen: *Wie viele Künftler und Profeffioniften jeder Art man nöthig habe, um den Bedürfniffen der
Stadt - und Landleute fo gefchwind als gut abzuhelfen?*
Ich habe in diefem Stück nirgends eine gröfsere Igno-
ranz gefunden als in Ungarn. Vielleicht kann ich
einmal noch diefen Gegenftand befonders ausarbeiten!
Die Regierung ift nicht im Stande, das Befondere der
Innungen und Zünfte zu überfehen. Um hier etwas
beftimmtes feftzufetzen, müfsen die Stadträthe die
befondern Data angeben.

*) Ich habe fchon oben bemerkt, dafs erft 1715. eine
mafsige Kontribution auf den Bauer ausgefchrieben
wurde,

Wahl der Diſtriktsrichter, von den Beyſizern der königlichen und Septemviral - Tafel ſo ſehr ab-hieng; daſs der Palatin, der Iudex curiae Regiae

H 3 und

wurde. Sie ſollte, zur Unterhaltung einer ſtehenden Armee, welche, nach der Politik von Europa, unent-behrlich wurde, verwendet wérden. Denn, *Inſurgen-ten* und *Inſurrekzionen* des Ritterſtandes wurden vom Tage zu Tage unbedeutender. Neben dieſer öffent-lich hier zu Lande ſogenannten Militair - Kaſſe, wur-de auch eine Domeſtik - Kaſſe (caſſa domeſtica oder gremialis) errichtet, aus welcher alle mögliche Komi-tats Ausgaben beſtritten wurden. Z. B. Erhaltung der Komitatshäuſer im baurechten Stand; Bezahlung der Komitatsbeamten vom Vice - Geſpan an, bis zum unterſten Hajduken; Unterhalt der Arreſtanten und was weiſs ich, was noch ſonſt. Genug — das Verhält-niſs, in welchem die zwey Kaſſen, die militair und die Domeſtica ſtunden, war überhaupt genommen, wie 2. und 3. zu 5. und 6. Hat die arme Bauerſchaft ei-nes Komitats zur Militair - Kaſſe 60000 gezahlt, ſo zahlte ſie in die Domeſtik gegen 30000. Wie geſagt, der Bauer zahlte das alles, ohngeachtet, die Ruhe, der Schutz, die Sicherheit, die Verwaltung der Ge-rechtigkeit im Komitat, auch dem Nichtszahlenden zu Theil wurde. Das Komitat kam zuſammen um Gericht zu halten. Es wurden Prozeſſe der Adelichen vorgenommen. — Mit dieſen beſchäftigte man ſich ſo lange, bis die unbeſtimmte Zeit des Termins um war. Kaum hat man etwa einen halben Tag, der Entſcheidung über Prozeſſe der Bürgerlichen gewid-met. Und doch zog ein jeder Beſitzer aus der Do-meſtik ſeinen Taglohn oder Diurnum. Sagte die gan-ze Welt, das ſey billig: ſo bin ich doch ſo eigenſin-nig zu behaupten, es ſey ein ſchreyendes Unrecht!

Denn

und die perſona praeſentiae regiae in der Perſon
des Erzbiſchofs von Gran, bei dieſen zwey oberſten Gerichtshöfen alles in allem waren, weil ſie.
auch, *unabhängig vom Könige und Land*, einige
Beyſizer oder Gerichtsräthe an den genannten Gerichtshöfen beſtellen durften und wirklich mit
ihren Klienten beſtellten; daſs dieſe zwey oberſten Gerichtshöfe, welche überhaupt und im allgemeinen aus einem Perſonale von 50 — 60 Indi-
viduen beſtunden, nur vier *Referenten*, das
heiſst, nur vier ſolche *arbeitende Mitglieder* zähl-
ten, deren Pflicht es war, alle jene voluminöſe
Prozeſſe *) zu ſtudieren, zu extrahiren, und dann
öffent-

Denn, Recht und Pflicht, Vortheil und Laſt ſind in
der ganzen Welt correlatife Begriffe. Wer an dem
erſten Antheil nehmen will; muſs ſich auch das andere gefallen laſſen. Ich weiſs gar nicht, wie der
Bauer dazu kommen ſollte, dafür, daſs in Komitatsgerichten Sachen der Adelichen vorgenommen werden,
die Diurna zu zahlen und *allein* zu zahlen? Aber wie
geſagt, ein Land, wie Ungarn iſt, mit ſeiner Konſtituzion, giebt es ſonſt nicht in der Welt. Gäbe
man ſich Mühe : ſo würde man die Urſachen dieſer
Erſcheinungen vielleicht in der Geſchichte und Beſchaffenheit des Landes und ſeiner Einwohner finden.
In der Geſchichte —: zahlreicher Adel, Dobſchas,
Horas und Glozkas trauriges Ende. In der Beſchaffenheit —: vielerley Nationen, Zungen, Sprachen, Religionen! Schlechte Erziehung —! Aber dies Geheim-
niſs hätte ich nicht verrathen ſollen. Es mag nun jezt
ſchon ſtehen. Vielleicht wird der Verrath Rath! Rath
für den Regenten und das Volk.

*) Voluminöſe Prozeſſe und Allegaten. Die ſogenann-
ten Reichs - Kammer - Prozeſſe im Reich ſind auch
nicht

öffentlich in einem mehr oder weniger gefezmäs-
ßgen *pleno* *) vorzulefen; dafs, wegen der im
Verhältnifs gegen die Menge der Prozeffe zwek-
widrig kleinen Zahl *eigentlich arbeitender Mitglieder*, der Gang der Gerechtigkeit aufferordentlich
verfpätet, und, da alle Referenten und Richter
Menfchen wie andere ßnd, und hier zu Lande überdem fchlecht bezahlt waren, auch fchief gemacht
werden mufste; **) dafs diefe Herren ohngeach-

H 4

tet

nicht fo fimplificirt, als fie feyn könnten und follten.
Das zu verwickelte Wefen der Reichsverfaffung mag
jeder menfchenfreundlichen Reforme- zuwider feyn.
In Ungarn, in einem Reiche, das ßch leichter redu-
ziren könnte und follte, war das unverzeihlich, dafs
man Unfug trieb.

*) Advocaten und Gerichtsräthe 'vergangener Epoche
werden mich und diefe Note verftehen.

**) Dafs die Beyßtzer und Referenten der oberften Gerich-
te in Ungarn fchlecht bezahlt wurden *); das weifs
jeder politifche Knabe. Allein, dafs eben diefe
fchlechte Bezahlung derfelben, zu taufenderley Ungerechtigkeiten Anlafs gab — und dafs die Entfernung
diefer Gelegenheitsurfachen der Ungerechtigkeit mit
taufendfachen Schwierigkeiten verbunden war, das ift
nur dem bekannt, der das Innere der ungarifchen
Verfaffung und die wirklich fcandalöfen Gefchichten
der fogenannten Termine (fo nannte man die kurzen
Gerichtszeiten) kennet. Ich kenne mehrere angefe-
hene Männer in Ungarn, denen die folgende Anekdote, die ich jetzt aus vielen Rückßchten anonymifch
erzählen werde, ganz im Detail recht wohl bekannt ift.
Eine, durch ihr altes um das Land verdientes Gefchlecht

ausge-

tet der vom Tag zu Tage anwachfenden Zahl
der Proxeffe, doch nur ein kleines halbes Jahr der
Verwaltung der Gerechtigkeit widmeten, und
ein ziemlich vollgerütteltes halbes Jahr in den
fogenannten Rechtsferien zubrachten, wo nun
frey-

ausgezeichnete Frau, macht gegen einen, in den neue-
ften, unfer Andenken noch nicht überfteigenden Zeiten, *gewaltig reich gewordenen Herrn* einen Prozefs
anhängig. Ihre gute gerechte Sache triumpfirt bey
der fogenannten königlichen Tafel. Der Gegner ap-
pellirt auf die Tafel der Sieben-Männer. Ehe die
Zeit kömmt, da die Septemviral-Tafel das Urtheil
fprechen foll, noch den Abend vorher, trägt man der
Klägerinn 30 bis 50000 Fl. an, um die Sache nicht
zur gerichtlichen Sentenz kommen zu laffen. Die
Klägerin läfst es dazu kommen, und verlierr den Prozefs. Dreyfsig bis funfzig taufend Gulden, nebft
den verfchiedenen Refpekten und Refervationen, welche Ariftokraten — denn nur diefe fafsen an der Tafel
der Siebenmänner — gegen einander haben können,
und, wenn fie das bleiben wollen, haben müffen, ändern die Wagfchale des Urtheils *bey einem Menfchen*
fehr und oft. Kurz: die Frau, welche Abends
50000 Flor. als Streitbeylegende Bedingung bekommen konnte, verlor den Tag darauf den ganzen Streit.

*) Die Beyfitzer der oberften Gerichtsftelle wurden
mit 1500 Kayf. Gulden bezahlt. Es waren Magnaten, die das nicht brauchten. Die Referenten
waren gewöhnlich gefchickte Männer vom mittlern Adel. Alfo nicht Magnaten? Nein. Denn
die Referenten mufsten arbeiten! Erzälen thut
man fichs — aber diefe Sage kann ich nicht verbürgen, dafs mancher Proto-notarius — fo nannte man die Referenten, von einem zweymonath-
lichen Termin fechs bis zehntaufend Gulden nach
Haufe brachte. Auch auf ein ganzes Jahr zu
viel!

freylich fehr wenig oder gar nichts gearbeittet
wurde, auffer dafs etwa der eine oder der andere
gewiffenhafte Referent auf die kommende Zeit
des Termins etwas vorarbeitete oder vorarbeiten
liefs; dafs man es den Advokaten geftattete, bei
der ohnehin kurzen Zeit der Termine mit Auf-
fchub der Allegaten Schurkereien zu treiben; *)
dafs, wenn ja bei irgend einer Gerichtsweife in
der Welt Intereffenzien vorkommen, folche hier
unter taufendfachen Geftalten, ohne dafs man
je darauf gefallen wäre, denfelben gefezmäsfige
Dämme entgegen zu ftellen, vorgekommen find,

H 5 und

*) Ich felbft — und meiner Ausfage kann man trauen,
weil ich von der Verdrehung der Wahrheit hier keinen Nutzen hätte — habe einige Proceffe durchblät-
tert, in welchen der Advokat in Sachen, die gar nicht
verwickelt waren, ein paar Jahre, nichts fonft fchrieb,
als das *refervat* — oder, *prioribus inhaeret* u. f. w.
Saget nicht, ihr Vertheidiger der alten Verfaffung!
das wären Mifsbräuche gewefen. Denn dadurch
fchlagt ihr euch felbft. Wenn bey den oberften Lan-
desgerichten, unter der Afficht der Ariftokraten Unfug getrieben werden kann und getrieben wird; was
wird erft in den Winkeln des Reichs vorgehen? Sagt
auch nicht, dafs dies, das freye Wefen eurer Verfas-
fung mit fich bringe. Denn hernach gerathe ich wieder in Verfuchung, eure ganze Verfaffung für ein
Anomalon zu halten, oder das bekannte von euch
zu fagen: *Sie wollen Freyheit, weil fie Ungebundenheit wollen.* Frey feyn, heifst vernünftigen *dem Ganzen* zuträglichen Gefetzen gehorchen. — In diefem Sinn
war aber unter euch Gefetzlofigkeit — alfo keine
wahre Freyheit.

und vorkommen mufsten ; *) *Das waren die Gebrechen der vorigen Gerichtsordnung,* die ich aber, ohne gerade und abfichtlich darauf ftudiert zu haben, entdekte, nur gleichfam von der Oberfläche hernahm. Sollte irgend ein Mann von Kopf, mit menfchenfreundlichen Herzen — folche abfichtlich aufdeken wollen : fo würde er, zu einem neuen blofs *gerichtlichen Manch Hermäon in Ungarn* Stof genug finden. In magnis et periculofis voluiffe fat eft.

Diefe Gebrechen der vorigen Gerichtsweife blieben dem alles ausfpähenden Kayfer Jofeph nicht unbekannt. Er bemühete fich daher, denfelben abzuhelfen. Er fchrieb eine eigene, weit beffer als die alte war, beftimmte Gerichtsordnung vor ; ertheilte auch Perfonen bürgerlicher Herkunft das Recht, Gerichtsämter zu erlangen ; nahm, durch menfchenfreundlicheGefeze inAnfehung der grundherrfchaftlichen Gerichte das arme Baurenvolk.in feinen Schuz kafsirte das Ius vitae et necis bei Grundherrherrfchaften, Städten und Marktfleken ; fezte den Schurkereien der Advokaten Gränzen ; gebot, den langfamen Gang der Gerechtigkeit zwekmafsig zu be-

*) Das berüchtigte Thema von den Informationen möchte ich hier ausführen, wenn ich nicht eilte. — Informationen, das heifst, Belehrung der Richter von der Befchaffenheit der Rechtsfache, vor dem gefällten Urtheil, mit Dukaten - Rollen in der Hand

.Kremnitzer Gold! fprach einmal ein Franziskaner von. der Kanzel, du haft die Kraft, zu *blenden!* — —

befchleunigen; *) ordnete für jeden anhängig
gemachten Rechtsfall, gebührende Taxen an; hob
dadurch

*) Vielleicht ift das nicht ganz unwahr, was die Nie-
derländifchen Ariftokraten, die eben jetzt, da ich
diefes fchreibe, die Fahne des Aufruhrs hoch wehen
laffen, von der Kayferlichen Gerichtsordnung gefagt
haben: der Kayfer will nur, dafs *gefchwind* gerichtet
werde; ob *recht* gerichtet wird? darnach fragt er
nicht. Mag feyn, dafs bey den Niederländern der
Gang der Gerechtigkeit *langfam*, aber doch *recht* und
billig war. In Ungarn war er wohl das erfte. Denn
Beyfpiele von Prozeffen, welche funfzig und mehr Jahre lang gedauret haben, find keine feltene Erfcheinung.
Und bey diefem mehr als Schneckenartigen Gange —
hey welchem man auf die genauefte Gerechtigkeit
hoffen könnte — war es doch fchwer, Recht und Licht
zu finden. Bey den meiften Prozeffen, welche 30 -
40 Jahre lang fich zogen, war doch am Ende der fogenannte *Oppofitional - Procefs* möglich, eine Sache,
wodurch die unerhörteften Schurkereyen veranlaſst
und begangen wurden. Im Beyfpiel wird die Sache
deutlich werden. Ich hätte z. B. einen Prozefs geführt, deffen Subftratum 100000 Fl. wären. Dreyfsig
Jahre lang, habe ich die zum Beweis meines Rechts
nothwendigen Urkunden, mit vielen Unkoften gefammlet und fammlen laffen; dreyfsig Jahre lang die Advocaten gezahlt, und die Richter mit Verfprechungen,
oder was noch beffer wirkt, mit Dukaten - Rollen
in der Hand informirt; nach dreyfsig Jahren wird
mir endlich der Gegenftand des Prozeffes, z. B. eine
Herrfchaft von 100000 Flor. Werth, durch gerichtliche Sentenzen in optima forma, als mein Eigenthum
zugefagt. Die Sentenz wird meinem Gegner zuge-
fchickt. Er will nicht nachgeben. Ich bitte um
Execution, um Verdrängung des Gegners aus dem
Befiz,

dadurch den Kaſſenſtand der Gerichtshöfe; bezahlte die Richter nach dem gewöhnlichen Werth
.   -   der

Befitz, um wirkliche Uebergabe des Guts in meine
Hande und zu meinem Genuſs. Der Gegner lacht
meiner und der Richter. Er nimmt ſeine Zuflucht
zur Oppoſition, das heiſst: er widerſetzt ſich der gerichtlichen Execution der eben ſo gerichtlichen
Sentenz, und bleibt, ohngeachtet dieſe ſchon
publizirt iſt. im Befitz meines mir zugeſicherten Eigenthums, weil er nach den alten Geſetzen bleiben
darf, wenn er ſich nur einen Oppoſitionalprozeſs zu
beginnen und zu führen entſchlieſst. Aus dem Prozeſſe, der einmal ſchon beendigt war, entſteht nun
ein anderer, der, wenn mein Gegner einen guten
Advokaten und Geld hat, wieder auf mehrere Jahre
hinausgezogen werden kann. Gewinnt er ihn; ſo
falle ich. Siege ich abermals: ſo zahlt er *elende*
200 Floren zur Strafe. Und nun denke man ſich die
Ungerechtigkeit. Ein Gut von 100000 Werth, trägt
in Ungarn bey 4000 bis 5000 Gulden jährlich. Dieſes Geld wäre ſchon z. B. vor 4 Jahren mein geweſen;
ich hätte durch wohlangewandte Induſtrie und
wirthſchaftliche Spekulationen vielleicht noch um die
Hälfte mehr gewonnen. Aber meinem Gegner gefiel
es ſich zu opponiren : und weg iſt mein ganzer Nutzen. Dafür zahlt er aber 200 Flor. Strafe! Gut.
Was ſind aber 200 Flor. gegen mein Recht und den
theils wirklichen theils möglichen Nutzen ,
den ich gehabt und mir zu verſchaffen gewuſst hätte?
Ja! ſagt man: der, der ſich opponirt, muſs doch
wiſſen, warum er es thut. Vielleicht könnte er noch
während der Dauer des neuen Oppoſitionalproceſſes
ſeine Rechte auf das ſtreitige Gut beweiſen. Aus-
flüchte! und nichts anders. Konnte ich, ich, der ich
jetzt in keinem actuali uſu des Guts bin, der ich
                                        ſchon

der Bedürfniſſe des Lebens verhältnifsmäsfig; entfernt hierdurch die vorzüglichſten Gelegenheits-
urſachen der Ungerechtigkeiten am wirkſamſten;
verbietet unter der Strafe des Amtsverluſtes Geſchenke anzuuehmen, und damit auch das Aufdrin-
gen der Geſchenke verhütet werde, ſo ſoll der
Referent des Prozeſſes jedermann unbekannt bleiben. Daſs das alles, Wohlthat für die Menſchheit
in Ungarn ſey, wird niemand in Abrede ſeyn, dem
die Gebrechen der vorigen Rechtspflege nicht unbekannt geblieben ſind. Für Sachwalter iſt das
al'erdings ein ſehr fataler Streich. Denn ſie werden weit weniger zu thun haben. Auſſer der
Ausfertigung der Klage (Libellus aĉtionalis), welche gleich alle Urkunden und Dokumente als Beweiſe enthalten muſs; der Replik und Duplik, und
etwa noch (wenn der Fall auſſerordentlich iſt) ein
Allegatum, haben ſie ſonſt nichts zu thun. Und
dieſes muſs innerhalb einer feſtbeſtimmten Zeit
geſche-

ſchon lange von demſelben ausgeſchloſſen war, dem alſo
der Beweiſs gewiſs äuſſerſt ſchwer fallen muſste, mein
Recht beweiſen: ſo war es ihm um deſto leichter, weil er
mehr Zeit und Pflicht hatte, über die Rechtmäſsigkeit ſeines Beſitzes nachzudenken. Nimmt man alles, was zur
Betrachtung dieſer Sache gehört, zuſammen: ſo kommt
man endlich zu dem Reſultat: *Wenn und wo Ariſto-*
kraten Geſetze machen, oder Conſvetudines heiligen,
da hat faſt alles die Begünſtigung der Reichen zum
Zweck. Und daher kommt es, daſs die Verfaſſungen
ſolcher Länder ſehr wenig reine Regeln aufzuweiſen
haben. Bey Exemtionen und Ausflüchten befindet
ſich der Ariſtokrate gut, weil ſie ihm doch endlich
zum Vortheil gereichen müſſen.

gefchehen. — Dann folgt die Inrotulazion —Ge-
richtsfpruch und eine oder zwey Appellationen!
Immerhin! Haben fie auch jezt weniger als ehedem zu thun — fo ift ja der Menfchheit geholfen, und alle ihre Arbeiten find für fie felbft eh-
renvoller, als wenn fie e lon4ge petitis — durch
wahre Knabenftreiche, die Prozeffe Jahrelang ziehen und auffchieben möchten. Das lezte ift gewifs keine Kunft. Aber das ift Kunft und Ruhm,
mit Bewahrung feines Gewiffens, mit feiner Arbeit bald zum Zwek kommen!

Dafs dadurch für eine eigene Menfchenklaffe
die Quelle der Nahrung verftopft wird, das ift
nicht wahr. Denn der unwiffende und fchlechte
hatte auch ehedem nichts zu thun, höchftens mit
Kunden, die nicht zahlen, — Der Gute wird immer gefucht, und feinen Verdienften gemäfs bezahlt werden. Jene mögen alfo immer aufhören
zu feyn. Uebergroffe Anzahl der Advokaten in
dem gewöhnlichen Sinn — das heifst, folcher Menfchen, die davon leben, dafs fie anderer Menfchen Gerechtfame für Bezahlung vertheidigen, ift
wahre Land - Plage, und feat eine fchlechte, verwikelte, hinkende Landesverfaffung voraus. So
wars in Ungarn. Alle Augenblike ftiefs man auf
einen Mann, mit einem, bald galanten kleinen,
bald alt ungarifchen grofsen Säbel. Die Frage:
wer ift der? ward immer mit dem: ein Advokat,
beantwortet. Künftig werden ihrer nicht fo viele
feyn. *Patwarien* gehen ein, feit dem die neue Ge-
richts-

richtsordnung und drr. Befehl befteht, dafs jeder
Studierende — wenn er nicht vorzüglich gefchikt,
und des Stipendiums fähig ift, das beftimmte
Schulgeld (Didactrum) zahlen foll. Die Schulen,
wo man den Unterricht unentgeldlich ertheilte,
vorzüglich aber die häufigen Ordens-Schulen, waren in diefer Hinficht ein Uebel fürs Land. Man
bildete in denfelben Mönche und Advokaten·
Jezt vermindert fich die Zahl der Advokaten-Zög-
linge (Patvariften) fo fehr, dafs man über den
Mangel an Schreibern allgemein klagt. Die jungen Leute, welche einft Advokaten, Fifkaie, u. d.
m. werden wollen, werden nehmlich auf Univerfitäten und Akademien gebildet. Lafst nur diefe
heranwachfen, und bei den beffern Advokaten, die
wir jezt haben, bei einem H — S — S. — eder,
wenn er noch Advokat wäre, bei einem B. in der
Praxis geübt werden : fo werden wir *Montesqui-
eus, Linguets, van der Noots, Conringuife Dohme,
Schlözers,* u. d. m. haben, das heifst : wir werden
Männer haben, die im Stande feyn werden, ihre
Nafe über das Corpus Iuris Hungarici hinaus,
aber, wenns nöthig ift, auch hinein zu fteken. Vergieb mir, Lefer, wenn du mich für einen Schwär-
mer hältft. Ich bin mir felbft bewuft, dafs ich
ein bischen phantafiere. Und da ich dir das ge-
ftehe: fo kannft du mit mir zufrieden feyn. —
Meine Phantafien mögen doch um etwas beffer feyn,
als das ewige Brüten über dem Corpus Iuris Hungarici — dem ewigen Riegel — den man jedem
publiziftifchen verbeffernden Gedanken — vor-
fchiebt —

fchiebt — und felbft aus demfelben nichts heraus-
bringt. Ob der Kayfer Jofeph nicht beffer gethan hätte, wenn er, in Anfehung der Gerichtsre-
formen in Ungarn, mit dem Rath einiger — wenigftens einiger imponenter Rechtsgelehrten in
Ungarn — (denn fonft verlangt man die Zuftim-
mung aller Stände) zu Werke gegangen. wäre?
das ift eine andere Frage. Ein Regent, der dreymal hundert taufend Menfchen — eine Armee,
wie fie jezt nirgends fonft exiftirt — mit einem
Wink in Bewegung fezen, und allen folchen Fragen, möchten fie noch fo fehr in corpore Iuris
gegründet feyn — Einhalt thun kann, fezt fich
über folche Fragen hinaus. Eigentlich kann er
es auch. Denn feine wohlthätigen Abfichten predigen feine Anftalten und er kann fie vor Gott
verantworten. Ueberdem ift es, wenn man den
Geift derjenigen, welche die Nazion vorftellen, be-
denket, gar nicht wahrfcheinlich, dafs fie, von felbft,
in alle diefe Verbefferungen des Kayfers einge-
willigt hätten. Sie haben ja Dinge reklamirt,
welche an und für fich felbft gar nicht präjudiciös
waren, fondern vielmehr die Aufnahme, den Wohlftand des Landes, fichtbar zur Abficht hatten.
Hieher gehört zum Beyfpiel

Die Errichtuug einer Provincial - Tafel, und eines allgemeinen Landes-Archivs..

So gerne ich auch mein bereit liegendes Kon-
zept über diefe Gegenftände rein abgefchrieben
hätte:

hätte : fo fiqde ich mich doch gezwungen, diefe
Artikel auf die Zukunft zu verfparen. Vielleicht
entfchlieffe ich mich, noch ein zweytes Manch-
Hermäon über Ungarn zu fchreiben, deffen Innhalt
die Aufmerkfamkeit aller Lefer noch mehr reizen
und verdienen wird.

Neues Krimiual - Gefezbuch, und etwas über das begonnene politifche Gefezbuch.

Das fogenannte Corpus iuris Hungarici ift hier
die einzige publike Quelle, aus welcher man alles fchöpfen mufs : alles, es mag das ius publicum, Leges politicae, Sanctio de Criminibus oder
fonft was feyn. Dafs ein Buch, von welchen man
im Scherze zu fagen pflegt : zwey ungarifche
Pferde müfsten vor daffelbe eingefpannt werden,
um daffelbe fortzubringen; auch fehr viel Gutes
enthalte, das ift wahr. Wer wollte auch von einer ganzen Nazion behaupten : fie hätte feit Anno
1000, alfo in einer Reihe von 790 Jahren, in den
ehedem häufig gehaltenen Landtägen , nichts
befchloffen, was die Prüfung des allgemeinen
Staatsrechts und der gefunden Politik und der
allgemeinen Moral aushielte. Nur das kann kein
Menfchenfreund billigen, dafs der engere Aus-
fchufs der Nation, oder die fogenannten Stände
nur fich felbft vorzüglicherweife bedachten, fich
felbft zum Mittelpunct des Ganzen machten,

I   und

und auf den zahlreichſten Theil des Landes, ſo
wenig politiſche und moraliſche Rükſicht nahmen.
Das kann kein Menſch billigen, deſſen Kopf auch nur
ein wenig erleuchtet iſt; aber empören müſſen
ſich alle ſeine Gefühle, wenn er nur halbweg zum
allgemeinen Wohlwollen gebildet iſt.

Der Kayſer Joſeph, legte ſich, durch ſein *poli-*
tiſches Geſezbuch, zwiſchen die, nur für ſich ſelbſt
arbeitenden, Stände und den faſt gar nicht bedachten Bürger und Bauernſtand in die Mitte. — Er
fieng an, in dem, vor ein paar Jahren, ans Licht
gegebenen, neuen politiſchen Geſezbuche, Geſeze
und Verordnungen zu geben, deren Werth und
innere Wohlthätigkeit der Beyfall des ganzen vernünftigen Europäiſchen Publikums dankbar anerkennt und anerkennen *wird.* Wird, ſage ich. Denn
laſst uns nur noch ein paar Decennien leben;
dem Jeſuitiſmus, der dem alten Herkommen ſo
heilige Geſtalten geben kann, und ſich jedem Em-
porſtreben der Menſchheit widerſezt, auf den Kopf
treten; den Bürger und Bauer von der mönchiſchen Moral weg und zu der philoſophiſchen
wenden; noch ein paar franzöſiſche oder nur dieſen ähnliche Auftritte geſchehen; ſo werden alle
Menſchen, den unmenſchlichen unbürgerlichen
Geiſt der Ariſtokratie verfolgen, und ſolchen Regenten, wie Joſeph iſt — und ihren politiſchen
dem Ganzen günſtigen Geſezen anhangen. Der
politiſche Codex Joſephs iſt den Ungarn als ein
publice einzuführendes Geſezbuch, noch nicht an-
getra-

getragen worden. Der Regent mag dabei Bedenklichkeiten gehabt haben, deren erfte Quelle
der Türkenkrieg war, 'n U-garn exiftirt er alfo
nur in der Geftalt einer Buchhändler Waare.
Wollte der Himmel, er bliebe es nicht lange.
Denn bleibt er es noch lange; entfchliefst
fich der kün'tige Landtag nicht, ihn, wenigftens der Hauptfache nach, publica und, wie
man fich hier fonderbar genug ausdrukt, regnico-
lari — es follte nur heiffen, nobilitari und Cleri-
cali Auctoritate anzunehmen und dadurch die zwey
unpolitifchen Extreme, die bisher immer und immer nur allein begünftigten Landftände, und den
immer vergeffenen Bürger und Bauernftand, einander näher zu bringen: fo wird das Königreich
Ungarn nach wenigen Jahren ein blutiger Schau-
platz bürgerlicher Kriege werden müffen. Die
Scheidewand — die vom Jahr zu Jahr morfchere
Scheidewand zwifchen den Ariftokraten und dem
vergeffenen Volk — welche kein Kleifter undUeber-
werfen mehr befeftigen kann, weil fie nach keiner rechten Schnur gebaut, fondern nur im Tu-
mult aufgeworfen worden ift — wird einmal be-
ftürmt werden, und mit entfezlichem Getöfe, mit
Untergang derjenigen zerfallen, die fich hinter derfelben per fas und nefas zu verbergen gefucht haben.

Zufrieden könnte man mit der Nazion feyn, wenn
fie nur einen gemeinnüzigen Extrakt, aus ihrem
Corpore Iuris veranftaltet hätte. Eine Art von
einem Katechifm — oder, nach römifcher Sitte,

I 2

Gefez-

Gefeztafeln, in Landesfprachen. Wahrhaftig, mir wenigftens fcheint eine folche Sorge für das arme Volk
gerecht zu feyn. Ift es uns lieb, wenn das arme
Volk für unfere Bedürfniffe arbeitet, für fich nur
das tägliche Brod behält, uns den Ueberflufs giebt:
fo ift es auch der Sorge werth, dafs man ihm das,
deutlich und öffentlich fagen läfst, oder durch
publike Bücher fagen läfst, was es, in jedem
Verhältnifs, gegen den Landesherrn, Landftände, Grundherrfchaften, Mitbürger, zu beobachten hat, und im Gegentheil, von allen diefen zu erwarten und zu fordern befugt ift. Gefchieht das
nicht: fo mufs der arme gemeine Mann dumm
bleiben, und wird, wie es halt fo ift, bei feiner
Dummheit, von jedem böfen, phyfifch oder moralifch mächtigern Menfchen gem ishandelt. Da
kommt z. B. der geftrenge Herr Stuhlrichter ins
Dorf, und demonftrirt der armen Gemeinde ihre
Verpflichtungen vor, mit einem furchterlichen Fluch
im Munde *) oder mit dem Stok feines Hajduken. Das heifst Sklaven machen, um über Sklaven zu herrfchen. Macht doch den armen Bauer
mit feinen Pflichten durch Unterricht bekannt;
zeigt ihm, dafs er diefe Pflichten, für die Rechte,
die er genieft, zu beobachten hat; klärt feinen
Verftand, bifs zu einer gewiffen, leicht zu beftim-

men-

*) Wer ift der fürchterliche Flucher, fragte ich einft, den
Schenk in N. als ich da auf meiner Reife, einen Menfchen
Gottesläfterliche Flüche ausftofsen hörte. Der Stuhlrichter N. fagte er. Herr! fprach er weiter: ich war Marke-
denter im fiebenjährigen Kriege; ich weifs, wie befoffene
rohe Soldaten fluchen. Aber diefer Stuhlrichter könnte ihr Meifter feyn. Sie reichen ihm das Waffer nicht

menden Linie auf: fo wird er euch folgen, ohne
euch für feine Tyrannen zu halten! —

Das nehmliche, aber doch weit mehr, habe ich auch
über das Kriminalrecht zu fagen. Man wird fich im
Auslande wundern, dafs die ungarifche Nazion in
Anfehung diefes Rechtsfaches viele hundert Jahre
in eben der Dunkelheit blieb, in welcher fie in
Anfehung des politifchen Gefezbuchs geblieben ift.
Nur erft vor funfzig Jahren, ift aus dem Corpore
Iuris und den Confuetudinibus, ein Kriminal Ko-
dex auf Befehl der Könige zufammengetragen
worden. Aber er blieb in der heil'gen lateinifchen Sprache, in den Händen der Richter und Advokaten. Da er in die verfchiedenen Landes-
fprache nicht überfezt wurde: fo blieb er auch
dem Volke, für welches er doch gefchrieben ward,
unbekannt. Ueberdem war er fo unmenfchlich,
dafs wenn man ihn mit den allgemein für gut anerkannten Grundfäzen Beccarias in Vergleichung
ftellt, fich das ganze menfchliche Gefühl des Menfchen empöret. Kriminalgefeze waren zwar auch in
andern Staaten unmenfchlich und graufam. Sie waren es lange und werden es noch lange bleiben, weil
es ungemein fchwer und gefährlich ift, alte Gefeze
aufzuheben, zumal wo Ariftokraten und Mönche für
die Beybehaltung jedes Herkommens eifern. Aber
in andern europäifchen Ländern, Pohlen, Spanien
und Portugall etwa ausgenommen, faffen an der
Kriminaltafel menfchlichere Richter, welche die
Miffethäter menfchlicner behandelten und nicht fo
wie hier, von der Hand weg, köpfen, hängen, rä-

dern,

dern, fpiefferl und verbrennen lieffen. So find
z. B. in einigen vernünftig eingerichteten Provinzen Deutfchlands alle Rechts - befonders aber Kri-
minalfälle, durch die Kontrolle der Univerfitäten,
ficherer Kommt bei den Gerichten irgend ein
fchwerer verwikelter Rechtsfall vor: fo wird er
den iuriftifchen Fakultäten zugefchikt, um ihr Gutachten darüber einzuholen. Das könnte und follte auch hier feyn. Man wird über meinen Vorfchlag lachen. Immerhin! Ich bedaure die Gerichtshöfe in Ungarn, befonders die Komitatsgerichte, jezt fubalterna Iudicia genannt, wenn fie
etwa glauben, dafs fie alle verwikelte, vieles
Nachdenken erfordernde Fälle zu entfcheiden im
Stande find. Zu wiffen. dafs die Beyfizer der fub-
altern Gerichte wahre politifche und (das einzige
ungarifche Recht ausgenommen) juriftifche Stüm-
per find, und doch jenes zu behaupten, ift, ein
Stolz, deffen fich nur ein unwiffender Menfch fchuldig machen kann. — — —

Erfahrung und reifes Nachdenken über hieher
gehörige Dinge, haben mich, von der felten be-
merkten und noch feltener befolgten Wahrheit
überzeugt: dafs, je länger irgend ein *gewöhnli-*
cher Menfch, Richter war, er auch nach und nach
in der Würdigung des menfchlichen Lebens trä-
ger und gefühllofer wurde. Die Strenge, welche,
der, an den Buchftaben des Gefezes gebundene
Kriminalrichter über den Verbrecher (hier zu Lande nur zu oft) ausüben mufs, erftikt früher oder
fpäter

fpäter, jedes menfchliche wohlwollende Gefühl in feinem Bufen. Der Kriminalrichter wird endlich fo hart und, weil er fich mechanifch angewöhnet, immer nach einer und derfelben Regel zu fchlies- fen, fo träg, dafs er — alle Pfychologie und Mo- ral, diefe dem guten Richter unentbehrliche Dinge, bei feite gefezt, in der Beurtheilung jeder krimi- nellen Thatfache, das: kreuzige kreuzige ihn — mit einem fo kalten Blute, oder auch einem fo muthwilligen Leichtfinn herfaget, als wenn fein Urtheil nur das Leben einer Müke, die fich auf fein Kutfchenpferd fezt, zum Gegenftand hätte. — Da- her wünfchte ich, dafs man folche Rechtsfälle, wenigftens jene Rechtsfälle, welche gewiffer felte- nenUmftände wegen, fchwer zu entfcheiden find, und bei welchen das gerechte Urtheil, von einer unpar- theyifchen, pfychologifch- moralifchen Würdigung des ganzen Faktums abhänget, und welche Würdi- gung vorzunehmen, die allerwenigften der gewöhn- lichen Richter im Stande find, jedesmal fremden, ei- gentlich gelehrten Männern vorftellte, ihr Gutachten einhohlte, und nach demfelben das Zwekmäfsige ent- fcheiden möchte. Eben darum wünfchte ich auch, dafs man den Richter nicht gar zu lange, höch- ftens nur fechs Jahre Richter feyn liefse, und dann wieder in andere Aemter verfezte. Dann glaube ich, würde der Werth des menfchlichen Lebens gröffer feyn. — Das würde machen, dafs man um die Köpfe der Menfchen, nicht wie um Kraut- köpfe Stimmen verlangen, geben und nehmen möchte. Aber fo wars, bis um die Zeit der neuen

Jofephi-

Jofephinifchen Kriminal - Sanction. Man befchuldigt diefe, wie ich unten fagen werde, eines groffen Fehlers, des Fehlers, dafs das Verhältnifs zwifchen Strafen und Verbrechen viel zu ungleich
fey. Vorher war es noch weit ungleicher. Der
Maasftab, nach welchem man den Werth des Men-
fchenlebens würdigte, war fo unpolitifch und un-
moralifch, als nur irgend einer feyn kann. Daher
fo viele des Todeswürdige Miffethäter unter den
vorigen Regierungen. Es war nichts neues,
wenn ein Komitat, das z. B. 150000 Menfchen
zählt, jährlich 50 Menfchen zum Tode verurtheilt
hat, fo, dafs auf 3000 Menfchen, jedesmal, ein,
mit dem Schwerde, Rad, Strang, Spiefs und andere
Todesarten hingerichteter Miffethäter gerechnet
werden kann, Wäre in Ungarn die wohlthätige
Publizität mehr gang und gebe: fo wäre es mir
leicht, meine Ausfagen mit Aktenmäfsigen Do-
kumenten zu beftätigen. Aber diefer Wohlthat
kann man fich hier noch nicht erfreuen. Die Archive der Gefpannfchaften, find, zum Theil noch
ein heiliges Geheimnifs, das man nicht fo leicht
enthüllen läfst. Kommt irgend ein Mann, dem
man es etwa anfieht, dafs er über die Nafe hinaus zu fehen vermag, hin: fo wird er unter verfchiedenen Vorwänden abgewiefen. Kann feyn,
dafs die Komitate, durch die feit einiger Zeit ge-
fchehenen Denunziazionen zurükhaltender geworden find. Das follte aber nicht feyn. In den
Komitatsarchiven fände mancher das, was viele
andere, befonders aber die eigentlichen Komitaten-

fer

fer nicht finden können und nicht finden wollen.
Der Publizift, Politiker und Moralift fände da man-
nigfalrige Daten, — Stof zum Denken, Raifonni-
ren, Wohlthun. Ich fände da, zum Beifpiel, Beweife für meine Ausfagen, dafs man mit dem Leben der Menfchen, leichtfinnig genug umgegan-
gen fey. Und fo was einzufehen, ift doch wahrhaftig für die Regierung fehr nothwendig und
nüzlich. Nüzlich, wenn fie für den Volksunterricht, Polizey - Anftalten und Kriminalgefeze forgen will. — — —

Mangel an den fogenannten hier zu Lande verhafsten Polizey - Anftalten, oder — damit mich
doch auch der Antipolizeyifche Ungar verftehe —
Mangel an den Anftalten, durch welche der Gefezlofigkeit vorgebeugt und den Verbrechen aller
Art wirkfam vorgekommen wird — Mangel an
diefen Anftalten und häufige gefchwinde Hinrichtung der Miffethäter, war zwar im ganzen Königreich fichtbar; dem wenigftens, der vernünftig
und möglichft gut eingerichtete Länder gefehen
hat, oder auch nur mit der Theorie einer guten
Regierung bekannt ift. Indeffen haben fich doch
einige Komitate und Gegenden in der Hinrichtung
der Miffethäter vorzüglich ausgezeichnet. Hieher
gehört, um nur einigermafsen beftimmt zu fprechen, der Grofshonter Komitat, in welchem, vor
einigen Jahren, einige und zwanzig Ziegeuner, *)

I 5 wegen

*) Die grofse — felblt bey ihrem Eifer für die katholi-
fche Religion menfchenfreundliche Maria Therefia —
denn

wegen der Befchuldigung dafs fie Menfchenfreffer wären, mit dem Tode und Todesähnlichen
Strafen geahndet wurden. Dafs die Zigeuner
überhaupt, und die im Grofshonter Komitat hin-
gerichteten ·Ziegeuner insbefondere, viele Dieb-
ftähle ausübten, das weifs ein jeder, der Ungarn
kennet. Aber von Anthropophagen, von Men-
fchenfreffern in Ungarn, hat man noch nie gehört.
In-

denn, ficher war auch ihr ausgezeichneter zu weit ge-
hender Eifer für den Katholicifm, die Frucht einer
übelgeleiteten Menfchenliebe — diefe grofse menfchenfreundliche Therefe, richtete einft ihre wohlthätigen
Regierungsforgen auf die Bildung, Vermenfchlichung,
Umfchaffung der Ziegeuner zu nützlichen Mitgliedern
des Landes. Sie trug einem jedem Komitate auf, dafs
fie alle dem Entzweck entfprechenden Verfügungen
treffen, und wenn man nur die gute Abficht erreichen
kann, keine Unkoften fparen follen. Man that in
der Sache etwas. Aber der Erfolg zeigte, dafs das
Etwas zu einem *Nichts* wurde. Die Ziegeuner find
hier was fie waren — hier eine Art von Schmieden,
dort Pferdhändler, hier Mufikanten, dort Diebe und
Zeichendeuter, überall aber unnütze Halbmenfchen.
Seit dem fage ich immer: die Ziegeuner find eine Sa-
tyre auf Ungarn! Freylich ifts auch leichter, Ziegeuner hinrichten, als zu Menfchen und Bürgern um-
fchaffen. Man werfe es mir nicht vor, dafs auch
Deutfchlands Provinzen hie und da Ziegeuner dulden.
Ja! Aber in Deutfchland ftehen manchen Verbefferungen die befondern Territorial - Gerechtigkeiten der
vielen unabhängigen Fürften und Reichsftände im Wege. In Ungarn ift das der Fall nicht. Daher follte
hier jedes Gute unter der unmittelbaren Auficht des
Königs beffer gedeihen.

Inzwifchen find diefe Grofshontifchen Ziegeuner aus der Gegend von *Schemniz*, *Brandorf* und *Frauendorf*, richtig, des Menfchenfraffes wegen am Leben geftraft worden. Man fagt fichs leife ins Ohr, dafs die wohlweifen Komitatsbeamten, und die, nach der vorigen Gerichtsverfaffung zufammenkommenden Stände der Gefpannfchaft, ein erfchrekliches *Vitium fubreptionis* in der Sache begangen hätten. — *) Die andere Gegend, in welcher man mit den Menfchenköpfen fehr verfchwenderifch umgieng, (die Komitäter an der Theifs herab will ich übergehen) ift das Temefchwarer Banat, das Vaterland der Walachen, einer alten römifchen Kolonie auf dem ungarifchen Boden. Diefe unglüklichen Refte der römifchen Pflanz-völker, find, in Anfehung jeder Kultur noch fehr nahe an der unterfte Stufe der Lebensweife folcher Menfchen, die erft aus dem Stande der Natur herauskommen. Aufferdem, dafs fie den Gebrauch des Pflugs, zum Anbau des türkifchen Weizens, und etwas Gärtnerei kennen, um aus den Pflaumen den fogenannten Quetfchen-Brandwein zu bereiten, und fich darinnen nach der Sitte alles rohen Völkerfchaften zu beraufchen, werden

*) Dafs die Sache bey Hofe Senfation erregte und der Kayfer auf feiner Reife dnrch die Gegend ganz ernfthaft, einen Komitatsbeamten fragte: find die Menfchenfreffer hier zu Haufe, das ift bekannt und wahr. Er hätte fragen follen: ift hier das Vaterland der *leichtgläubigen* Menfchen, die an den Menfchenfrafs glauben, und aus Leichtglaubigkeit Menfchen hinrichten?

den alle Künfte, Profefsionen, Handwerke, mit einem Wort, jede Art der Haus - und Land-Induftrie
unter ihnen vernachläfsigt ihre Priefter (fie find
dem griechifchen Ritu zugethan) einige fehr wenige, etwa drey bis fünfe ausgenommen, find felbft
nur Halbmenfchen. Sie kleiden fich auffer dem
Kirchendienft *) fo wie ihre Bauern. Ein langes
grobes Hemde, ein paar lange leinewandene Hofen, ein lederner Gürtel um die Lenden, eine
Schaafpelzmüze, und Schufohlen im orientalifchen
Gefchmak, ift ihr alltägliches Gewand ; Akern, mä-
hen, Vieh weiden ihr Gefchäfte, dem fie fich aus
Noth unterziehen müffen. Von anftändigen Ver-
gnügungen wiffen fie nichts. Ihr Vergnügen ift,
mit ihren Bauern, fich beraufchen und oft felbft
auf den Raub mit ihnen ausgehen. Man will bemerkt haben, dafs unter zwanzig Walachen, welche hingerichtet werden, faft immer ein *Pope* fey.
So nennen fie ihre Geiftlichen und Priefter. Es
wäre der Mühe werth, die gerichtlichen Protocolle diefer Gegend nachzufchlagen. Von einer Seite würden fie uns den Maasftab der Sittlichkeit,

von

*) Ich fage mit Abficht: *Kirchendienft*. Denn, ihren
    Dienft in der Kirche, einen Gottesdienft nennen, kann
    keiner, der mit dem Wor. „Gottesdienft,, vernünftige
    Begriffe verbindet. Ihr Gefchäfte in der Kirche re-
    duciert fich auf ein Gedankenlofes Herplappern lang-
    weiliger Liturgien aus einer ganz andern Zeit und
    Welt, die den Bedürfniffen diefer Nation gar nicht
    angemeffen find. Schaften doch die Regenten und
    die griechifch nicht unirten Bifchöfe diefer Nation,
    ftatt Liturgien-Lefer, *Volkslehrer*.

von der andern den Maasstab des gerichtlichen
Verfahrens in diefer Gegend geben. Man erzählt
es fich, dafs, durch die öftern Hinrichtungen der
Menfchen, die Geringfchäzung des Lebens unter
diefer Nazion, bis zum Wunderbaren gehe. Wenn
der rohe Wallache, bei der Richtftätte vorbey-
geht, und da einen auf den Galgen, den andern
auf dem Rade, den dritten auf dem Spiefle fieht,
fo fagt er: das ift ein herrlicher Tod! Folgende
Gefcnichte (für deren Wahrheit ich aber nicht ftehe) foll fich da wirklich zugetragen haben. Einige Walachen werden zum Strang verurtheilt. Während des H nausführens zum Galgen, raucht einer
fein Pfeifchen Tobak. Es war gerade der, der
zum erften, vor den übrigen an den Galgen follte.
Er fcnmaucht bis zu den lezten entfcheidenden
Schritt. Als er den thun foll, fagt er zu den
zweyten: Nimm das Pfeifchen, Bruder! — diefer
raucht ebenfalls und fo gieng die Pfeife bis auf
den lezten. Nicht ganz unwahrfcheinlich, wenn
man die äufferft grofse Roheit diefer Nazion bedenkt, und auf die häufigen Hinrichtungen, wodurch fie eben unwirkfam, und folglich zwekwi-
drig werden, Rükficht nimmt. Man morde noch
fo viel Menfchen — man morde fie noch fo Qua-
lenvoll; kennen fie den Werth des Lebens nicht:
fo werden felbft die fchmählichften Todesarten
fruchtlos, und ohne den beabfichtigten nüzli-
chen Eindruk bleiben. Und gerade war das hier
der Fall. Man brachte die Menfchen ums Leben,
deffen Werth fie nicht kannten, nicht achteten.

Hätte

Hätten die Repräfentanten diefes Volks gute Schulen angelegt, — durch folche ein gewiffes Licht
unter denfelben ausgebreitet, zwekmäfsige Polizey - Anftalten gemacht, und durch die Popen,
(freylich waren und find fie zu einem folchen Gefchäfte untüchtig,) — den Werth des Lebens lehren laffen: fo hätte man viele hundert Menfchen
beim Leben erhalten, und durch fie viel nüzliches
— bewirken, manche Impopulazions -Ausgabe und
manchen Gulden, den der Scharfrichter einzog,
erfparen können,

Aber an Verbefferungen diefer Art dachte man
nicht. Mancher Ariftokrate mochte gedacht haben:
das Gefühl des Lebens und feines Werths bei meinen Bauern könnte mir einft gefährlich werden.
Der Menfch läfst fich nur fo lange als Sklav behandeln, fo lange er fich nicht *fühlt.* Der Bauer
foll Bauer — ein Ding bleiben, das feine Frohnen verrichtet! — Was bedarf er weiter zu denken? Begeht er ein kriminelles Verbrechen, fo
mag er an den Galgen!

Jofeph, der menfchenfreundliche Regent, der
die Sorge für einen beffern Unterricht des gemeinen Volks, wodurch es eigentlich zum Menfchen
gemacht wird, von feiner grofsen Mutter ererbt
hat, forgte für die Nazional - Unterweifung und
kaffirt die Galgen, die lange genug mit hingerich-
teten Miffethätern vollgepfropft waren. Er fchrieb
eine Kriminal - Ordnung vor, deren fich kein Regent

gent fchämen darf. Mag fie auch, wie man fagt, ein Ex-Jefuite zufammengetragen und verfaft haben — das thut zur Sache nichts. Denn, der Ex-Jefuite kann, wenn man von feiner Politik und Moral abftrahirt, immer etwas Gutes, Wünfchenswerthes, leiften, zumal wenn er fo, wie es noch bis jezt in Wien gefchieht, kontrollirt wird.— So ift doch diefe kriminelle Verfaffung bei weiten, ohne Vergleichung, beffer, als die alte war. Diefe war in jeder Rükficht barbarifch und tyrannifch.

Ganz vollkommen ift fie freylich nicht. Denn was ift denn vollkommenes nnter der Sonne? Was den Ungarn an derfelben nicht gefällt, ift eben das, was andern ehrlichen Leuten an derfelben gefallen mufs. Ihnen gefällt, zum Beyfpiel, das nicht, dafs auf gewiffe Arten von Verbrechen, wenn folche von den Adelichen ausgeübt werden, die Kaffazion, der Verluft der adelichen Gerechtfame, als Strafe gefezt ift. Der adeliche Ungar trinkt z. B. in feinem Weinkeller (diefe Keller find hie und da aufser den Ortfchaften unter dem Weingebirg) ein Gläschen mehr, als er follte, um in den Schranken der adelichen Sittfamkeit zu bleiben. So geht er nach Haufe. Im Gehen kommt er an den Keller eines andern. Es fällt ihm ein, den Wein eines andern zu koften. Beim Einfall bleibt es nicht. Er legt die Hand an; erbricht den Keller des andern; trinkt ein paar Maafs Wein; wird angegeben; des Einbruchs über-

überwiefen, und, zur Strafe, vom Adel degradirt, aller damit verwandten Gerechtfame entfezt.

Hart, fehr hart und ftreng ift das freylich, fo lange man die Sache ohne Combination fich denkt. Denkt man fich aber die Sache mit der unentbehrlich nöthigen Reflexion, dafs der Adel in Ungarn— es verfteht fich. dafs hier alles nur *a potiori* genommen wird — fehr muthwillig, ausgelaffen und gefezlos war; dafs der Adel in jeder Art von Sittfamkeit und Befcheidenheit das erfte Beyfpiel geben foll; dafs endlich in einem wohl eingerichteten Staate jedes, politifche und kriminal - Gefez, einen fo wie den andern, den Bürger und Bauer, wie den Edelmann, angehen mufs, wenn man nicht zu den allerfeltfamften, dem Ganzen immer nachtheiligen, Exceptionen Veranlaffung geben will; fo weifs ich in der That nicht, wie fich ein vernünftiger gut gefitteter Edelmann darüber beklagen kann, dafs etwa ein ungefitteter Menfch feines Standes, wegen eines fittenlofen Einbruchs in einen fremden Keller, feiner adelichen Gerechtfame entfezt wird. Ift er Edelmann, fo lebe er als ein folcher, und mache keine tollen Streiche!

Dafs bei einem folchen Gefeze es auf die Verminderung des in Ungarn zahlreichen Adels abgefehen fey — das kann wohl wahr feyn. Allein ift es wohl der Regierung zu verargen, wenn fie eine Menfchenklaffe vermindern will, unter welcher es fo viele giebt, die fo ausgelaffen find,

dafs

dafs fie kein Bedenken tragen einen Keller zu erbrechen, alfo eines andern Eigenthumsrechte antaften. Nimmt man den bürgerlichen Menfchen wegen einer folchen That, auf einige Jahre gefangen, züchtigt man ihn mit empfindlichen Streichen‘, fo ift die Strafe der Degradazion vom Adel für den Adelichen nicht zu grofs — weil man ihn doch körperlichen Strafen nicht unterwerfen will, und weil die Geldbuffen, wenn er, wie man vorausfezt, vermöglich ift — bei ihm gar nichts nüzen. Vielleicht würden auch diefe lezten bei einigen nüzen. Aber wer kann Gefeze geben, die ein jedes Individuum nach feiner innern und äufsern Lage genau genug treffen? Eure vorigen Gefeze giengen ja auch nicht ins Detail. Ihr habt ja jeden Bürgerlichen, ohne auf feine Vermögensumftände Rükficht zu nehmen, aufgehangen, wenn er nur ein elendes Pferd vor 25. Fl. geftohlen hat. Wegen Einbruch in einen fremden Keller *den Adel verlieren* — und wegen eines Pferd - Diebftahls, deffen ganzer Werth 25. Fl. find, *hangen, fein bürgerliches* und *phyfifches Leben verlieren* — ob diefe Verhältniffe fo ungleich und ungerecht find, zumal wenn der Regent die wohlthätige Abficht hat, den Länderzerrüttenden Exceptionen ein Ende zu machen ? das auszumachen, will ich iedem vernünftigen politifchen Moraliften überlaffen.

Nicht folche winzige Kleinigkeiten, die nur in den Augen des den allgemeinen Menfchenwerth ver-

K

ach-

achtenden Ariftokraten grofs und wichtig feyn
mögen, nein! — etwas *anders* habe ich an diefem Jofephinifchen Kriminalgefez zu tadeln. Der
Kayfer Jofeph hat faft alle Todesftrafen aufgehoben, diejenigen Fälle etwa ausgenommen, in welchen das *Standrecht* Statt haben kann. Sehr phi-
lofophifch, menfchlich und récht! Denn der Werth
des menfchlichen Lebens ift fo grofs; bei der Betrachtung: in welchem Fall ift der Menfch des
Todes würdig? kommt der nicht-mofaifche, pfy-
chologifche Moralift in fo grofse Verlegenheit,
dafs es äufserft fchwer fällt — wenn man nur etwas nachdenkt — einige folche Fälle anzugeben.
Wenn aber der Kayfer Jofeph die Todesftrafen,
aus Urfachen, die ihm und feinen Räthen am beften bekannt feyn werden, aufheben follte und
wollte, fo hätte er doch *erflich* in dem ganzen
Lande gute Polizeyanftalten treffen follen *). Und
weil auch bei den beften Polizeyanftalten in einem
Lande, wie Ungarn ift, — zur Zeit fich nur noch
wenig

---

*) Wundern werdet ihr euch, Ausländer, die ihr mit
dem Nahmen Policey und ihrer Wohlthat bekannt
feyd, wenn ich euch fage: dafs man in Ungarn —
auch hier fpreche ich nur vom gröfseren Theil —
das Wort und die Sache hafst. Und doch ifts leider
wahr. Euch Ungarn, die ihr das hafst, was ihr
nicht kennet, fey es gefagt: Dafs es dem Ariftokraten
wohl unangenehm ift, wenn über der Ordnung in
allen Dingen gehalten wird — aber jedem doch viel
daran liege, und liegen müffe, wenn ihm, die Policey, Ruhe, Sicherheit, Gefahrlofigkeit verfchaft!

wenig hoffen läfst; weil auch da noch, neben
der Aufhebung der Todesftrafen, auf die Anhäu-
fung der Delinquenten aller Art zu rechnen war:
fo hätte man für eine gehörige, in einige Gegenden des Landes, verhältnifsmäfsig zu verlegende
Anzahl, gut eingerichteter, Arbeitshäufer forgen
follen, um, in denfelben die Delinquenten, nach
ihrer verfchiedener Gefchiklichkeit, zu befchäftigen. So hätte man den Klagen, dafs fich die
Delinquenten anhäufen, dafs man fie in den Ko-
mitatshäufern nicht unterbringen kann, und dafs
ihre Unterhaltung, die Domeftik - Kaffe, — die
faure Frucht des arbeitenden Fleifses — über alle mafsen befchwere, ausweichen können. Das
ift aber nicht gefchehen. Es ift vielleicht in keines Menfchen Sinn gekommen. Die Delinquenten find in einigen Komitätern fo häufig, dafs fie,
in enge Behältniffe eingekerkert, erkranken, einen guten Theil der Steuern und Abgaben in ihrem elenden Müfsiggange aufzehren, keinem
Menfchen nüzen, und da, wo fie fich beffern
follten, wegen der langen Arreftszeit verderben.
Zuvorkommen — zuvorkommen müfst ihr Regenten dem Uebel; — nachkommen ift keine Kunft!
Den Unterhalt der Delinquenten, welche jezt
fammt und fonders alle jene Behörden, die einft
das *Jus gladii* befaffen, den Komitatsgerichten
überliefern müffen — (was an und für fich felbft
heilfam ift) zu erleichtern und ihn nicht ganz
den Domeftik - Kaffen, die das arme Volk ful-
len mufs, aufzubürden, ift auch das befohlen

wor-

worden, dafs die Grundherrfchaften und andere
Gerichtsbarkeiten, die das *Jus gladii* hatten, und
jezt aller hiebei vorkommenden Unkoften über-
hoben find, nach einem gewiffen Verhältnifs zu
der Gerichtskaffe kontribuiren follen. Die Sache
machte Anfangs Auffehen. Ob man fich endlich
dazu bequemet und ein gewiffes jährliches Quantum gezahlt habe, weifs ich nicht. Aber das
weifs ich, dafs nicht nur die Sache felbft, die
Kaffierung der *Jus gladii*-Gerichtsbarkeiten, welche, wie alle Exemtionen, dem Mifsbrauche, viel-
fältigem Mifsbrauche, unterworfen find — fondern
auch die Forderung recht billig war. Aber was
vermag Billigkeit — auch die vom Himmel und
Volk unterftüzte Billigkeit, gegen das alte Herkommen, wenn diefes herrfchfüchtigen Ariftokraten günftig ift. Zu viele *Jura gladii*, zu viele
Hinrichtungen, — zu viele Mifsbräuche, zu viele fchlechte Richter, zu viele Intereffenzien. Wenigere Behörde, welche *Jus gladii* befizen, beffere Richter und geraderer Gang der Gerechtigkeit.
Ich hoffe, dafs mich jedermann, befonders der,
der in Ungarn Erfahrungen gefammlet hat, verftehen wird.

So weit war ich in der Abfchreibung meines
Konzeptes gekommen, als mir am 29 Januar die
wichtige Akte, wodurch der Kayfer Jofeph die
politifche und juridifche Verwaltung des Königreichs Ungarn auf den alten Fufs, auf welchem
er fie 1780 fand, *zurükfetzen will*, zu Geficht
kam.

kam. Sie ift am 28 Jenner vom Kayfer unterfer-
tigt. Weil ich nun in Wien fchreibe; fo konnte
ich ihrer gleich den folgenden Tag habhaft werden. Fur den Ariftokraten in Ungarn, und für
den Publiziften im Auslande, ift fie wirklich zu
wichtig, als dafs ich fie nicht einfchalten follte.
Hier ift fie im Original, und mit Noten für
Innländer und Ausländer verfehen. Das Dekret an den Statthalterey - Rath in Ofen lautet fol-
gender maafsen:

Jofeph der zweyte u. f. w.

Hochwürdigfter *), Hochwürdige **),
Wohlgebohrne liebe Getreue ***)! ****)

K 3   PATER-

*) Diefer Titel konzernirt den Erzbifchof von Gran,
der, als Primas Regni, bey dem Stadthalterey - Rath
Sitz und Stimme hatte, aber feit ein paar Jahren
die Anweifung bekam, fich um feine Diöcös zu be-
kümmern, und folglich politifche Dinge andern zu
überlaffen.

**) Geht die Beyfitzer aus dem Clero an — welche da
fafsen, um in den Angelegenheiten des kath. Kirchenwefens zu Rathe gezogen zu werden. Den Proteftanten waren diefe Leute, bey der oberften Landesftelle
fehr gefährlich. S. oben.

***) Beyfitzer aus dem weltlichen Stande.

****) Ich habe meine Urfachen, die Akten im Original,
lateinifch zu geben.

PATERNI Noftri, quo Gentem Hungaram complectimur *), affectus, publicum **) edere cupientes Documentum, clementer decrevimus: ut facta univerfis Regni Comitatibus quoad celebranda in fequente Anno 1791. Generalia Regni Comitia in verbo Noftro Regio appromiffione, interea etiam cunctae Adminiftrationis publicae, reique Jufticiariae Partes ad eum plane Statum reponantur, in quo eae fuerunt, dum Anno 1780. poft fata Sereniffimae Dominae Imperatricis Viduae ac Reginae Apoftolicae Matris Noftrae defideratiffimae Regni Gubernacula adiviffemus ***), exarati hoc fine

ad

*) Auf verfchiedenen Wegen, hat man es dem Kayfer gefagt; man fetze in feine Liebe gegen das Königreich Ungarn Mifstrauen. Nicht das Volk, der Bürger und Bauer: fondern Ariftokraten haben es ihm gefagt und fagen laffen.

**) Wenn das Wort „Publikum" fo viel heifst als „öffentlich" öffentliches Denkmal einer väterlichen Gefinnung, fo habe ich nichts dagegen. Will man aber dadurch das verftehen „dafs diefes Denkmal feiner väterlichen Gefinnug gemeinfchaftlich feyn, Gemeinfchaftliche, National-Glückfeligkeit befördern foll: fo habe ich Urfache zu erklären, dafs damit wohl dem Volke gar nicht gedienet ift. Ariftokraten haben davon ihren gewiffen Nutzen, nicht das Volk. Denn diefes bekömmt nur um defto mehr Zuchtmeifter, wenn alle die verfchiedenen Mifsbräuche wieder zu Stande kommen follen.

***) Da fieht man ja, dafs man die, dem Volke verhafsten, und fchädlichen entia, wieder multipliciren will und wird.

ad univerſos Regni Comitatus Reſcripti Noſtri Copiam fidelitatibus Veſtris eo Benigno cum Mandato hiſce facimus, ut ipſae etiam diĉtos Regni Comitatus de hacce Altiſſima Reſolutione certiores reddere, atque una curare noverint, ne usque ulteriores Ordines quidpiam de iis, quae hodie ſubſiſtunt Inſtitutis, ad vitandam omnem negotiorum conturbationem mutetur; Quum alioquin conſtitutum Nobis ſit, usque Imam venturi Menſis Maji cunĉta ad priorem Statum reponere. Quibus in reliquo Gratia etc. Datum in Archi Ducali Civitate Noſtra Vienna Auſtriae, Die 28va. Menſis Januarii 1790.

JOSEPHUS m. p.

COMES CARQLUS PALFFY m. p.
ALEXANDER PASZTORY m. p. *)

Reverendiſſimo, Reverendis etc. etc. N. N. Prae-
ſidi, caeterisque Conſilii Noſtri Regii Locumte-
nentialis Hungarici Conſiliariis etc.

Budae   Ex Officio.
            (L. S.)
            K 4   Die

*) Ein Mann, wie man ihrer viele haben ſollte. Aber zu einem Mann, wie er hier ſeyn ſoll, fehlet ihm, nach dem Urtheil der Ariſtokraten, noch das: daſs er Güter haben möchte! Hier ſagt man das: er ſollte mehr poſſeſſionirt ſeyn. Warum? weil der Beſitzer groſser Güter für die Beybehaltung alter Miſsbräuche mächtiger ſpricht. Freylich iſt das leider nur allzuwahr. Aber doch nur bey denen wahr, welche an den Grundſatz glauben: virtus poſt nummos.

Die *Refolution* felbſt, auf welche im Refcript provocirt wird, iſt dieſe:

R&verrndi, Honorabiles etc. Quum Generalia Regni Comitia, quorum celebrationem Vobis Regii Verbi Noſtri ſponſione interpoſita, nuper, Die quippe 18. Decembris Anni nunc elapſr 1789. polliciti eramus, a Legali Noſtri Coronatione, inauguralisque Diplomatis ad mentem art. 2. 1723. Expeditione, aufpicari, atque ideo dictis Regni Comitiis ipſi in perſona praeeſſe velimus, inde factum eſt, quod eorundem celebrationem ad pacata tempora remittendam duxerimus; quippe Nobiscum reputantes, Nos Curis Belli ſolutos, recuperatisque, quae nunc vi Morbi labefactatae ſunt, viribus, Nos totos curandis Comitiorum Regni negotiis conſecrare poſſe; Ne tamen Vos exſpectatione incerti adhuc agendorum Regni Comitiorum temporis diutius follicitos teneamus; conſtitutum Nobis eſt, haecce Comitia non ultra Annum infequentem 1791, differre *) Atque

*) Zu wünfchen wäre es, dafs die Ungarn mit dem Landtag, bis 1791. warten möchten. Nicht darum, weil ich etwa hoffe, dafs nach der Herſtellung des Friedens, der Regent mit ſeiner Armee alſe ſeine wohlthätigen Anſtalten durchfetzen ſwird. Offenbare Gewalt, ſelbſt da, wo für das Volk im allgemeinen Gutes bewirkt werden ſoll, kann ich nicht billigen. Es iſt ſehr ſchwer zu beſtimmen, in welchem Verhältnifs, der Vortheil und der Nachtheil, der Vortheil

für

que ideo Vos hifce Verbo Noftro Regio certos reddimus, venturo Anno Generalia Regni Comitia per Nos certo indicenda, eaque ratione per Leges praefcripta celebranda effe.

on tamen his adhuc teneritudinem paterni Noftri in Gentem Hungaram animi Limitibus conftringere volentes; Ut hoc etiam, quod adhuc ad celebrationem Regni Comitiorum intercedit, exiguo temporis intervallo, Votis Veftris penitus fatisfiat, ultro proprio Cordis Noftri motu Clementer decrevimus, publicam Regni, Reique Juftitiariae Adminiftrationem, cum 1. venturi Menfis Maji ad eum plane Statum reponere, in quo ea fuerat, dum Anno 1780, poft Deceffum Sereniffimae Dominae Imperatricis Viduae et Reginae Apoftolicae Matris Noftrae defideratiffimae Regni Cubernacula capeffiveramus *); quippe qui cum inftituta quaepiam

K 5 Publi-

für das Volk das, man begünftigen will, und der Nachtheil, der auf die Ariftokraten unter folchen Umftänden fällt, gegen einander ftehen? Mein Wunfch, dafs der Landtag noch auf ein Jahr hinaus verfchoben werden möchte, gründet fich darauf: weil die Ungarn wirklich noch diefe, vielleicht noch längere, Zeit brauchen, um über die Mängel ihrer gegenwärtigen Verfaffung und über eine beffere, dem Syftem der Politik von Europa angemeffenere, nachzudenken. Zu bedauren wäre ich und meine Mitbürger, wenn ich hier tauben Ohren predigte.

*) Die politifche und juridifche Verwaltung des Königreichs, wie fie feit 8 bis 9 Jahren nach und nach eingeführt

publicae Adminiſtrationis inde ab exordio Re-
giminis Noſtri, ſtudio provehendae communis
felicitatis, eaque ſpe immutanda duxerimus,
quod ea Vobis uſu edoſtis placitura eſſent *),
nunc de eo certiores redditi, Vos priſcam Adminiſtrationis formam malle, atque in ea ſola
Veſtram et quaerere, et invenire felicitatem **),

nihil

geführt worden iſt, war, nach guten Muſtern anderer Provinzen, vortreflich organiſirt. Dieſe Verwaltung ſoll, der, in jedem Sinn alten, der, wirklich
veralterten, mit einemmale, mit dem 1 May, Platz
machen! Wenn ein gut gebauter, gut organiſirter
Körper zerſtört wird; ſo geſchieht das nicht ohne
ſchrekliche Konvulſionen. Verſtehet mich recht.
Ich erwarte keine gewaltſamen Erſchütterungen, weil
das Volk jetzt noch zu dumm iſt, um zu wiſſen, was
ihr wollt. Aber ich erwarte — — doch wer kann
die mit Dunkel überzogene Zukunft enthüllen?

*) Allerdings gefallen deine Anſtalten, guter Kayſer!
vier Millionen Menſchen in Ungarn. Nur, den Ariſtokraten, und den, von ihrer Pfarrern verblendeten,
Bauern gefallen ſie nicht. Was hilft dir aber der
Beyfall jener vier Millionen, da ſie keinen Sprecher
haben, der dir den Beyfall bezeugen könnte. Ich
will dieſen Sprecher ſuchen — — !

**) Wie ſollte auch die alte Verfaſſug, dem Reve-
rendiſſimo, den Reverendis, den Spectabilibus und
Magnificis nicht gefallen? Sie iſt ja das Werk ihrer
Anherrn, ein Werk zum Beſten ihrer reſpektiven
Nachkommenſchaft — ein Werk, welches ſie darum
ſouteniren, weil ſie in demſelben allein leben we-
ben — ein Werk aus der Zeit, wo alles Sklave war,
was keine Wappen aufzuweiſen hatte.

nihil moramur hac etiam in parte Veſtris deferre deſideriis, nempe cum unice proſperitatem Regimini Noſtro concreditarum Nationum ardenter cupiamus, illa ad hanc obtinendam via Nobis gratiſſima eſt, quam certius eo ducere communi Nationis *) confenſione intelligimus.

Quare cunctis Regni Comitatibus in ſuam priſtinam, et Legalem auctoritatem, tam quoad negotia in Generali vel Particulari Congregatione pertractanda, quam et legaliter legendum Magiſtratum reſtitutis; reddita Liberis Regiisque Civitatibus, item Diſtrictibus feparatas Portas habentibus prifca fua ac Legali Activitate, reliquas etiam Ordinationes inde a Regimine Noſtro elargitas, quae fenfu communi Legibus **)

adver-

*) Nehmlich des Klerus und des Adels. Freye und königliche Städte, Marktflecken aller Art und Millionen Bauern, haben an diefer *Confenſione* keinen Antheil.

**) Kömmt es blofs auf die Leges an : fo iſt ja das Corpus Iuris Hungarici grofs und unbeſtimmt genug, um daraus die Unrechtmäfsigkeit aller K. K. Verordnungen zu beweifen, befonders, wenn bey dem Urtheil : was iſt dem Gefetz gemäfs oder ungemäfs? es auf den fenfum der Ariftokraten ankömmt, und auf einen andern wird man es noch zur Zeit nicht ankommen laffen. Der Senfus der Ariftokraten, iſt, von einem jeden andern Senfu, befonders von dem Senfu communi, fehr verfchieder. Kommt es auf jenen

nen

adverſari videbuntur, hiſce pro ſublatis, et
extra vigorem poſitis, declaramus; Volentes
nihilominus, ne interea, donec de earum Indi-
viduali Sublatione ulteriores, de quaŕum ador-
natione jam Mandata dedimus, ad Vos Diſpo-
ſitioꞏes pertigerint,ꞏ ad vitandam publicae Adminiſtrationis Conturbatiónem, quidpiam ſpon-
te immutetur *), prout etiam Vos, *donec Su-*
pre-

nen an: ſo werden die Dekrete, welche die Toleranz,
das katholiſche Kirchenweſen, — das Verhältniſs der
Bauern gegen die Grundherren und die Behandlungs-
art der erſtern betreffen, ganz gewiſs für Geſetzwid-
rig erklärt werden — ohngeachtet der Kayſer mit
Millionen anderer Menſchen das Gegentheil behaupten
möchte. Ein Glück für die Menſchheit iſt das, daſs
der Senſus der Ariſtokraten, dann und wann auch
ſeinen Schlagbaum findet und unter Umſtände kommen kann, welche ſeine Aeuſserungen hindern.
Vielleicht ſind ſolche Umſtände nicht weit mehr.

*) Und doch haben ſchon einige Geſpannſchaften, das
heiſst, der mit dem Adel vereinigte Klerus, einige
Veränderungen eigenmächtig gemacht, und dadurch
den erſten Schrit in das alte Labyrinth, gethan. —
In dem Senſu der Ariſtokraten heiſst das wohl Ius
talionis üben, gleiches mit gleichen — vergelten.
Aber nach dem Senſu communi, nach dem geſunden
Menſchenverſtande iſt das Ungehorſam und Wider-
ſpenſtigkeit. Denn obſchon der Kayſer Joſeph ſeine
eigenmächtig gemachten Veränderungen niemals ent-
ſchuldigen wird, wenn man den Grundſatz hat und
unterſtützen kann: *Das alte iſt gut, heilig und muſs
bleiben*: ſo können doch auch jene Geſpannſchaften,
welche ſich unterfangen haben, jene Veränderungen
pro-

*premus Comes, quem de recipiendis proximius
Muneris fui functionibus una certiorem reddi ju-
bemus.*

proprio, privato aufu aufzuheben niemals entfchul-
digt werden. Denn die K. K. Verordnungen, welche
feit 9 Jahren her publicirt wurden, giengen immer
durch die Hände der vereinigten Ungarifch Sieben-
bürgifchen Hof-Kanzley und des Statthaltereyraths
in Ofen für Ungarn; für Siebenbürgen aber mittelft
des dafigen Guberniums, an alle denfelben unter-
geordnete Behörden. Dafs diefe Behörden Anfangs
befonders ftark dagegen gefprochen oder repräfentirt
haben, das ift wahr. Allein das ift auch wahr, dafs
fie folche nach und nach ftillfchweigend genehmiget
haben. Denn, nach und nach wurde doch alles,
was verordnet war, unter ihrer Auflicht, *volentibus
illis ac cooperantibus* vollendet, oder auch nur der
Vollendung nahe gebracht. Wahre entfchloffene Patrioten, Patrioten, qui fibi conftant, hätten das eine
oder das andere nie gethan. Sie hätten entweder damals nichts genehmigt, nichts ins Werk gefetzt, oder,
da das einmal gefchehen ift, es auch privata auctoritate nicht aufgehoben. Sie hätten, im Vertrauen auf
die gerechte Sache der alten Verfaffung, gegen die
Eingriffe des Kayfers in diefelbe, vor den Augen des
ganzen europaeifchen Publikums proteft rt, und, wenn
auch das nichts geholfen hätte, ihre Würden und
Aemter nach einander refignirt. Kurz: in einer ganz
rechtmafsigen Sache, find fehr viele Verfuche recht-
mäfsig. Das innere mächtige Gefühl, dafs man doch
nicht ganz recht hat, hielt aber die ungarifchen Patrioten von den wirkfamern Verfuchen zurück. —
Jetzt, in den bedenklichen Verwiklungen der öfterreichifchen Staaten, thaten fie mehr, fchlugen dem
Kayfer die angefuchten Kriegsfubfidien ab, prefsten
von ihm gleichfam diefe Akte aus, änderten in der
Ver-

bemus, Legalem fuam Auctoritatem exercere potuerit, a moderni Veftri Fungentis Supremi Comitis inviationibus tantisper praeftolari debeatis.

Caeterum decrevimus, ne *vigori Decreti Noftri Tolerantialis nuncupati, item quod Perochiarum Regulationem concernit, denique relate ad Subditos, eorumque nonmodo tractandi rationem, fed et nexum cum Dominis eorum Terreftribus quidpiam decerpatur*; quum alioquin haec *et cum Legibus rite componi poffint*, (NB. pro Sclavonicis et Croaticis Comitatibus fubtracta exmittenda :) *ac* Naturali aequitati innitantur; Parochiarum Regulationem autem etiam Noftrum · qua Summi Ecclefiarum Patroni munus a Nobis depofcat; Nobisque caeteroquin perfuafum haberemus, Vos ipfos pro aequanimitate Veftra hifce Noftris Ordinationibus penitus acquievifle.

Denique ne ad Summam Votorum Veftrorum quidpiam defiderari patiamur, Sacram Regni Coronam, ac Caetera Clenodia ad tempus in Caefareum Noftrum Gazophylacium depofita; prima quoque tempore Budam in Arcem Noftram Regiam transferenda, ibique juxta Legis Difpofitionem cuftodienda decrevimus, dedimus-

Verwaltung des Reichs einige Stücke. Aber das ift wahrhaftig eine elende Kunft — die vielleicht bald ausgefpielt feyn wird.

musque in Mandatis, ut opportunus pro iis rite confervandis illico apparetur Locus *)

Ex his per Nos taliter in fequelam Legum decretis, nova Paterni Noftri, quo Gentem Hungaram complectimur affectus accipietis Monumenta; accipietis autem una irrefragabile, atque in perpetua valiturum tempora Documentum, quod Nos Legum ferendarum poteftatem, quia illa vigore Fundumentalium Regni Conftitutionum inter Principem atque Regni omnium Ordinum Status aequa- ratione divifa foret, hoc Statuum Jus illibatum fervabimus; atque prout Ipfi illud a Divis Majoribus Noftris accepimus, ita

*) Die Mährchen, mit welchen man fich in Anfehung der Ungarifchen Krone herumträgt, und die in ihrer Art und in Beziehung auf Rom wirklich feltfam find, beyfeite gefetzt, mufs ich für die Ausländer das bemerken, dafs man die Wegführung derfelben aus dem Lande, in die K. K. Schazkammer allgemein bejammert hat. Dafs man doch fo klein denken kann! An einer folchen Krone, wie die Ungarifche ift — an einem Klümpchen, mit Bilderchen im griechifchen Gefchmack gezierten, Gold, liegt wenig oder nichts. — Ein berühmter Schriftfteller fagt irgendwo: „Nationen und Nationlein, die keinen fitt-„lichen — Grund ihres Dafeyns haben, hangen mit „ihren ganzen Dafeyn an einer Krone, an einer Refidenz-„ftadt, an der Perfon des Königs. — Gerathen diefe „Dinge in Gefahr: — fo ift öfters die ganze Nation „dahin." Wie wahr! Ich bin einer ganz andern Meynung. Ich denke: Gebildete Nationen, Nationen auf fittlichen Grund gebaut, erhalten fich durch fich felbft, ohne Krone, König, und Refidenzftädte.

ita etiam ad Succeſſores Noſtros inviolatum transmittemus *): Sperantes aeque Vos etiam opem Veſtram imploranti Patriae et Frugibus pro Militis in illius Securitatem·excubantis alimento, et Tyronum Statutione, ea, quam convenientiſſimam exiſtimaveritis ratione, pro currentis Anni Campi Ductu auxiliatoros eſſe. Datum Viennae 28. Januarii 1790.

Hier könnte, hier ſollte ich vielleicht, meine Feder, ohne weiters, niederlegen, weil, kraft dieſer Reſolution, alle Dinge, die mein Vaterland betreffen, eine andere Geſtalt bekommen dürften. Ich ſtelle mir es im Geiſte vor, was dieſes Papier in Ungarn für Wirkungen hervorbringen wird. *Der Ungar hat kein rechtes Centrum, keinen feſtbeſtimmten Punkt, in welchem er ſeine Wünſche und Forderungen vereinigen ſollte.* Er wird — jezt in ſeinem *Corpus Juris* herum irren, und da in.demſelben kein rechtes Syſtem iſt, *recht unſyſtematiſch denken, handeln, werden.* Möchte es doch die himmliſche Politik veranſtalten, daſs die unſyſtemati-

---

*) Das kann ein Regent verſprechen, daſs er die Art der Verfaſſung ſeiner Staaten, welche er genehmigt, auf ſeine Nachfolger überliefern wird. Allein das kann er doch nicht zuſagen, daſs ſie ſolche billigen werden. — Denn Umſtände, welche, den einzelnen Menſchen, die Nationen, die Zweckmäſsigkeit oder auch die Inkonſequenz der Verfaſſungen ganzer Länder beſtimmen, können es den künftigen Regenten zur heiligen Pflicht machen, Konſtitutionen umzuwandeln. Wohl ihnen, wenn ſie klug ſind!

matifche Gährung, welche jezt beginnen wird,
bald aufhörte!

Bei fo geftalten Sachen ift das, was noch folgt,
für Ungarn unnöthig. Sie werden es gar nicht
lefen wollen. Nun fo mags von nun an ein Manch
Hermäon für deutfche Ausländer werden. Für
diefe ift es intereffant, weil fie mit unferm Lande
zu wenig bekannt find, und jezt gleich ein Auf-
faz folgen foll

Von der Einführung der deutfchen Sprache.

Ein *deutfcher Fürft*, dem das Königreich Ungarn, mehr als eine blofse Provinz, in dem gewöhnlichen Sinne diefes Wortes ift, konnte leicht
auf den Gedanken gerathen, den Gebrauch der
lateinifchen Sprache, welche feit der Entftehung
des Reichs in allen Regierungsgefchäften üblich
war, mit dem Gebrauch der deutfchen Sprache
verwechfeln zu wollen. An Gründen zur Em-
pfehlung diefes in jedem Betracht wichtigen Unternehmens, konnte es ihm auch nicht fehlen, fo
bald er folche fuchen und anbringen wollte. —
Es ift eine hämifche Verläumdung diefes Herrn,
dafs er nach dem Grundfaz handle: *hoc volo,
hoc jubeo, ftat pro ratione voluntas.* — Predigen thut er zwar nicht gerne, ohngeachtet es für
Monarchen Ruhm und Vortheil zugleich wäre,

L   wenn

wenn fie ein bischen predigen könnten, und können fie das, auch predigen wollten. Eine gute Sache empfiehlt fich durch ihre innere Wohlthätigkeit, und wirkt bei dem beffern Thei der Nation. Da aber diefer Beffere Theil hier, wie überall, äufserft klein ift, fo wäre fes immer rathfam, wenn fich die Regenten, zu der die Auseinanderfezung des Guten in ihren Unternehmungen, verftünden. Dadurch würden fie auch dem einfältigen verftändlich, und überhaupt ehrwürdiger, werden, als fie es find, wenn fie nur, wie der Zuchtmeifter, befehlen. Ich glaube unfere heutigen Fürften, und gerade die heutigen — follten die Gefchichte derjenigen ihrer Herren Kollegen aus dem Alterthum ftudieren, welche Priefter, Propheten und Könige zugleich waren. Ich zweifle fehr daran, dafs die Beredfamkeit der Fifcher-Weiber in Paris, dann noch fo hinreifsend wäre. Ein König, Prophet, Redner — und ein Herings-Weib! Ich möchte doch gerne hören, welcher von beyden wirkfamer deklamirte, wenn nur jener ein Meifter in feiner Kunft wäre!

Was nun unfern Kayfer Jofeph anbelangt, fo befiehlt er auch nicht immer gerade zu. Er fucht feine Befehle fehr oft durch Gründe zu unterftüzen. Das that er, da er die deutfche Sprache zur Dikafterial-Sprache zu erheben verfuchte. Er fagte zum Beyfpiel, diefes Unternehmen hätte die Simplifizirung der Regierungsgefchäfte zur Abficht. Nur der, der im Oefterreichifchen Regierungs-

rungswefen unerfahren ift, fagt, er hätte unrecht. Er hatte aus mehr als einer Urfache Recht.
Nicht darum, weil das übliche heilige Latein
recht fehr elend war; fondern weil dadurch *entia*
multiplicirt wurden — und das foll man ja fchon
wiffen, dafs die zu fehr zufammengefezten Ma-
fchinen, auch Staatsmafchinen, in die Länge
nichts taugen, und unendliche Reparazionsunko-
ften verurfachen. — — Ob ich nicht recht habe?

Da die Sachen noch auf den vorigen Fufs ftunden,giengen die Befehle ohngefähr folgenden Gang:
Der Befehl vom Hofe wurde deutfch gegeben.
Unter den leztern Kayfern waren nur wenige, oder gar keiner, von der Art, dafs man
fich mit ihnen, über Regierungs · Gegenftände,
lateinifch hätte unterhalten können. Sie gaben alfo
ihre Befehle deutfch. Die fogenannte ungarifche
Hofkanzley überfezte folche in das Lateinifche,
fchikte fie dem Statthaltereyrath, und diefer den
Gefpannfchaften, zu. Das Volk in Ungarn ift fehr
gemifcht. Ich kenne kein Land in Europa, welches fo vielerley Nazionen hat und fo verfchiedene Sprachen, in fo vielen Mundarten, fpricht *).

L 2   Da

---

*) Die eigentlichen gebohrnen oder urfprünglichen
    Ungarn, machen jetzt etwa zwey Millionen Seelen
    aus. Die übrigen Bewohner diefes Landes, beyläu-
    fig gegen fechs Millionen an der Zahl, beftehen, aus
    Slaven. Die Sprache diefer Nation wird hier im
    Lande in verfchiedenen Mundarten, z. B. böh-
                  mifch,

Da nun diefe verfcheidenen Nazionen, in den meiften Gefpannfchaften bald mehr, bald weniger,
vermifcht, mit und neben einander leben ; fo mufste
der Befehl, der, in der lateinifchen Sprache, an
die

mifch, mährifch, kroatifch, Serbifch oder ray-
zifch, wendifch, dalmatifch, ruffifch und quafi
halb - polnifch gefprochen.

Deutfchen. Zu diefen werden Oefterreicher, Steyer-
märker, Bayern, Schwaben, Franken, Sachfen,
Elfafser, Lothringer u. a. m, gerechnet, welche,
weil die Ungarn ihrer wirklich bedurften, —
noch unter den einheimifchen Königen, und bey
den öftern Veränderungen des Regiments herein
kamen. Wollte ich die Gränzen einer Anmerkung überfchreiten: fo würde ich zeigen, dafs
uns die Deutfchen unumgänglich nothwendig
waren, um uns zu eigentlichen Bürgern zu machen — ohne diefelben würden wir noch *Nomaden* und *Krieger* und vielleicht gar nicht mehr
feyn.

Griechen, welche der Handel hereingelockt hat.

Juden in nicht geringer Anzahl. In einigen Städten
hatten fie ehemals das Bürgerrecht. — Seit langen Zeiten find fie S — — e der Grundherrfchaften.

Walachen; Ueberbleibfeln der römifchen Kolonien
aus den Zeiten Trajans und der fyrmifchen Kayfer.

Ziegeunern, dem räthfelhafteften Völklein.
Der Italiener und Franzofen, die zerftreut hie und
da leben, will ich nicht erwähnen.

die Gefpannfchaft kam., in der Kanzley derfelben, bald in eine, bald in mehrere, diefer Sprachen überfezt werden.― Welche Arbeit, welche Weitläuftigkeiten! In manchen Gefpannfchaften überhob man fich diefer Arbeit gerne;. man überfezte den Befehl nur in die ungarifche Sprache *), und liefs denfelben., in diefer Sprache, durch slavivifche, rayzifche, deutfche, walachifche Ortfchaften zirkuliren. Man könnte fagen: *Ungarn ift Ungarn; wer da lebt, foll ungarifch lernen..* ― Die Sache empfiehlt fich durch ihre Wahrfcheinlichkeit. Betrachtet man aber das, dafs die nichtungarifchen Bewohner diefes Landes., die eigentlichen Ungarn an der Zahl, wenigftens dreymal, übertreffen; dafs fie zum Theil eben fo alte, zum Theil noch ältere, Rechte auf die Bürgergerechtfame aufzuweifen haben; dafs fie endlich die urfprünglichen· Ungarn, an der Induftrie und Gefchiklichkeit jederArt gewifs, und vielleicht·auch im Ganzen an Reichthum, überwiegen, fo mufs man fich über die Zumuthung·fehr wundern; der Bewohner Ungarns müfste ungrifch lernen. ― ˌ

Jenen Weitläuftigkeiten, welche bei der Bekanntmachung der Hof - Verordnungen ehedem unvermeidlich waren, wollte der Kayfer abhel· en. Kompendien, Vereinfachungen, Reduzirunzen in Regierungsgefchäften,·find. fehr. gut und

L 3 Em·

*) [Man fuchte fehr, nur gebohrne Ungarn, in die Komitats - Aemter einzubringen.

empfehlungswürdig, zumal, wenn das Wefen der
Dinge darurter nicht leidet. So meinte es der
gute Kayfer Jofeph auch in diefer Sache. Er gab
feine Befehle deutfch. Deutfch fchikte fie die
Hof-Kanzley an den Statthaltereyrath. Deutfch
wurden fie den Vice Gefpänen, oder den Vorftehern
der Gefpannfchaften zugefchikt *); deutfch wurden fie zirkulirt, in den Dorffchaften, und damit fie
folche verftehen möchten, wurde der Befehl gegeben, dafs in jedem, oder in mehreren nahe bei
einander liegenden Dörfern, ein gefchworner,
befoldeter, der deutfchen-Sprache kundiger, *Notarius* angeftellet werde, welcher die ankommen-
den Verordnungen vorlefen, erklären und ins
Protokoll eintragen follte **).

Diefe ganze Einrichtung war gewifs fehr heilfam. Sie gefiel der Bauerfchaft befonders, weil
fie doch fchon einmal, in ihrem Dorf-Protokoll,
fchwarz auf weifs — lefen, oder fich lefen laffen
konnte, was der Wille ihres Regenten fey? Schwer
kams

*) Die Komitäter haben fonft diefe Befehle überfetzen
müffen. Das koftete die Komitats-Kanzeleyen, titulo Expenfarum Cancellariae, manchen fchönen Gulden,
aus der Domeftik.

*) Dorf-Protocolle! eine heilfame Anftalt. Da kann
doch, jeder Denker — unter den Bauern, nachlefen,
was feine Regierung mit ihm vorhat. Ehedem liefs
und gab man ihm nichts, was, es fey zu feiner Richt-
fchnur, oder Vertheidigung, oder auch Entfchuldigung,
dienen könnte — !

kams hie und da, einen Mann zu finden, der ein
dergeſtalt qualifizirter Notarius wäre. Man ſuch-
te ſolche Männer und fand ſie — freylich nicht
von der Art, wie ſie einſt werden könnten. Indeſſen waren ſie doch hinlänglich dazu, um dieſe
Abſicht zu erreichen, und vielleicht auch, um
(weil ſie von Dorfſchaften beſoldet wurden) ihren Bauern, in dem Fall, wenn die Herrſchaften
ein wenig über die Gränzen des *Urbariums* hinaus giengen, mit einem guten Rathe an die Hand
zu gehen.

Nicht in der Liebe zur ungariſchen Sprache,
ſondern in dieſem *Accident* — in dieſer, freylich
immer ſehr elenden, aber doch folgenreichen,
Kontrolle der Dorf-Notarien und Dorf - Proto-
kolle in Anſehung der Grundherrſchaften, finde
ich zum Theil die Urſache, warum man gegen die
deutſche Sprache, die Kurrentirung der Befehle,
die Inprotokollazion derſelben in Dorfbücher ſchrie
und lärmte. Man ſchrie und lärmte dagegen ſo
wohl von Seite der Katholiken als der Proteſtanten.
Aber von der Seite der erſtern mehr als von der
Seite der leztern. Zwar giebt es unter den Proteſtanten Patrioten, wie ſie nicht beſſer ſeyn
können. *Gott, Vaterland* und *ſeine Obrigkeit* ſind
die einzigen Pole, nach welchen ſich die Geſin-
nung eines jeden braven Proteſtanten wendet. In
den lezten Komitats - Verſammlungen haben die
Proteſtanten ein ewiges Denkmal ihres Patriotiſ-
mus errichtet. Sie haben, ohngeachtet ſie dem

Kay-

Kayſer Joſeph *unendlich viel* zu verdanken haben, geſprochen, wie nur Proteſtanten ſprechen und ihre Rechte reklamiren können. Aber nur ihre Rechte. — 'Nur *das Recht*, *dafs die Geſezgebende Macht*, *zwiſchen dem König und den Ständen*, auf gleiche Weiſe vertheilt iſt. — Kleinigkeiten aller Art (zu welchen auch die Einführung einer Kurial - Sprache — gehört, denn das iſt wohl nichts Weſentliches —) ſind den Proteſtanten wahrhaftig ſehr gleichgültig. Zu dieſen gleichgültigen Sachen und Kleinigkeiten gehört, ihrem Urtheil nach, die Einführung der deutſchen Sprache um deſto mehr, weil ſie die Entſtehung ihres Religionsbegrifs, neben der Bibel, deutſchen Männern, deutſchen Büchern (gröſserntheils) verdanken; die beſten, beſonders die hohen, Schulen in deutſchen Städten haben, und daher mit Männern und Subjekten, denen die deutſche Sprache bekannt iſt, ſchon izt ziemlich verſehen ſind, und in der Zukunft noch beſſer verſehen werden können.

Ein einziger Proteſtant, ein proteſtantiſcher Prediger in Raab *), ein Mann von ausgezeichneten

---

*) Er unterſchieibt ſich „*Mathias Rath*" und giebt in der erwähnten Ankündigung zu verſtehen: er ſey viertehalb Jahr Prediger in ſeiner Vaterſtadt Raab geweſen. Wenn ich nicht irre; iſt er es jetzt wieder. Als ein gelehrter Mann erſcheint er ſelbſt in dieſer Ankündigung. Ich kenne ihn perſönlich nicht. Auch meine ſonſtigen Kenntniſſe von ihm ſind ſehr unvollkom -

ten Talenten, liefs fich, in der *Ankündiguag eines.*
deutsch - ungarisch - lateinischen Wörterbuchs, bey-
kommen, feine Stimme — (nicht unwichtige
Stimme) gegen diefen Vorfchlag des Kayfers zu
erheben, und das nicht etwa darum, weil er der
lateinifchen Sprache hold ift, wie er fie auch in
feinem lateinifch herausgegébenen, das nehmliche
Lexikon betreffenden, *Avertiſſement* recht gut
fchreibt, fondern weil er glaubt, der Flor der
Oefterreichifchen (man könnte allgemein fagen,
aller) Länder erheifche es, alle Sprachen zu kulti-
viren — (politifche Remarken hierinnen find noch
immer fehr problematifch — für mich wenigftens
find fie nicht evident genug —) und wenn ja irgend eine Sprache zur -Kurial - Sprache erhoben
werden müfste, fo follte es die slavifche feyn.
Für diefe fpräche ihre grammatikalifche Richtigkeit, eben fo gut, wie für die deutfche. Die Slaven hätten eher als die Deutfchen in ihrer Sprache Bücher gefchrieben; — Romane, Stadtrech-
L 5   te,

kommen. Nach diefer Ankündigung feines Lexici
zu urtheilen, ift er, ein fehr hitziger Mann. — Man
fieht es diefer Ankündigung an, dafs er in derfelben
feine Hitze abkühlen wollte. Wundern mufs es mich,
dafs — ein *Schlözer* aus diefer Ankündigung, einiges
in feine *Staats - Anzeigen* aufgenommen hat, und gerade das, was er am wenigften hätte aufnehmen
follen, — Sonft enthält das erwähnte Avertiffement,
fchätzbare Nachrichten von Ungarn, deren einige
felbft in diefes Manch - Hermäon gehörten, wenn fie
nicht fchon publik wären.

te, Ueberfezungen mancher Klafsiker, fremde
und eigene, oder einheimifche, Reifebefchreiber
in ihrer Mutterfprache, haben die Slaven eher
gehabt, als die Deutfchen. Ueberdem wäre auch
das slavifche Volk in den öfterreichifchen Ländern, beinahe fo ftark, wo nicht ftärker an der
Zahl, als alle andere Völkerfchaften diefer Staaten zufammengenommen. Böhmen, Mähren,
Schlefien, Kroazien, Slavonien, Gallizien, Lo-
domerien, Krayn, und ein grofser Theil des Königreichs Ungarn, fpricht eine und diefelbe Mutterfprache, die Slavifche, — welche zwar in mannigfaltige Mundarten zerfällt, aber doch ihrem
Stamme noch treuer bleibt, als die deutfche, deren Dialekte bis zum Verkennen verfchieden geworden find *). So räfonnirte der Paftor *Rath.*
Ich felbft, gedrungen durch mannigfaltige Erfahrungen, falle demfelben in diefen Behauptungen
bei. Sonft hat niemand öffentlich feine Stimme
dagegen erhoben.

Heimlich, und in der Stille, haben die Katholiken, befonders die Hierarchiften unter denfelben,

*) Man ftelle, wenn man fich hievon überzeugen will,
einen Leutfchauer, mit einem Krikeheuer um Krem-
niz herum, und einem Prefsburger mit einem Metzen-
faufner in der Zips gegen einander. Einer wird den
andern kaum verftehen. Das Slovak aus der Grofshonter Gegend verfteht den Slovaken aus der Scharofcher Gegend, diefer den Galizier und alle, mit
geringer Mühe den Trentfchiner, Neutreuer und den
Mähren.

ben, diefes Beginnen des Kayfers verläftert, theils
weil fie dadurch, wie es wohl immer zu wünfchen war, (wenn der Kayfer feine Abfichten
durchfezen wollte) von ihren Aemtern kommen
mufsten, theils weil fie in das Jefuiterlatein, mehr
als fichs ziemt, verliebt find. Unter den *alten* katholifchen Ungarn giebt es viele, welche nur in
dem Jefuiterlatein etwas auffezen können. Aber
auch diefes etwas erftrekt fich nur auf das *Corpus
Juris Hungarici*. Indeffen konnte das auch nicht
anders feyn. Denn diefe alte Herren unter den
Katholiken haben gröfsern Theils *unter* und *bei*
den Jefuiten ftudiert. Und das ift doch eine allgemein bekannte Sache, dafs fich die Jefuiten vorzüglich gut darauf verftanden, (wenn die fonftigen
Abfichten des Ordens in diefem Grundfaz keine
Aenderung nothwendig machten) die Jugend,
gerade zu der Zeit, da fie die reellen Wiffenfchaften ftudieren follte, mit blofsen lateinifchen Gram-
matiken zu befchäftigen, und gegen alle ausländifche literarifche Waaren, befonders gegen die,
welche in Leipzig, Berlin, Hamburg, Frankfurt
u. f. w. geftempelt waren, Verdacht zu erregen.
Jüngere proteftantifche Gelehrte, und die ältern
proteftantifchen, aber mit dem Geift des Katholizifm nicht bekannten, Männer, können fich die
Abneigung der Jefuiten und jefuitifchen Schüler
gegen die dem allgemeinen Urtheil nach beffere
Literatur der Proteftanten unmöglich vorftellen.
Nur wenige proteftantifche Gelehrte fchrieben
unfchuldiger, waren von jeder Kontrovers ent-
fern-

fernter, als der unſterbliche Gellert. Seine Wer-
ke, ſelbſt ſeine Moral und geiſtlichen Oden, kann
jeder Chriſt leſen, in Rom, und Stokholm, in
Amſterdam und Warſchau, in London und Wien.
Aber ich weiſs Beyſpiele, daſs man dieſe Werke,
aus blindem Eifer aus der Hand weggeworfen hat;
ſo lange noch *Leipzig* auf dem Titelblatte ſtund.
Seit dem Gellerts Werke in Schafhauſen und Wien
nachgedrukt worden, find ſie mehr in jedermanns
Händen. — Die Proteſtanten ſind in dieſem
Stük freyer. — Sie halten die Freyheit, den
Ideenkreis, nach Willkühr, zu erweitern, für ein
unſchäzbares Recht. Daher kommt es, daſs man
in ihren Bibliotheken häufig bei einander ſieht:
den *Luther*, den *Bellarmin*, den *Sarpi*, den
Chemnitz, *Kochem* und *Zollikofer*, *Eraſm* und
Melanchthon, *Fragmente* und *Göz*, *Montesquieu*
und *Moſer*, *Sonnenfels* und *Schlettwein*, *Evan-*
gelien und *Horus*, *Mirabeaus Syſtem der Natur*
und *Arnds wahres Chriſtenthum*, mit einem Wort:
Licht und Finſterniſs, Chriſtus und Belial. —
Daher iſt aber auch ihr Räſonnement diskreter,
ihr Ideenkreis heller, ihr Sinn für Perfektibilität
jeder Art, reizbarer, empfänglicher.

Eines habe ich noch zur Entſchuldigung der
Katholiken und ihrer Liebe zum Latein vorzubringen. Das Latein iſt eine heilige Sprache;
von heiligen Mönchen mit der Religion ins Land
gebracht, und durch den Gottesdienſt, der ſeit
700 Jahren in derſelben gehalten wird, ehrwürdig

dig gemacht. Diefe Entfchuldigung ift indeffen. immer etwas mönchifch. Ich provozire einen jeden Ungarn, der über fein Vaterland und deffen Verfaffung nachgedacht hat, eine beffere vorzubringen — und kann er das nicht, fo. lerne er deutfch. Zum Propheten und Prophezeyhen wär ich alt genug. Aber vielleicht habe ich das dazu nöthige Talent nicht. Dem ohngeachtet aber wage ich es, hier eine Art von prophetifcher Vorausfage zu äufsern.

„Ungarn war mehrere hundert Jahre lang das Wirthshaus, der Tummelplaz mehrerer Nazionen. Das Völklein aus Afien, welches man Ungarn heifst, kam endlich dahin, unter einem folchen Zufammentreffen vieler Umftände, unter welchen es demfelben glukte, Befiz von diefem Lande zu. nehmen. In diefem Befiz wird es noch eine Weile, und wieder eine Weile bleiben, feine Sitten und Sprache behalten. Allein nach diefen zwey Weilen, wird es nicht mehr feyn, wenn es fortfahren will, in dem Syftem von Europa Ausnahmen zu machen, *Anomalon* zu feyn. Denn dazu ift das Völklein zu fchwach, um Anomale zu bleibenden Regeln zu erheben.„;

Wollte irgend jemand das Herz haben, diefem Volk zu rathen; fo müfste er ihm, fo wie ich es thue, gerade fagen:

„Ihr

„Ihr Bewohner Ungarns, befonders ihr urfprünglichen Ungarn, ihr habt zu wenig gemeinfchaft-
liches Intereffe, als dafs ihr euch lange bei
eurer unfittlichen Verfaffung erhalten könntet.
Sollte es dem Himmel gefallen, euch einft vom
Haufe Oefterreich und Böhmen zu trennen — und
das könnte bei den Gährungen leicht gefchehen ,
zu welchen euer ungeftümmes Temperament fo
fehr aufgelegt ift; fo werdet ihr Vormünder
bekommen, wie man fie den Kindern giebt,,
— — Sehet alfo zu, dafs ihr, fo bald als
möglich, zu tändeln und zu braufen aufhöret,
einen beffern fittlichen Grund eures Dafeyns
gewinnet, euch durch Sitten und Sprache an
eure abendländifchen Nachbarn, an diefe jezt
und im Alterthum berühmten (berühmter gewifs, als ihr je waret) Völker anfchliefset —
*fonft kann es leicht dazu kommen, dafs ihr ruf-
fifch lernet!*

Reformen Kayfer Jofephs in dem Schulwefen. Vermifchung der proteftantifchen und der katholifchen Jugend in den Landfchulen.
(oder, wie man fie hier heifst,
Scholae mixtae.)

Errichtung éines allgemeinen, geméin-
fchaftlichen Studien - Fonds. Einzie-
hung

hung der verfchiedenen Stiftungsgel-
der in den Kameral - Fond. Inkame-
razion der protestantifchen Stiftungen
in den nehmlichen Fond, welche zur
Zeit noch unterblieb.

Auch in Anfehung diefer Gegenftände habe ich
die dazu gehörigen Data gefammlet und gröfsern
Theils ausgearbeitet. Ich verfpare fie zu einem
künftighin herauszugebenden *Manch - Hermäon*
von Ungarn, und eile zum

Türkenkrieg.

Um das Jahr 1520 war das Königreich Ungarn
in einem bedauernswürdigen Zuftande. Die \ er-
faffung des Landes taugte vom Anfang nicht viel.
Wenn fich Ungarn in Europa irgend einen Refpekt erworben hat, fo waren es entweder glükliche Umftände, oder viel vermögende Könige,
welche ihm diefen Refpekt erworben haben. —
Aber um das Jahr 1520 war dem Lande nicht
mehr zu helfen. Die Schlacht bei Mohátfch, welche einige Jahre darauf vorfiel, und welche taufend andere unglükliche Zufälle nach fich zog,
mag es euch, ihr Ariftokraten Ungarns, predigen,
dafs eine folche Verfaffung nichts taugt, welche
fo viel Willkühr, Eigenfinn, Troz, Unbändig-
keit, Gefezlofigkeit, als die eurige, leidet. Seit der
unglüklichen Schlacht bei Mohatfch litt das Königreich

reich Ungarn bis gegen den Anfang des gegenwärtigen Jahrhunderts ungemein viel. Im Jahr
1718, vorzüglich aber 1739, da ein, bis auf 1787
dauernder Friede gefchloffen wurde, gieng eine
glüklichere Periode für das Königreich an. Das
Land genefet von den Wunden, welche ihm der
Türke fchlug. Die wilden verödeten Gegenden
wurden bevölkert und angebaut. Der Adel, der
es hart genug empfinden mufste, was das heifst,
türkifchen Bafchen gehorchen — fieng an, die Herzoge von Oefterreich als feine Schuzengel zu betrachten. Das ganze Land und Volk erholte fich
von feiner politifchen Krankheit über alle mafsen.
Und wäre gleich damals (aber das mag unmöglich gefchienen haben — —) das Verhältnifs
zwifchen dem Grundherrn und dem Unterthan
auf billigere Gefeze reduzirt worden; hätte man
nur erft vor einigen und zwanzig Jahren, die
menfchenfreundlichen Abfichten Marien Therefiens bei der Regulazion des Urbariums mehr ge-
wiffenhaft erfüllt; wäre kein Pfaffenregiment, und
folglich Toleranz, da gewefen: fo würde das Königreich Ungarn in der kurzen Zeit eines halben
Seculums, in jeder Art von Wohlftand, bis zur
Verwunderung aufgeblühet haben.

Nur wenige Länder auf dem Erdball, find
durch ihre Naturprodukte fo begünftigt von der
Mutter Natur, als das Königreich Ungarn. Es hat
an allem, was zu den erften Bedürfniffen und zur
Annehmlickeit des Lebens gehört, Ueberflufs.
Ge-

Getreyde, Wein, Tobak, Wachs, Wolle, Knopern,
Pferde, Ochfen *) und Bergwerke, 'welche noch
immer eine unerfchöpfliche Quelle des Nazional-
Reichthums find. Unter allen Staaten in Europa,
könnten wir ficher das meifte Gold haben, wenn
es die Regierung nur feit achzig Jahren her darauf angetragen hätte, die Waaren des Luxus, im
Lande machen zu laffen **), oder vielmehr,
wenn

*) Der ungarifche Wein, vorzüglich der fogenannte To-
kayer-Wein, könnte in Europa der erfte feyn (zum
Theil ift er es auch) wenn wir ihn noch beffer behandelten und dann abzufetzen wüfsten. Der ungá-
rifche Tobak, würde, fehr leicht, den Amerikaner
verdrängen, wenn feine Kultur dem dummen un-
erfahrnen Bauer nicht fo ganz überlaffen wäre —
und wenn wir ihn, fo gut, wie die Holländer, zu
verarbeiten verftünden. Bey der Schafzucht und Wolle
wird fchon raffinirt. Allein wir tragen doch noch
ausländifche Tücher am Leibe. Es fehlet uns an
Manufakturen. Ungarifche Pferde, könnten durchgängig beffer feyn. Sie find es auch bey dem
Adel. — Der Landmann hat fie fo fchlecht als möglich, weil — — ich will es nur fagen — weil der
Bauer hier mit Vorfpannungen und Frohndienften fo
überladen wird, als fonft in der ganzen Welt nirgends.

**) Man kann es nie oft und nachdrücklich genug fa-
gen, dafs der Ungar, von je her, alles vernachläfsi-
get, was zur Verfchönerung feines Landes und Körpers erfordert wird. Seit einer kurzen Zeit, etwa
feit funfzig Jahren, liebt er fchöne Gebäude, fchöne
Gärten, fchöne Kutfchen, fchöne Kleider. Aber der
Baumeifter, der Gärtner, der Wagner, der Seiden-

M   fabri-

wenn die Ungarn felbft in diefen Stüken der Regierung an die Hand gegangen wären. In diefem
Zuftande, in welchem das Land jezt ift, und in
welchen es durch die oben angeführte Refoluzion kommen foll, können uns keine, noch fo
reichen und ergiebigen, Bergwerke, und die
nahmhaften Artikel verfchiedener Produkte, die
wir verkaufen, für das entfchädigen, was wir für
die Waaren des Luxus, für Fabriken und Manufakturen - Produkte, in die deutfchen, erbländifchen Provinzen fchiken.

Wir bekommen von Jahr zu Jahr einen nahmhaften Zuwachs an Pflanzvölkern aus dem Auslande. Schwaben, Franken und die Pfalz geben
uns von Zeit zu Zeit ihren Ueberflufs an Volk,
welches wir auch unumgänglich nothwendig brauchen, wenn das Land verhältnifsmäfsig bevölkert
werden, und in Aufnahme kommen foll. Ich bin
einmal fo eigenfinnig, dafs ich mich durch nichts,
durch keine Einwendungen nomadifcher Ungarn,
von dem Grundfaz abwendig machen laffen kann:

lie-

fabrikant, der Pofamentirer find Deutfche. Der Ungar trägt gerne goldene Borden. Aber erft vor 30
Jahren war kein Drathzieher, kein Bordenmacher im
Lande. Noch mehr. Vor funfzig Jahren war noch
faft gar kein ungarifcher Kaufmann im Lande zu finden. Den ganzen Handel hatten, Deutfche, Ray-
zen und Juden in den Händen. Der Ungar verach-
tet jedes mühfame Gefchäft — weil ihm noch viel
nomadifd.e; IVefen anhängt.

lieber Menſchen und Dörfer da — wo jezt Ochſen auf unüberſehbaren Ebenen weiden. — Nach müh* ſamen Berechnungen in dieſer Sache, finde ich doch, daſs durch Anlegung neuer Dörfer in den wüſten Gegenden, der Privat-Beſizer, und das Gan* ze gewinnen muſs. Dieſe Pflanzvölker helfen nun das Konſumo der Kunſt-Fabriken- und Manufak* turen-Produkte vermehren. Dadurch geht immer mehr Geld aus dem Lande; dadurch bereichern ſich, die ſogenannten erbländiſchen Provinzen Oeſterreichs, welche an Fabrikanten und Manufak* turiſten Ueberfluſs haben. Das ſollte auf keine Art ſo ſeyn. Die Regierung, wenn ſie gerecht ſeyn will, müſste zwiſchen den Konſumo ihrer ver* ſchiedenen Provinzen eine Bilanz ziehen, und in einer jeden unter denſelben in verhältniſsmäſsiger Anzahl Fabriken und Manufakturen, auf jedem geſezmäſsigen Wege errichten oder errichten laſ\- ſen. Was hilft das dem ungariſchen Bauer, daſs er eine Quantität Weizen und etwas Schlachtvieh verkauft, wenn er den Preis des Weizens und Schlachtviehes, auf dem nehmlichen Jahrmarkte, für Wollen-Zeuge und Eiſenfabrikate weggeben muſs. Der Bauer in Oeſterreich und Mähren ver* kauft bei weitem nicht ſo viel Getraide und Vieh als der Ungar. Und doch iſt ſeine Kleidung, ſein Viehſtand, ſein Wirthſchaftsgeräthe, und im all\- gemeinen genommen, auch ſein Beutel beſſer; als die Kleidung, der Viehſtand, das Wirthſchaftsge* räthe, und der Beutel des ungariſchen Bauers. Die Urſache dieſer Verſchiedenheit, könnte man

vielleicht in den gerechteren, billigeren Verhält-
nifsen des öfterreichifchen Bauers gegen feine
Grundherrfchaft fuchen. Und etwas mag wohl auch
daran feyn. Die Haupturfache finde ich aber den-
noch darinnen, dafs der öfterreichifche Bauer,
oder allgemeiner zu reden, der Bauer in den erbländifchen Provinzen, wegen der häufigen Fabriken und Manufakturen, die, wenn ich fo reden
foll, in feinem Schoofs arbeiten, nicht nur, feine
wenigen Naturalien beffer, leichter, theurer abfez-
zen, fondern auch das, was er von den Kunft-
Fabrik- und Manufaktur-Produften braucht, wenigftens um ein Viertheil wohlfeiler kaufen kann.
Der ungarifche Bauer produziert viele Naturalien;
kann aber folche wegen Mangel an reinen Konfumenten *) nur wohlfeil abfezen, und weil er doch,

we-

*) Reine Konfummenten nenne ich diejenigen, welche
  weder fäen noch erndten, fondern alles, was fie an
  Nahrung und den erften nothwendigften Bedürfniffen
  des Lebens verzehren, von der produzirenden Klaffe,
  von dem *adelichen und unadelichen Landmann* kaufen
  müffen. Im Königreich Ungarn find diefe zwey
  Klaffen von Menfchen in einer fehr zweckwidrigen
  Proportion. Der Edelmann hat fehr viele Allodiaturen — er, und fein Bauer, produciert eine Menge
  von Nahrungsmitteln. — Der Konfumenten giebt es
  fehr wenige — der reinen nehmlich. Der Städte, in
  welchen Profeffionen aller Art blüheten, giebts im
  Verhältnifs auf die ganze Volksmenge zu wenig.
  Und auch die wenigen Städte haben zu grofse Gebiete oder Territorien. Die Handwerker, producie-
  ren in den meiften Städten felbft manche Bedürfniffe

des

wenigftens die erften Bedürfniffe, die das bürgerliche Leben mit fich bringt, braucht und haben
mufs: fo bleibt der befte Theil feines fauer erworbenen Vermögens in den Händen des ausländifchen Künftlers, Fabrikanten, Manufacturiften,
und in dem Beutel des Kaufmanns, der fein Waa-
renlager mit den Producten der Ausländer fortiren
mufs. Darum wünfchte ich, dafs die Regierung,
wenn fie das wahre Wohl ihrer verfchiedenen Provinzen fucht, auch für die Unternehmer der Fabriken und Manufacturen in Ungarn etwas, etwas
nahmhaftes, thäte. Und giebt es folche nicht, wie
es ihrer auch nimmermehr viele geben kann, fo
lange die alte, dem Adel ausfchlieffenderweife günfti-
ge Konftituzion bleibt: fo follte fie, mit Anftrengung
aller ihrer Kräfte die alte Konftituzion, auf einem
Landtage, weil aufferlandtägige Mittel fruchtlos feyn
dürften — zu modifiziren, und dann, durch ver-
hältnifsmäfsige Belohnungen, die Unternehmer
nüzlicher Fabriken und Manufakturen ermuntern

M 3   und

des Lebens. Der Fleifcher, Schufter, Schneider, Uhr-
macher, Tifchler, Tuchmacher, Huterer, Meffer-
fchmidt, Lederer, Schmidt, Wagner, und felbft der
Kaufmann ift mehr oder weniger *ein Landmann*. Er
hat feine Aecker, Wiefen, Garten oder Weingärten.
In den meiften Marktflecken kann er des Bauers im
Puncto der Nahrung entbehren. Und doch macht
man noch dem Profeffioniften, der einkommen will,
taufenderley Hinderniffe — von Amtswegen. Welcher
Widerfpruch! welcher Schlagbaum für die Aufnahm
des Landmannes!

und auffordern. Es wäre fehr übel und unrühmlich,
wenn das wahr wäre, was man fich ins Ohr fagt:
dafs die Regierung, welche, eine folche erwähnte
Bilanz, zwifchen den Konfumo ihrer verfchiedenen Provinzen feftfezen follte; welche alfo, im
Verhältnifs auf die übergrofse Anzahl der Naturpro-
duzenten in Ungarn, zugleich die Anzahl der Kon-
fumenten, (wozu Künftler, Fabrikanten und Manufacturiften gehören,) vermehren müfste, gerade
das Gegentheil thut und veranftaltet. Ich bin zu
viel ein Laye, als dafs ich über diefe Gegenftände
ein gültiges, jede Probe aushaltendes Urtheil fäl-
len.könnte. Mir find diefe Dinge nur von der
Oberfläche, nur von Hörenfagen bekannt. Daher
habe ich es, dafs zum Beyfpiel, die Regierung, den
Triefter Rofoliofabriken allen möglichen Vorfchub
thut, um die Unternehmungen des ungarifchen
Gr. F, — — zu vereiteln. *) Die Leder - Manu-

faftur

*) Hier mufs ich mit befondern Ruhm des Gr. F. er-
wähnen. Er ift eben derjenige, der fich wegen der
Volkszählung und Numeration der Häufer abfetzen
liefs. — Das war — doch ich habe fchon oben gefagt, was das war. — Bald darauf fieng er an eine
Rofolio - Fabrike zu errichten. Die Proben fielen
treflich aus. Er fieng an, gute Gefchäfte zu machen.
Aber die Triefter - Rofolio - Fabriken, an denen der
Regierung mehr gelegen feyn mag, als an den Ungarifchen — ftürzten diefe faft ganz herab. Ueber
diefen Gr. F. fpöttelte mancher Ungar, dafs er fich
mit Handlungsfachen befafst. — Des nomadifchen
Ungarn! er weifs nicht, dafs in andern Staaten, die
reichften Cavaliere — Handlung treiben.

faƈur des B. B. in Potzneuſiedel, ſoll ebenfalls dadurch herabgekommen ſeyn, weil man derſelben
in dem eigentlichen Oeſterreich keinen Abſaz erlaubt. — Die Halitſchiſchen Wollenmanufaƈuren
ſind zum Theil auch eingegangen. — Dieſe zwar
nicht durch Hinderniſſe, welche die Regierung
gemacht hätte, — aber vielleicht, weil ſie zu wenig
Unterſtüzung und Begünſtigung von derſelben bekamen. Mit einem Wort: ſo manche Fabriken
und Manufaƈuren ſind ſchon eingegangen, weil
die Regierung, die Pflicht, jede Provinz durch Induſtrie und Handel verhältnifsmäſsig gleich zu beleben, aus der Acht gelaſſen hat, wenigſtens bis
jezt zu laſſen ſchien.

Auſſerdem, daſs die Regierung, bis jezt, für die
Aufnahme der Kunſt-Induſtrie ſo wenig gethan
hat, ſcheint mir auch die bisherige Conſtituzion
Ungarns ein groſſes Hindernifs derſelben zu ſeyn.
Die ungariſche Verfaſſung begünſtigt zu ſehr den
Adel und die Geiſtlichkeit. Dieſe zwey Klaſſen
von Menſchen, machen, nach der nehmlichen Verfaſſung, allein Anſpruch auf die Freyheit des Erwerbs, des Beſizes. — Sie allein haben für ſich
ſo viele Clauſeln, Exemptionen u. ſ. w. gemacht,
daſs neben ihnen nur wenige Menſchen aufkommen können. — Der Fabrikant, der Manufaƈuriſt,
und der Kaufmann iſt gar nicht bedacht worden.
Nirgends in der ganzen breiten Welt wird er nach
ſo unbeſtimmten Grundſäzen und ſo willkührlich
behandelt als hier, Was brauchen wir dieſen Leu-

ten

ten, eigene, Geſeze zu geben, ſagen die dummen
unter den Ungarn. Sie haben keinen Antheil an
der Eroberung des Landes gehabt: warum ſollen
wir ſie begünſtigen, die H — —? — — Brauchen
wir Fabriken und Manufaâuren-Produâe: ſo können wir ſolche von den deutſchen Ausländern bekommen. Der Deutſche iſt von je her unſer Diener geweſen. Das ſoll er auch künftig ſeyn, und
in Ewigkeit bleiben. Vortreflich! An dieſer Sprache, welche eine gute Hälfte des Adels führt, und
welcher der katholiſche Geiſtliche, aus Furcht,
daſs mit der Begünſtigung der Kunſt-Induſtrie der
gewiſs induſtriöſe Proteſtantiſm ſtärker werden
möchte, ſeinen viel bedeutenden Beyfall giebt —
erkennet man den noch ſehr nomadiſch denkenden Ungar. Treibt ihr guten Ungarn, nur euren
Luxus noch ferner, bezahlt ihn nur an den Ausländer: ſo wird er euch gerne auslachen bei eurer
Armuth, eurer politiſchen und moraliſchen Schwä-
che. Wäret ihr vernünftig, und auf eure wahre
bürgerliche Stärke aufmerkſam: ſo würdet ihr einen Theil eurer Prärogativen dem Ganzen aufopfern; dem Bürgerſtande mehrere Freyheiten,
beſonders jene Freyheiten, einräumen, ohne welche Kunſt-Induſtrie und Handel unmöglich aufkommen kann; ihr würdet hernach durch eure eigene Konſtituzion mächtig werden, und hättet
nicht nöthig, für das alte morſche Gebäude eurer
bisherigen Verfaſſung zu ſchreyen, zu repräſenti-
ren. Die beſſere bürgerlichere Konſtituzion würde
euer Schuz und eure Stärke ſeyn. Aber vielleicht
iſt

ist das Königreich Ungarn noch nicht so stark bevölkert, als es seyn sollte, wenn Fabriken, Manufakturen und dergleichen andere, Kunstsachen pro-
duzirende, Anstalten empor kommen sollten.
Zum Theil ist es wahr. Denn die untern Gespannschaften beschäftigen sich stark mit dem Akerbau und der Viehzucht, und, wo diese zwey ersten
Theile der Feldwirthschaft blühen, da können Fabriken und Manufakturen auf keine Art aufkommen, vielweniger blühen. Ueberdem ist das Volk
auf dem platten Lande in Ungarn, ein sehr indolentes Volk. Man bemerkt eine unbeschreiblich
grosse Gleichgültigkeit gegen jeden Erwerb bei
demselben. Hat der Bauer in diesen Gegenden
sein Brod und Spek auf ein ganzes Jahr, und sei-
nen Schafpelz, so kümmert ihn sonst nichts in der
Welt. Sein Weib macht ihm kaum zur Noth ein
Stükchen grobe Leinwand zu seinem einzigen
Kleide, zum Hemde und zu Hosen. Hier hat seine ganze Industrie ein Ende. Ganz anders ver-
hält sich die Sache in den obern Gespannschaften.
Die grofse Menge von Menschen, welche da lebt,
kann immer noch nicht hinlänglich beschäftigt
werden. *) Ich kenne mehrere Gegenden in Un-

garn

---

*) Das Volk in den obern Gespannschaften ist unend-
lich industriöser, als das Volk auf dem platten Lande.
Die kleinen Territorien welche es da hat, und vielleicht auch das Klima selbst, tragen zu diesem Fleifs
etwas bey. So viel ist gewifs, dafs diese gröfstentheils ältern Bewohner des Landes, als die Ungarn
sind, auch von einem *bürgerlicherem Geiste* beseelt
wer-

garn, in welchen, gefchikte Männer- und Weiber-
Hände, um den Preis eines guten Grofchens, oder,
um einen und ein viertel Grofchen Wiener Wäh-
rung, den gröffern Theil des Jahres hindurch,
jedes Tagewerk, verrichten könnten und würden.
In diefen Gegenden, in dem gröffern Theile des
Prefsburger, Neutraer, Scharofcher, Neograder,
Honter, Gömörer, Oedenburger, Eifenburger und
Marmarufcher Komitats, und in den ganzen Gefpannfchaften Trentfchien, Arwa, Liptau, Zohlom,
Thuroz, Zips, könnten die treflichften Fabriken
und Manufakturen angelegt werden. Neben dem,
dafs das deutfche und flavifche Volk diefer Gegenden unter allen Bewohnern Ungarns das fleif-
figfte ift, und, wie ich fchon oben gefagt habe,
mehr, als der urfpriingliche Ungar, bürgerlich denkt,
ift alles, was zu Fabriken und Manufakturen erfordert wird, wohlfeiler da, als auf dem platten
Lande zu bekommen. (Auffer dem Brod etwa)
Holz, Kohlen, alle eiferne und hölzerne Werkzeu-
ge, —

werden. 'Daher ihre gröfsere Betriebfamkeit, daher
gröfserer Erwerbstrieb, daher die möglichfte Vorfor-
ge auf die Zukunft. Diefe Bewohner der obern Gefpannfchaften helfen dem Plattländer fein Feld
bearbeiten. Die meiften Sommer - Arbeiten der Feldwirthfchaft, gehen durch die Hände der Oberländer.
Daher kommt unter andern die grofse Trägheit des
Plattländers. Er verläfst fich auf den arbeitfamen
Oberländer — und ftreitet für *Wüfteneyen* und *weitläuftige Territorien*, — *welche*, nach aller Erfahrung
*in Anfehung der Kultur und des Wohlftaudes der Staaten
zuwiderwidrig find.*

ge. Fuhren — vorzüglich aber, wie ich fchon be•
rührt habe, gefchikte und wohlfeile Menfchenhände,

' *Für das zahlreiche Heer von Fabrikanten und Ma-*
nufaḗturiften im Auslande, vorzüglich für die Sä̈ch-
fifchen, die ehedem, manche hundert taufend Tha-
ler aus dem öfterreichifchen Staate gezogen haben, *find dies Winke,* die fie nicht unbenützt gefchehen laffen follten, Reiche Ausländer, Kapita-
liften, welche mit ihrem Gelde fpekuliren, und es
auf höhere Prozente bringen wollen, hätten hier
Gelegenheit, die vortheilhafteften Verfuche zu machen. Ich kenne kein Land in Europa, wo in diefem Fache, in jeder Art von Induftrie und Handel, noch fo viel unbekanntes Feld zu finden wäre,
Freylich ift da noch fo mancher Schlagbaum für
den Kaufmann und feinen Vorarbeiter. *) Er hat
noch fehr wenig Schuz und Reffource in den Gefezen. Der Kayfer Jofeph ift am Rande des Grabes. Er wird den Schlagbaum nicht mehr von
einander hauen, Das foll aber keinen abfchreken,
Kommt;der Erzherzog von Tofkana, Leopold, zur
Regierung, der Erzherzog, der, feine italiänifche
Provinzen, die ehedem auch fehr,viele Anomalien
hatten —

---

*) Schlechte Strafsen und doch Mauthgefälle. —· Dort
hat der Gr. N. hier der B. N. dort ein Edelmann N,
fein Zollamt — und nirgends ift der Weg fchlechter
als in feinem Territorio. Bald mufs man fich von
dem, bald von jenem, fchikanieren laffen, weil —
nun, 'weil er ein Edelmann ift. Ihr Ungarn, ihr feyd
in diefen [Dingen] fonderbare Leute!

hatten — wie eine kleine Haushältung eingerichtet hat; so wird er gewiss auch die weitläuftigen österreichifchen Staaten, an denen *noch fo viel einzurichten* ift, zwekmäfsiger organiliren, — vorzüglich aber wird er in dem Chaos der ungarifchen Verfaffung Licht fchaffen. Man weifs, dafs er felbft ein guter Oekonom und Freund der Handlung ift, — er wird die Staatsökonomie des Königreichs Ungarn, — bei der bis jezt fo viel willkührliches war, und die Handlung auf fefte natürliche Grundfäze bauen. Ein Wink, für euch unter den Ungarn, die ihr, unter feiner Regierung, euer Glük auf rechtmäfsigen Wegen machen wollet. — Lernet nicht, ludere eum, ficut Mariam Therefiam, — denket nicht daran, wie ihr feinen verbeffernden Reformen, recht viele Hinderniffe in den Weg legen, und auf dem künfrigen Landtage, mit Kränkung der natürlichen Billigkeit, gegen alle Grundfäze der gefunden Politik, abermals, das *Syftem der Ariftokratie,* in eurem Sinne, befeftigen wollet. — Nein denket das nicht. — Lernet vielmehr das allgemeine Staatsrecht, die Staatsökonomie, die Handlungswiffenfchaft; fehet euch in eurer Gefchichte und in euren Komitatsarchiven um; in der erften, um die Urfachen eurer vorigen Unglüksfälle aufzufinden; in den zweyten, um das, was euch nicht in den Kopf will, zu begreifen, dafs eure Vorfahren, zu allen Bedürfniffen des Staats, von welchen ihr jezt nichts wiffen wollet,

vollet, nahmhaft Summen beygetragen haben. *)
Diese Dinge könnten in eurem Kopfe Licht, und
euch, bei den Propofizionen des künftigen Landtags nachgiebiger machen. Es macht mich bange,
wenn ich an die Bemerkung denke, die ein ver-
lienftvoller Mann unter euren Vorfahren gemacht
hat, da er von euren Landtägen fprach:

Rara eft, armatae multitudinis concordia.

und abermals

Malunt contumaciam cum pernicie, quam
obfequium cum Securitate.

Dafs doch euer Verhalten bei der nächften
Landtagsverfammlung, diefen euren olfenherzigen
Anherrn befchämte! dafs es euch vor den Augen
les ganzen Europäifchen Publikums beftens recht-
fertigte! Dann könntet ihr immer eure Nazional-
:racht, und was der ähnlich ift, behalten, wenn ihr
nur auf hörtet, euch als ein abgeriffenes, für fich
beftehendes Stük von Europa zu betrachten. Gebt
mehrere Freyheit dem Bauer, durch Feftfezung
billigerer Verhältniffe zwifchen ihm und der Grundherrfchaft! Befreyet die Handlung von dem Zwang,
unter dem fie nicht *handelt*, fondern nur *fchleicht!*

Ent-

---

*) Die Privat - Archive mancher Familien, enthalten auch
noch die Quittnngen, über jene Summen, welche
fie zur Zeit der Kriege, zu den Bedürfniffen des
Staats beygetragen haben. Wir wollen fehen, was
das Ius publicum hierinnen leiften wird, das man
endlich jetzt ausarbeiten läfst.

Entfchlieffet euch, von dem lächerlichen Perga-
ment-Adel, und feinen jezt wenigftens todten Verdienften etwas aufzuopfern! So werdet ihr wahrhaft frei werden, frei von der Furcht, vor dem
nervichten Bauer, frei von der Beforgnifs des
Aufruhrs, frei von dem Vorwurf, den euch ganz Europa billiger weife macht : dafs, *nur ihr Ariflokraten,
nur ihr wenigen Menfchen, auf Unkoften vieler Millionen, die partheiifchfte, unbilligfte, dem Ganzen
fchädlichfte Freyheit behauptet.* So wird euer Vaterland im Wohlftand aufblühen.

Die guten Patres patriae, welche, feit anno
1530 erfahren haben, däfs *Contumacia cum pernicie innigft* verbunden *fey* — oder mit andern
Worten, *dafs das Syftem der Ariflokratie früher oder fpäter, von Seite der Gleichen* alles *zer-
ftörende Eiferfucht, von Seite des Pöbels aber Em-
pörungen und Meuterei,* überhaupt Dienftbarkeit,
Sklaverey, und chaotifche Revoluzionen *verurfa-
che* — fiengen an, die Erzherzoge von Oefterreich,
Römifche Kayfer und ihre Könige, von der ge-
fälligeren Seite anzufehen, und fie zu bitten,
dafs fie doch der alles verwüftenden Regierung
der Türken ein Ende machen, das Königreich
Ungarn aus der Bothmäfsigkeit der Muhame-
daner reiffen und ganz unter den römifchen Ad-
ler bringen möchten. Ausländifche Generale
und innländifche Truppen, mit fremden Gelde
unterftüzt, thaten das meifte dabey. In den Jahren 1716—1736 ward das türkifche Joch ganz
abgefchüttelt, man fah ein, dafs es beffer fey,

Obfe-

Obfequium cum fecuritate als
Contumaciam cum pernicie

zu verbinden; gieng manches ein, was man fonſt
nie eingegangen hätte; änderte manche Konſtitu-
zionsgeſeze (leges fundamentales) ab; und der
Engel des Friedens, der *uns* ſeitdem mit ſeinen
Fittigen dekte, brachte manchen Seegen über
das Land herab. Ein Beweis, daſs es für jede
Nation, beſonders *für die Ungarn beſſer ſey*,
wenn ſie,

Contumaciam cum pernicie

ungebildeten, nomadiſchen Völkern laſſen, und

Obfequium cum fecuritate

zum Symbol ihres an Oeſterreich angeſchloſſe-
nen Königreichs auf ewige Zeiten hin erheben.

Seit der Verbanng der türkiſchen Baſchen aus
Ungarn, hatte unſer König nur zwey Kriege,
an denen das Königreich Ungarn einen entfernten, — mittelbaren Antheil nahm. Der Adel
inſurgierte einmal, und gab ein Don gratuit zu
den Bedürfniſſen deſſelben, fühlte aber dieſe bil-
lige Laſt kaum, weil er wuſste, was er dem
Hauſe Oeſterreich ſchuldig war. — Gerade damals, als der Kayſer Joſeph in ſeinen Staatsre-
formen mit raſchen Schritten einher wandelte,
und die Früchte derſelben — bald zu ſehen und
zu genieſſen hofte, brach der Krieg mit der Ot-
tomaniſchen Pforte aus, und fieng an für das

von

von den Gefahren und Laften des Krieges ent-
wöhnte Ungarn drükend zu werden. — *)

Die Landftände, (meine Lefer wiffen fchon,
wer fie find) waren gleich anfangs damit gar
nicht zufrieden, dafs der Kayfer den Frieden mit
der Pforte gebrochen, und den Krieg begonnen
hat, ohne mit ihnen die ganze Sache abzu-
machen. Die Landftände in Ungarn behaupten,
das Recht zu haben, mit gemeinfchaftlicher Ver-
abredung, welche auf einer Landtagsverfammlung
gefchehen mufs, den Krieg anzukündigen, den
Frieden zu befchlieffen. Es fcheint auch wirklich, in den meiften Fällen, Sitte gewefen zu
feyn, dafs der König, mit den Landftänden den
Krieg befchloffen, die Unkoften zu denfelben beftimmt, die Anordnung der Truppen (man hatte
damals nur eine Hand voll ftehender) und die
Mafsregeln zu dem ganzen Krieg verabredet hat.
— Bei nomadifchen und diefen ähnlichen Völkern, bei Völkern, bei denen noch nichts eingerichtet und fyftematifirt war, die fich alfo, bei
jedem vorkommenden Fall anders einrichten und
die zum Krieg erforderlichen Unkoften entweder
gleich

---

*) Für den Landmann ward er gewifs und im eigentli-
chen Verftande *drückend*. Denn diefer mufste fein,
durch unzählige Verfpannungen und Frohndienfte
abgemattetes Vieh, jetzt wieder doppelt *abhudeln*
laffen. Hievon künftig. Für den Edelmann und
Grundherrn war er das nicht. Diefe haben dabey
mehr als 100 pr. Cent gewonnen. Davon bald unten.

gleich zufammenbringen, oder nach und nach
abzuliefern verfprechen mufsten, wo fie überdem
verbunden waren, in eigenen Perfonen in den
Krieg zu ziehen, war das allerdings unumgänglich nothwendig. Dafs diefe Sitte, felbft zu den
bürgerlichften, vortreflich eingerichteten Nazionen, z. B. zu den Engelländern übergangen und
zum Fundamentalgefez erhoben fey, das foll keinen wundern. Bei folchen *recht bürgerlichen* Nazionen, kennet man den Charakter der Landftan-
de fehr genau; fie find unter gewiffen unabän-
derlichen Gefezen; man weifs zum Voraus, was
man von denfelben zu erwarten hat; ihre erften
Bürger (fie mögen Grafen, Fürften, Priefter
u. f. w. heiffen) zahlen zu den Bedürfniffen des
Staats, wie die lezten; man ift von ihnen überzeugt, dafs fie die *Contumaciam cum pernicie*
haffen, und *Obfequium cum fecuritate* lieben;
fie verdienen. es alfo, dafs man beim Ausbruch
der Kriege, ihre Repräfentanten (Parlamente
z. B.) zu Rathe zieht, und über die Verwaltung
der Gelder, jährlich, die Rechnung ablegt.
Und für das, *rara eft armatae multitudinis concordia*, ift fchon ohnehin durch weife Gefeze ge-
forgt. Die Art, Stimmen zu fammlen, zu würdigen, auszuführen, zu verwerfen, zu theilen,
zu verhindern, ift aufs genauefte beftimmt. Da
darf kein unbärtiger Knabe aufftehen um zu reden; Männer von foliden Kenntniffen, die das
Ganze vom eigenen Lande und das Ganze von
Europa umfafsen, fprechen; niemand unter-

N

bricht

bricht fie; ihre Stimmen werden nicht nach Gefchrei, fondern nach dem innern Gehalt gewür-
digt; Gefeze werden gehört; *auf Umftände, die
noch mehr als Gefeze befehlen, wird reflektirt*; jeder, auch der *geringfte* darf reden, mufs aber
auch feine Rede dem Ausfpruch der bedeutenden
Männer der Nazion unterwerfen; kurz: da ift
wahre, unpartheiifche Freyheit, Recht der
Menfchheit, gleiche Aufopferung privater Vortheile zum gemeinfchaftlichen Wohl.

In Ungarn — meinem unglüklichen Vaterlande --
ift das, bis jezt wenigftens, ganz umgekehrt.
Zu den Landtagsverfammlungen kommt: Krethi
und Plethi zufammen *). Noch ift die Art, Stimmen zu würdigen, immer das Gefchrei, einer,
mehr oder weniger armatae multitudinis. Un-
bärtige, unerfahrne, dumme Knaben helfen mit
fchreien, und geben bei den wichtigften Propo-
fizio-

*) Ich meyne dadurch nicht die Landbothen der Ge-
fpannfchaften und die übrigen gefetzmäfsigen Glieder
der Landfchaftstafeln — wiewohl auch diefe grofser
Reformen bedürfen, wenn dem Lande geholfen Werden foll. Ich meyne durch Krethi und Plethi eure
jungen Leute, Juraten, Patwariften, Schreiber, Schneider und Schnurmachergefellen, die fich fub titulo
der ungariichen Nationaltracht in die Säle einfchlei-
chen und jede vorkommende Propofition, nach Lau-
nen, Ligenfinn, Muthwillen, Leichtfinn *befchreyen.*
Ich mufste mir dies Wort „*befchreyen*" felbft machen.
Vernünftige meiner Nation werden es mir nicht übel
nehmen. Sie wiffen, fo gut, wie ich, dafs da *Unfug* getrieben wurde.

fizionen, den lezten, fchreienden Ton an, der
gewöhnlich auch den Ausfchlag giebt —

Will man ihnen auch die Schuld nicht geben,
dafs fie Contumaciam cum pernicie wollen: fo ift
es doch gewifs, dafs fie Obfequium cum fecuritate nicht gehörig zu fchäzen wiffen. Und was
das Wichtigfte ift, der Adel und die Geiftlichkeit in Ungarn, welche den Landtag ausmachen,
und dadurch den König kontrolliren, zahlen *jezt*
zu den Bedürfniffen des Staats gar nichts. Ehedem mufsten fie die Ausgaben zum Beften des
Reichs allein beftreiten. Befonders lag ihnen,
für ihre Vorrechte, die Pflicht ob, die Kriegsunkoften allein zu tragen. Die Revenüen der Kron-
und Kameral - Güter waren nie fo grofs, dafs
von denfelben der Hofftaat der Könige und die
Kriegsunkoften hätten können beftritten werden.
Ueberdem mufste der Adel und die Geiftlichkeit
mit in den Krieg, weil keine ftehenden Truppen
da waren. Es war alfo nothwendig und billig,
dafs man die Leute, welche oft ganze Jahre in
den Waffen ftunden, nahmhafte Summen zur
Kriegskaffe betrugen, und aus der Urfache, fehr
oft ihre Güter verfchulden mufsten, mit in das
Intereffe zog; bei der Ankündigung des Kriegs
ihren Beyfall, und bei den Planen, nach welchen
er geführt werden follte. ihren Rath einhohlte.
Seit dem 1715 Jahr, da man die Laft, ftehende Ar-
meen zu unterhalten, auf den armen ohnehin fehr
gedrukten Bauer wälzte, hat der Adel keine

Kriegs-

Kriegsſteuer bezahlt. Einige vermögliche Familien gaben freywillig ein Don gratuit her, und
die übrigen haben einmal inſurgirt. Allein dieſe
Inſurrectionen waren das, was ſie nach der jezigen Art Kriege zu führen ſeyn muſsten — eine
elende Streiferei. Jezt kann und muſs man ihrer ganz entbehren. Man hat ja geſehen, was
die türkiſchen Inſurgenten gegen geübte Kriegs-
männer vermögen! Strenge Diſziplin, Ordnung,
Standhaftigkeit und, was ſonſt noch dazu gehören mag, iſt immer mehr, als die perſönliche
Tapferkeit der türkiſchen Horden, welche dieſe
Diſziplin und Ordnung nicht kennen. Gerade ſo
wars auch mit den Inſurrekzionen. Mehr als die
Hälfte der inſurgirenden Truppen beſtund aus Männern, die ſo brav waren, als nur Männer ſeyn können.
Aber Harmonie und Ordnung iſt unter Menſchen
eine ſeltene Erſcheinung, die alle gleich ſeyn
wollen. — —

Nehmen wir nun dieſes alles zuſammen;
daſs der Adel zu den Bedürfniſſen des Staats gar
nichts beyträgt; daſs man ſeiner Inſurrekzion
entbehren kann und muſs, wenn es wohl gehen
ſoll; daſs der Ausgang ſolcher Berathſchlagun-
gen, die mit und unter einer *armata nobili mul-*
titudine geſchehen, äuſſerſt ungewiſs iſt; daſs
eine ſolche multitudo bald aus Muthwillen —
bald aus Liebe zu Privat - Vortheilen die beſten, wünſchenswertheſten Entwürfe vereiteln
und zerſtören kann: ſo war, deucht mich, der
Kayſer

Kayfer Joseph feines Theils zu entfchuldigen, dafs
er den Krieg eigenmächtig angekündigt und begonnen hat.

Ja, aber die adelichen und geiftlichen Güter-
Befizer find Herrn des Landes und des Bauers.
Wer das Land in einen Krieg verwikelt, der
greift die Rechte der Eigenthümer an; der fezt
fie wenigftens der Gefahr der Verwüftung
aus. —

Diefer Einwurf ift wichtiger, als man Anfangs beim erften Ueberdenken feines Innhalts
denken möchte, zumal, weil er auch in der Gefchichte und in dem Corpore Juris gegründet ift.
Nach der Gefchichte und dem Corpore Juris Hungarici ift es wahr, dafs die einzelnen Stüke des
Landes, ganze Güter, Herrfchaften, Kurien *)
mit den daran hangenden Vorrechten, Gerecht-
famen und Befugniffen, an gewiffe verdiente
Perfonen, mit mehr oder weniger Einfchränkung,

N 3 aber

*):Curia (im deutfchen vielleicht ein Edelhof) ift eine
adeliche Hausftelle, mit mehr oder weniger Feld, oft
nur mit fo viel Feld, als ein Bauer befitzt und bear-
beitet, welche felbft Regalia — hat, (und dies mit
dem gröfsten Nachtheil des Ganzen) und keine Steuern
und Abgaben bezahlt. Lächerlich ifts, wenn der,
gewöhnlich unwiffende, dumme Befitzer einer folchen Curia, ein Ritter, ein Landftand und Mitre-
gent feines Königs feyn will. — — Hinc illae la-
crumae, möchte ich fagen. Wenn folche Leute in
den Landtagsverfammlungen Sitz und Stimme haben;
fo mufs es da natürlich recht pohlnifch zugehen.

aber auch gegen gewiſſe dem Staate zu leiſtenden
Pflichten und Obliegenheiten, von den Königen übertragen wurden. Im Auslande nennt man das
Lehne (Feuda); hier in Ungarn, nennt man das
(Donationen) Schenkungen. Dieſe Donationen
und ſelbſt die einzelnen kleinen Kurien haben
hier zu Lande ſo viele Rechte und Gerechtſame,
als ſonſt nirgends in der Welt — ohne daſs ſie
jezt, den Pflichten und Schuldigkeiten unterworfen wären, mit welchen ſie an ihre erſten Beſizer
übertragen wurden, und denen ſie in der ganzen Welt mehr oder weniger unterworfen ſind.
Der Edelmann und der begüterte Geiſtliche iſt
hier alſo Herr des Landes, ohne für ſein Recht
auch nur etwas zu leiſten.

Der König ſoll ſie im Beſiz dieſer Rechte erhalten; er ſoll ihnen dieſen Beſiz garantiren; er
ſoll es machen, daſs der zahlreiche Bauerſtand,
im Gefühl ſeiner Menſchenrechte ſich nicht auf-
lehnt — daſs ein entſchloſſener Landmann zu ſeinen
Mitbauern nicht ſagt: Brüder, wir ſind Menſchen
eben ſo gute, freie, tapfere Menſchen als unſere Grundobrigkeiten. Beſſere Bürger des Staats
ſind wir gewiſs. Denn ſeht! wir füllen ſeine
Kaſsen, wir zeugen und erziehen die Vertheidiger des Vaterlandes; wir bauen die Straſsen und
wir allein bezahlen die Zölle; wir ernähren den
König, den Edelmann, den Prieſter; wir allein
tragen ſo manche ſchwere Laſten — während un-
ſei-, Grundherren und Prieſter, die Ruhe und
Sicher-

Sicherheit geniefsen, die wir ihnen verfchaffen!
Kommt! wir wollen den müfsigen Edelmann und
den unnüzen Prälaten uns gleich machen. Wir
wollen mit ihnen theilen, gleiche Menfchen und
Bürger feyn — es wenigftens dahin bringen, dafs
fie alle Laften des bürgerlichen Lebens nicht auf
uns allein wälzen. Wir find zahlreicher als der
Adel, und viel ftärker auch. Auf! weg mit der
Scheidewand, die fie, zwifchen uns und fich,
ohne uns, aufgeworfen haben. Lafst uns die
Fefseln zerbrechen, die man uns anlegte! Freyheit fey unfer Loos! Zur Freyheit ift jeder ge-
bohren!

Das Haupt des Landes foll diefe Sprache ver-
hüten. Es foll das, durch die Truppen thun,
die der Bauer dem Pfluge entzieht, ftellt und ernährt. Er foll den Bauer zum Soldaten anwer-
ben, vom Bauerfchweifs kleiden, unterhalten,
exerzieren und zum Vertheidiger der adelichen
Gerechtfame bilden. Er foll, für die Sicherheit
des adelichen Eigenthums — denn es giebt kein
anderes — die fchweren Sorgen der Regierung
übernehmen. Er foll dem Bauer Glotzka und
Hora, durch den, vom Bauer, aus der Kriegskaffe, die diefer allein füllt, uniformirten und
ernährten Bauer, auffuchen, feinen Meutereien
ein Ende machen, und exequiren. Er foll das
alles thun für die Sicherheit des adelichen Eigen-

thums

thums, welches zu den Bedürfniſſen des Staates
nichts abwirft, und ſeine Beſizer in behaglicher
ſüſser Ruhe ernährt.

„Ja! aber das iſt unſere *Konſtituzion*, daſs der
König den Krieg mit uns verabrede, uns bei unſerm Eigenthum, und den darauf haftenden Ge-
rechtſamen ſchüze, wenn wir auch für dieſe Ge-
fälligkeit und dieſen Schuz gar nichts entrichten!"

Einmal iſt das nicht wahr. Denn nach eurer
Konſtituzion ſeyd ihr zwar Herren des Landes,
ihr habt gewiſſe Rechte über euer Eigenthum, allein
dieſe Rechte ſind nach eben der Konſtituazion bei
euch eben ſo wenig, wie bei andern Nazionen abſo-
lut. Sie ſind mit gewiſſen denſelben entſprechen-
den Pflichten und Obliegenheiten verbunden. Denn
ihr alle habt vor dem unglüklichen Landtage 1715
gezahlt. Nur da habt ihr euch erſt von den Laſten, die auf euch lagen, losgemacht, und ſie dem
ohnehin unterdrükten Bauerſtande aufgebürdet.
Dadurch allein habt ihr euch ſchon, eurer Rechte
unwürdig gemacht. Habt ihr eingeſehen, daſs es
für eure Ruhe, und für die Sicherheit des Eigenthums nothwendig ſey, ſtehende Truppen zu unterhalten, um dadurch die ſchon damals halb unnüzen

nüzen Infurrekzionen, die euch von Zeit zu Zeit
ganz erfchöpften, von euch abzulehnen: fo hättet
ihr die Laft der Ernährung der ftehenden Armee,
die eigentlich euch vertritt, euch, als Herren des
Landes fchüzt, felbft übernehmen, und nicht auf
die Hälfe, des, ohnehin eurer willkührlichen Behandlung unterworfenen, Unterthans werfen follen.
Oder gefchah dies einmal, wiewohl es auf die von
euch befolgte Art nie hätte gefchehen follen: fo
hättet ihr den armen Bauer, der jezt, einer neuen,
für immer beftehenden Abgabe unterworfen wurde, durch deutliche menfchliche Gefeze, wenigftens von einigen Grundherrfchaftlichen Dienften
befreyen, und ihm gleichfam das, auf eine andere
Art, erfezen follen, was ihr ihm nahmet. Das wäre Recht, Billigkeit, Menfchlichkeit gewefen. Euer
ariftokratifcher Eigennuz liefs es aber nicht zu.
Der Bauer mufste jezt wie vorhero, nach eurer
Willkühr, oder nach eben fo willkührlichen Gewohnheiten, die ihr, wenn fie euch günftig waren.
gerne zu Gefezen erhebtet, eben fo viele Tage im
Jahr arbeiten, u. f. w. als damals, wie er noch kein
Kontribuzionsquantum zahlte. Vielleicht habt
ihr, mit der Vervielfältigung eurer Bedürfniffe, auch
noch feine Entrichtungen vermehrt. So viel ift
gewifs, dafs die Klagen über euch, bis zu den Ohren der grofsen Fürftin Maria Therefia, durch-
drangen. Ihre Menfchenliebe machte es, dafs fie
euch die Regulazion des Urbariums proponirte.
Euer ariftokratifcher Sinn hat es gemacht, dafs

N 5   ihr

ihr diefe Regulazion ungerne annahmet, und noch
wiederwilliger, ihr wüfstet felbft mit viel — — —
ausführtet.

Und diefes Verfahren — diefes Abwerfen der
Staatslaften, die ihr mehrere Jahrhunderte lang tru-
get — diefes Hinwälzen auf den Rüken des Un-
terthans — diefes Hingeben deffelben in|die Hände
des Königes — diefe Inkonfequenzen — diefe —
— — foll man für Heilighaltung eurer Konftituzion erklären?

Aber noch mehr. Könnte man diefes Verhalten auch mit eurer Konftituzion vereinbaren, —
könnte man es feyn laffen, wenn ihr faget: unfer
Bauer ift unfer Eigenthum; wir haben diefes Eigenthum mit dem Könige getheilt; wir haben es
benuzt zu unferm und des Landes Schuz; wir
konnten das alles thun, und uns doch alles das,
womit er gegen uns verbindlich war, vorbehalten:
— — fo habt ihr euch doch, auf eine andere, jedem denkenden, freien Mann unerwartete Art,
derfelben unwürdig gamacht.

Es ift weltkündig, dafs die Proteftanten in Ungarn, in alle, mit den Katholiken vollkommen
gleiche Freyheiten und Gerechtfame, durch Fun-
damental Gefeze, follenne Friedensfchlüfse und
Verträge, eingefezt worden find. Ich habe oben
bei einer andern Gelegenheit die Jahre angegeben

ben, da das gefchehen ift. — Ich kann mir den unwif-
fenden und unverfchämten Menfchen nicht denken,
der meinen Saz im Ernfte beftreiten wollte, woferne er mit der Natur der Verträge bekannt ift, und
mit denfelben vernünftige Begriffe verbindet. Nur
der, denf blinder Religionseifer und Fanatifmus
befeelt, kann etwas dagegen vorbringen. Die bürgerlichen und religiöfen Gerechtfame der Proteftanten in Ungarn, waren alfo Konftituzionsmäfsig.
Man hätte folglich über die Heiligkeit derfelben
halten, man hätte folche durch das Toben des katholifchen Clerus auf keine Art fchwächen follen.
Er felbft, diefer katholifche Clerus, die Prälaten,
und Magnaten, welche fich Stizen der ungarifchen
Verfaffung nennen — hätten, bei der Gelegenheit
der *Famofen Landtäge* 1681, 1715, ferner
bei Gelegenheit der berüchtigten *Religions-
Kommifsion*, und der fogenannten *karolinifchen
Refoluzion* fagen follen: „lafst uns die Proteftanten nicht druken ; fie aus dem Befiz ihrer Freyheiten nicht werfen; ihre Religionsfreyheiten von
der Gnade des Königs nicht abhängig machen;
die Autorität der proteftantifchen Stände gern
anerkennen, und uns mit denfelben, wie mit
Brüdern und Mitbürgern, vertragen. Ihre Freyheiten und Gerechtfame find Konftituzionsmäfsig,
und unfere Konftituzion ift heilig, ift uns allen
fehr günftig. Denn, treten wir, den Konftitu-
tionsmäfsigen Religionsfreyheiten der Proteftanten zu nahe; fchwächen wir ihre Kraft, es fey
gerade

gerade zu oder durch Machinazionen : fo beweifen wir dadurch, dafs uns an der Staatsverfaffung
nicht viel gelegen ift, dafs es uns gleichviel ift,
ob fie in ihrer Würde und Unverlezbarkeit befteht oder nicht. Laft uns den unpatriotifchen
Bemühungen der Jefuiten Widerftand thun,
für die Proteftanten beim König interzedieren,
und den Theil unferer Konftituzion, der die un-
eingefchränkte Religionsfreyheit betrifr, aufrecht
und heilig halten: denn vernichten wir die fo-
lemnen Gefeze der proteftantifchen Religionsfreyheit: fo kann das die fürchterlichften Folgen,
für die ganze Grundverfaffung des Königreichs
haben. — Dadurch geben wir ja dem Hofe einen
bedeutenden Wink, wie er die ganze Konftituzion umwerfen kann. Wir lehren den Hof, den
Schlufs machen : gieng es mit dem Umftürzen
der proteftantifchen Religionsgerechtfame glüklich
von ftatten: fo kann man fchon nach und nach
die Rechte der Eigenthümer untergraben, die
Gerechtfame des Adels einfchränken und endlich
das ganze Syftem der Ariftokratie über den Haufen werfen." So hätten die Ariftokraten katholifcher Seits fprechen follen, wenn fie nur einen
Funken vom wahren Patriotismus gehabt hätten.
Wir haben ihnen das vorgehalten ; fie auf die In-
konfequenz ihrer Handlungsweife aufmerkfam
gemacht. Aber alles umfonft. Der katholifche
Clerus als erfter Landftand brannte im blinden
Religionseifer, erfüllte mit ähnlichen Enthufiasm

die

die andern katholifchen Mitftände: die Religionsfreyheit der armen Proteftanten mufste Sklavin des katholifchen Clerus werden. So handelt man nicht, wenn man die Konftituzion für ehrwürdig hält; fo braufet man nicht, wenn man wahrer Patriot und Bürger ift! Aber die Grille von einem marianifchen Reiche

tantum potuit fvadere malorum

tantum: dafs ihr eure Mitftände unterdrükt, viele hundert taufend Menfchen, die eben denfelben Gott und im Wefentlichen eben diefelbe Religion verehren, gekränket, die proteftantifche Religionsfreyheit zur Sklavin herabgewürdigt und euch felbft, dadurch, der von euch bifs in den Himmel gepriefenen Konftituzion unwürdig gemacht habt.

Endlich macht eure Konftituzion von dem grofsen Gefez der Natur, das man Umfchaffung, Umwandlung, Veränderung nennt, keine Ausnahme. Der Tempel der Gefchichte, wozu auch die Gefchichte der Staasverfaffungen gehürt, führt die Innfchrift:

Scena; tranfitus; vanitas.

Tranfitorifch, eitel, dem Wechfel unterworfen, ift, wie alle andere Dinge, auch eure Konftituzi-

on

on. Einft mochte fie gut und zwekmäfsig gewefen feyn — Aber fchon vor dreyhundert Jahren taugte fie nicht viel. — Schon damals, feht
euch nur in eurer Gefchichte um — machte fie
euch unglüklich. — Sie führte euch unter die
Gewalt der türkifchen Bafchen, deren Sklav felbft
der Adel war, wenn er fich mit denfelben nicht
balgte und fchlug *) Ich kann mich nicht enthalten, noch einmal die treffende, Schilderung eu-
res Charakters herzufezen:

Malunt Contumaciam cum pernicie,

quam obfequium cum fecuritate.

So giengs euch fchon vor dreyhundert Jahren.
Seit dem haben fich fchon die Dinge wieder geändert;

*) Ein jeder Edelmann war verbunden, den türkifchen
Bafchen zu gewiffen Zeiten des Jahres, von feinem
Gut eine, feftgefetzte Kontribuzion zu zahlen. Bezahlte er diefe, fo durfte er dann mit feinen Unterthanen *gut türkifch* fchalten und walten. Barbarey und
nicht anders! Bezahlte er das ausgeworfene Congruum
nicht: fo fchickte der Bafcha feine Spahis zur Execution aus. Wollte oder konnte der Edelmann nicht
zahlen: fo kam es oft zu kleinen Kriegen. Die Spa-
his][fchlugen fich mit der Hofmiliz des Edelmanns.
Alfo ein förmliches Fauftrecht und feine traurigen
Folgen! Ob da Obfequium cum fecuritate nicht
beffer, nicht wünfchenswerther fey?

ändert; das Syſtem Europas wird von Tag zu
Tag organiſirter — es verlangt Organiſazion jeder Provinz, die in denſelben keine lächerliche
Figur machen will; alles ſoll gleichſam eine
Kette, ein Körper werden. In Rüchſicht auf das
Syſtem von Europa taugt nun eure Konſtituzion
gar nichts. Seit dreyhundert Jahren, gieng,
nur wenige ausgenommen, jedes Volk vorwärts.
Rufsland und Preuſsen und Holland mit Rieſen-
ſchritten — Schweiz, Engelland, Schweden und
einige kleinere Provinzen Deutſchlands langſame-
ren, aber eben ſo oder noch mehr ſicheren Schrit-
tes. ihre moraliſch-politiſche Macht, die Frucht
ihrer konſequenten Verfaſſung, wird in Europa
reſpektirt und giebt den Ton an. Frankreich iſt
auf dem Punkt, ihnen allen vorzukommen, wenn
es nicht zurük fällt. Es floh vor den Löwen,
der ihm mit Erwürgung drohte. Es wäre zu bedauren, wenn es ein Fraſs des Ungeziefers werden ſollte. Denn ich will mich lieber erwürgen
laſſen, von dem Könige unter den Thieren —
als dem, nach und nach mit unzählbaren Stichen
zerfreſſenden, Ungeziefer vorgeworfen werden. —
Ein Deſpot iſt fürchterlich, aber mehrere Deſpo-
ten, die deſto kleiner denken, je kleiner ſie ſind,
ſind noch fürchterlicher, — — — —

Unter

Unter den vorwärts rükenden Staaten Europas, blieb Ungarn *allein* *) auf den Punkte stehen, auf den es vor dreyhundert Jahren stand. Wenigstens dem Wesentlichen nach. Nach so vielen, so wesentlichen Veränderungen von allen Weltgegenden, den Morgen ausgenommen, blieb Ungarn bei seiner Konstituzion unveränderlich. Andere Zeiten, andere Menschen, andere Grundsäze, fordern auch Aenderung der Konstituzion. Aber man wollte an derselben wenig oder gar nichts ändern. Man blieb, wo man war. Und schon darum taugt die Konstituzion für jezige Zeiten nicht. Man sieht dieses deutlich genug an dem Beyspiele der Pohlen, mit welchen die Ungarn in vielen Punkten sich berünren. Polnische Landtäge sind zum Sprüchwort worden. Das mußten sie. Denn der Geist der Aristokratie ist da zu ausgelaßen. Er war es — ein losgebundener Teufel — noch am Anfang des gegenwärtigen Landtags. Erst seit einigen Monathen fängt er an, gelaßener zu werden. Vielleicht daß er schon ausgetobet hat. Aber es ist eine politisch-statistische Frage: ob die Ungarn bei ihrem eigenthümlichen Geist und unter den äußern Umständen, welche auf die Pohlen wirken, sich nicht noch

*) Allein —. das Wort nicht im strengsten Sinn genommen. Wäre Therese nicht gewesen: so hätte man in Ungarn die Jesuiten behalten, wenn sie gleich die ganze Welt abgeschaft hätte!!!

noch ärger, noch mehr anomalifch betrügen,
wenn fie unter ähnlichen Umftänden einen Landtag hielten?

Der Kayfer Jofeph mufste fich diefe Frage,
wahrfcheinlich bejahend beantwortet haben. Er
hat fich das, dafs es gefährlich wäre, die Ungarn
zum Landtage zu berufen, allem Vermuthen nach,
von folchen fagen laffen, welche die Sitten, die
Grundfäze, den Charakter und die Gefchichte
diefer·Nazion kennen. Denn aufrichtig, und
nur das gefagt, was die Gefchichte lehret: felten hat je eine Nazion fo viel politifche Sünden
begangen als die Ungarifche.*) Und man weifs
es ja, dafs der, der einmal im Sündigen ift, fel- .
ten wieder aufhört. Man mufs es ihm, mit Gewalt legen. Darum nun, weil die ungarifche
Konftituzion, in einem fo hohen Grade, in Rük-
ficht·auf die Politik unfers Zeitalters unbrauchbar

*) Möchte doch irgend jemand, der in der ungarifchen
Gefchichte bewandert ift, fich, über ein *Lexicon der
politifchen Sünden der ungarifchen Nation* machen. Eine
folche Schrift, zu einer gelegenen Zeit, etwa um
den Anfang des künftigen Landtags herausgegeben,
und, wenn fie eine Zufchrift haben follte und müfste,
der Landtagsverfammlung felbft zugefchrieben, wür-
- de eine wirkfame Augenfalbe feyn. Einige Materialien habe ich fchon zu einem folchen Lexiko gefammlet. Ihr Schickfal wird vird vielleicht durch das
Schickfal des Manch - Hermäons entfchieden.

bar ift — —, hat der Kayfer Jofeph bey Ankündigung des Kriegs von derfelben keinen Gebrauch gemacht, die Einwilligung der Stände
zum Krieg für unnöthig erachtet, und ihn erft
dann, als er fchon wirklich befchloffen war, durch
ein kurzes Refkript den Ständen infinuirt.

Ja. aber dann, wenn er von der Konftituzion ab-
gieng, wenn er uns an den Rathfchlägen des Kriegs
keinen Antheil nehmen liefs; hätte er auch keine
Subfidien verlangen follen. Hat er den Krieg
ohne uns, mit feinem Minifterio befchloffen und begonnen: fo hätte er denfelben auch *ohne uns* führen follen! Wir haben das Recht, den König, in
Kriegs- und Friedensangelegenheiten zu kontrolliren. Für diefes Recht haben wir auch die Pflicht
auf uns, alle Arten von Subfidien herzugeben.
Was uns das Recht nimmt, der löfst uns eben dadurch von der Pflicht auf.

An diefem Einwurf ift viel wahres, aber unendlich mehr falfches und inkonfequentes.

So viel ift wahr: Wollte der Kayfer Jofeph einmal für allemal, aus den oben angeführten Urfachen und Beforgniffen keinen Landtag halten;
wollte er fich auch in dem eigentlichen Kriegsma-
nifeft über die wichtigen Abfichten diefes Kriegs,
aus politifchen Urfachen nicht äufsern; fo wäre
es doch fehr vernünftig gewefen, wenn er — auf
Wegen, die man leicht finden und einfchlagen

kann,

kann, wenn man nur will, — das ganze Land, von
den Vortheilen belehrt hätte, die er, durch den
Türkenkrieg, demfelben zu verfchaffen willens
war, und noch verfchaffen wird. Das hätte auf
politifche und unpolitifche Köpfe in Ungarn recht
zwekmäfsig gewirkt. Denn wo es auf fichtbare
Vortheile ankömmt, da find die verfchiedenften
Köpfe fich gleich. Der Ariftokrat felbft giebt nach.
Durch folche Auseinanderfezung des mannigfaltigen Gewinns, den der Regent, feinen Ländern zu
verfchaffen verfpricht, werden die Unterthanen,
grofs und klein, in fein Intereffe gezogen, für feine Unternehmungen eingenommen. Der Gedanke: der König meint es mit mir gut; was ich
ihm geben foll, das nehme ich wieder mit Wucher ein, ift in dem Herzen der Unterthanen Zau-
berkraft. Diefer Gedanke, und feine unbefchreib-
ich-wirkfame Kraft, wird, durch die trokenen
Worte; Es ift unfer Wille u. d. m. keinesweges
hervorgebracht. Auf zwekmäfsige Manifefte und
konfequente Manifeftfchmiede, kömmt mehr an,
als man gewöhnlich glaubt! — Hinderten ihn politifche Reflexionen nicht: fo hätte er ganz deutlich, und konnte er das nicht, wohl durch Umwege
dem Lande folgendes erklären follen:

„Zu dem Kriege mit der ottomanifchen Pforte,
bin ich nicht allein, durch meine Bundsgenofsin,
die Kayferin aller Reuffen, fondern noch mehr,
durch ernfthafte Ueberlegung der grofsen Vortheile

theile verleitet worden, welche ich meinen lieben
Unterthanen verfchaffen will, und zu verfchaffen
gewifs hoffe. — Die Krone des Königreichs
Ungarn, welche mir, durch eine gerechte Erbfol-
ge, und den theils ftillfchweigenden, theils erklär-
ten Confens der ungarifchen Stände zu Theil worden ift, hat auf mehrere Provinzen der europäifchen Türkei Anfprüche, die dem ganzen Europa
als geltend bekannt find. Die einheimifchen Könige der Ungarn, befafsen folche, bald als gerade
Eigenthümer, bald als Lehnherren. Diefe Provinzen find nach und nach, auf Wegen, über welche eure Gefchichte helles Licht verbreitet, und
durch Mittel, von welchen fie ebenfalls die befte
Auskunft giebt, von der Krone abgeriffen worden.
Diefe Provinzen möchte ich wieder dem Königreiche
Ungarn einverleiben, und dadurch den Glanz der ungarifchen Krone erhöhen. Ueberdem ift das herrliche Land, das ihr bewohnet, nur darum noch
nicht fo glüklich, als es zu feyn verdiente, und
ich es zu fehen wünfchte, weil ihm die Induftrie,
die Künfte, überhaupt, die Betriebfamkeit aller
Art mangeln. *Sezt man euch in Anfehung diefer
Dinge mit andern Provinzen, in eine Paralelle - fo
erfcheint ihr in derfelben in einer traurigen Figur.
Ihr feyd zu träge, zu indolent, zu todt. Euer bürgerliches Leben, ift, das Leben eines phlegmatifchen
Körpers.* *) Und die Urfache davon, finde ich,
in

*) Die unterftrichenen Zeilen und Gedanken, hätte ich
als König, parodieren, und politifcher ausdrücken
laffen. —

in dem Mangel der Handlung. Hättet ihr diese, und folltet ihr auch, eine Zeitlang in Anfehung gewiffer Handlungszweige, nur die blofse Spedizion, und was damit verbunden ift, haben: fo würde euer Land und Volk feiner baldigen Aufnahme gewifs werden. Die Gegenden, an dem fchifbaren Strom *Donau*, den ich noch fchifbarer machen will, fo bald ich nur weifs, dafs euch damit geholfen ift, werden im Wohlftande aufblühen. Alle Bewohner des Landes, vorzüglich aber die *Deutfchen* und *Slaven*, die ohnehin induftriöfer, und für jezt wenigftens, jeder Art der Perfektibilität fähiger find, als die Urungarn, follen, unter dreyfsig Jahren, allen ausländifchen, glüklichen Unterthanen gleich kommen, werden. *) — Ihr habt

O 3   in

laffen. — Ich „Manch Hermäonifte" laffe fie ftehen. Ich habe nicht nöthig fie zu mildern. Warum? Weil ich nicht blofs auf den Bufch fchlagen, fondern auch eine Art von *Trepanazion* verfuchen will!

*) Meine Lefer wiffen das fchon aus einer Note, die ich oben gemacht habe: dafs der Deutfche und der Slave induftriöfer find, als die Ur - Ungarn. Die Gefpannfchaften, die ich oben angeführt und als zur Errichtung der Fabriken, qualificiert erklärt habe, find deutfche und flavifche Gefpannfchaften. Der Ur - Ungar ift ein indolentes Wefen! Sein Schafpelz, fein leinenes Gewand, das aus einem Hemde und Hofen befteht, fein Spek, ift alles, was er braucht. — Die Bedürfniffe, die er haben mufs, find alfo fehr einfach. — Aber fo einfach, oder mit andern Worten fo *unbürgerlich* ift auch fein xxx

in den obern Gegenden, befonders in der Arver,
Liptauer, Zipfer, Scharofcher, Beregher, und viel-
leict auch in andern Gefpannfchaften, *Waldungen,*
welche jezt fchon, und noch mehr, bei einer zwek-
mäfsi-

art und Handlungsweife. Rouffeau fände unter den
Ur-Ungarn am leichteften Copien zu feinem Original. Das, was fich von diefen Ur-Ungarn unterfcheidet, ift der Grundherr, der nach Preisburg oder
Wien kam; der proteftantifche Geiftliche, der in
Deutfchland, der katholifche Priefter, der in einem
auf den italienifchen Fufs eingerichteten Priefterhaufs
in .. in ... ftudierte; und der Handwerker, den
feine Profeffion in irgend eine deutfche Stadt oder
Provinz führte. Was man noch von Induftrie unter
diefen Leuten findet, z. B. ein wenig Küchen-Gärt-
nerey, das mufs man deutfchen Officieren verdanken.
Diefe lagen da in Quartieren; liefsen Sämereyen aus
Deutfchland bringen; bauten folche hier an, und
lehrten die Ungarn ihre Speifen mit andern umtau-
fchen. Der rohe Edelmann, lobt fich den rohen ungarifchen Bauer in feiner Nationaltracht, das heifst,
in feiner hohen Filz-Mütze, die wie ein ftumpfer
Zuckerhut ausfieht, in feinem Hemde und Hofen
von Leinwand und feinem Schafpelz und orientalifchen
Sohlen. Ich habe nichts darwider. So einfach als
es immer feyn kann, ift auch mein Grundfatz. Aber
er, der Edelmann, kleidet fich, meiftens aus dem
Auslande. Seine Pelzmütze, ift, aus Rufsland; fein
tuchenes Kleid, aus Holland; feine goldene Borten
vielleicht aus den Kremnitzer-Bergwerken, aber im
Ausland fabricirt; fein feidener Gürtel, aus Seide,
die der ungarifche Unterthan nicht produciert; feine
Corduanene Stiefeln — bezieht er aus der Türkey;
fein Hemde, wenn es feiner feyn foll, hat der Linzer

oder

mäſsigen Auffiçht über diefelben *) Holz zum
Schifbau liefern, und die Beſizer derfelben bereichern können. Ich will die Donau von Ulm an
biſs in das ſchwarze Meer hinab der Schiffarth
und den Handel öfnen. Eure Weine könnet ihr
dann auf eigenen Schiffen, in die Provinzen Ruſs-
lands führen. Kommen Fabriken und Manufakturen unter euch auf, wozu ihr denn wirklich die
meiſten rohen Materialien im Ueberfluſs habt: ſo
könnet ihr mit den Fabrikaten derfelben die Kü-
ſten des ſchwarzen Meeres, vorzuglich aber die
Tatarey, die noch nichts dergleichen produzirt,
verfehen. Unternehmende Handelsleute können
den ganzen groſsen Leinwandhandel aus Schleſien
und Pohlen an ſich ziehen, und dadurch den Pro-
fit, den jezt andere haben, für euer Land einzie-
hen und anwenden. Um den Handel zu erleichtern, will ich einige Flüſſe in eurem Lande durch
Kanäle vereinigen. Ueberdem will ich den von
euch ganz vernachläſsigten Straſſenbau aus allen
Kräften betreiben nnd unterſtüzen. Vorzüglich

O 4   will

oder Schleſier gefponnen, gewebt, gebleicht. — — —
Sieht er, den ungarifchen Unterthan gerne in feiner
Nationaltracht; warum läſst er ihm, feine National-
wohnung, die heute gebaut, Morgen abgebrochen
wird, nicht gerne? Sittlichen Grund eurer Verfaſſung — meine Landsleute! Dann wird es Euch in
Europa beſſer gehcn!

*) Daſs bis jezt keine Forſt-Ordnung — kein Gefetz
in Anfehung derfelben exiftirte, das geht noch
hin — ! Aber daſs man jetzt keines haben will, das
ift der Weg zum Ruin!

will ich eine *Hauptſtraſſe.* aus der *Trieſter*, *Fiumer*, und Bukarer Gegend, über *Peſt*, den künftigen Mittelpunkt des ungariſchen Handels bis nach *Gallizien* und die *Bukowine*; die andere Hauptſtraſse von *Peſt* aus. nach *Schleſien* und nach *Siebenbür-gen*, und vielleicht bis in die Walachey nach Bukareſt ziehen laſſen. *) Die übrigen Nebenſtraſſen wer-den nachfolgen, und von ſelbſt ſich bilden. Dies ſind meine Gedanken und meine ernſtlichen Wün-ſche, die die möglichſte und baldige Aufnahme eu-res Landes zum Gegenſtande haben. Ehe ich ſie aber realiſiren kann, muſs der Krieg mit den Tür-ken vorgehen, und, habt ihr Zutrauen zu mir, ſo weiſs ich, daſs er bald mit dem gluklichſten Erfolg zu Ende gehen wird. Die Türken, waren nur damals ſtark und euch fürchterlich, da ihr unei-nig, zerriſſen, und alſo ſchwach waret. Macht ihr

---

*) Wenn Ungarn irgend einmal aufkommen ſoll, und das kann es nur durch Handel - ſo glaube ich daſs jene zwey Hauptſtraſsen nothwendig ſeyn. Ich will hier, um beſſer verſtanden zu werden, *auf anliegender Kupfertafel*, einſt die Linien, die Straſsen werden ſol-len, ziehen.

Daſs gute Straſsen zur Beförderung des Handels die-nen, das weiſs jeder. — In Ungarn ſind die Straſsen ſchlechter, als ſichs jemand denken kann. Hie und da iſt ein Anfang gemacht worden, Straſsen zu bauen. Der arme Kontribuent muſste es thun, ohn-geachtet der Edelmann ſie auch in aller Rükſicht braucht. Die gemachten Straſsen gehen wieder ein, weil der Bauer — der von allen Seiten geplagt wird, keine Zeit hat, ſie zu repariren. O! des ariſtokrati-ſchen Ungars!

ihr jezt mit mir gemeinfchaftliche' Sache, haltet
ihr eure Stärke beyfammen, feyd ihr als Glieder
da, wo ich als euer Haupt bin, — und ihr müſtet
eure künftigen Vortheile verkennen, wenn ihr das
nicht wolltet: — fo find drey Feldzüge, zu denen
ich den meiften baaren Aufwand fchon erfpart habe,
zu meiner Abficht und eurem Glük hinlänglich."

So, denke ich, hätte Kayfer Jofeph den Ungarn, die jeden aufs Ganze gehenden, alfo *una-
riſtokratiſchen* Vortheil verkennen, wenn man ihnen folchen nicht vordemonftrirt, die Vortheile
des Türkenkriegs fchildern, und fie dem gemeinen Volk, auf welches alles ankömmt und das
ftark genug ift, die Abfichten feines Königs zu unterftüzen, begreiflich machen laffen follen.

Wäre das gefchehen, fo hätte vielleicht *) felbft
der ariftokratifche Theil des Landes, die anverlangten Subfidien bewilligt. — Aber fo hat man
unendliche Schwierigkeiten gemacht. Es war
Grofsmuth von Seiten der Regierung, dafs fie zu
dem erften Feldzug 1788 keine Kriegsfteuer ver-

O 5   lang-

*) Vielleicht, fage ich mit Bedacht. Gewifs kann ich
Nichts verfprechen. Denn ich habe unter allen den
mannigfaltigen Nazionen, die ich auf meinen Reifen
kennen lernte, keine weniger defixirte, unbeftimm-
tere, unftätere gefunden, als die ungarifche ift in
corpore. Einzelne Ungarn find biedere, brave, trakta-
ble Männer. Im Ganzen: malunt contumaciam cum
pernicie. Welch fchwere Pflicht, einer folchen Nazion
König zu feyn — !

langte. Da unterhielt fie die 300000 Menfchen, die
fie zu ernähren hatte, aus den vollen Kaffen und
Magazinen, — die zur Zeit des Friedens gefüllt
wurden. Gegen das Ende des erften Feldzugs,
der, wie es ganz publik ift, nicht ganz glüklich
war — wandte man fich an die ungarifchen Stände, um von ihnen eine nahmhafte Menge Getraydes zu bekommen. Aber auch dies war noch kein
eigentliches Kriegs - Subfidium. Denn man ver-
langte nur jene Quantität von Getrayde, welches
man in Anfehung des Preifses hoch genug taxier-
te, gegen Quittungen und Scheine, deren Werth
man zur Hälfte noch während des Krieges, die
andere Hälfte aber fammt den jährlichen Intereffe
pr. $3\frac{1}{2}$ Fl. von 100 Fl. in Friedenszeiten zu bezahlen verfprach.

Man fchrieb nun diefe Quantität von verfchiedenen Getrayde-Arten aus; lieferte fie in die K.
K. Magazine und bekam da die Hälfte des Preif-
fes im baaren, guten Gelde. Jedes edel und *bürgerlich* denkende Volk hätte das gerne gethan.
Nicht fo der ariftokratifch denkende Ungar. Ihm
fchien das unbillig zu feyn. Verblendet durch
feine unbürgerliche Konftituzion, glaubt er, dafs
ihn niemand, nicht einmal fein König, taxieren
dürfe. Er, der V. Gefpan, Stuhlrichter u. f. w.
taxiert den bürgerlichen Gewerbsmann nach feinem Gefallen. Er felbft will aber auf keine Art
taxiert werden. Und hier ift er taxiert worden,
d. h. hier ift ihm vorgefchrieben worden, dafs er,
der Edelmann, gleich den unadelichen Landmann

fein

fein Getrayde, um den beſtimmten, feſtgeſezten Preiſs an die Regierung verkaufen ſoll. Wenn das die Regierung in Friedenszeiten gethan, oder auch in Kriegszeiten einen zu unbilligen Preiſs feſtgeſezt hätte; ſo würde mich dieſes Murren nicht befremden. Man könte das für einen Eingrif in die Rechte des Eigenthums halten, zumal wenn *das Geſez der ganzen Nazion ein Geſez der Freyheit* wäre. Bedenke ich aber, daſs dieſe Taxazion in Kriegszeiten, alſo in Zeiten geſchah, wo jeder rechtdenkende zu dem allgemeinen Bedürfniſs gerne beyträgt, und daſs durch dieſe Taxazion keiner verkürzt wurde; ſo kann ich mich des gerechteſten Unwillens nicht enthalten. Dieſer Unwille über eine Nazion, die recht glüklich werden könnte, wenn ſie bürgerlicher dächte und handelte, zwingt mich, ſie hier, mit ihrer niedrigen, unbürgerlichen Denkungsart, vor den Augen des ganzen leſenden Publikums aufzuſtellen *). Leſer! vergleiche doch die folgenden

Ver-

---

*) Mein Unwille — ja mit dem Unwillen der Schriftſteller! — betrift die ganze Nation nicht. Ich kenne Edelleute, welche ihr Congruum gerne hin gaben. Ich kenne Bauern, welche mit ihrem Vieh, die ſchwerſten, koſtbarſten Reiſen in dieſem Kriege zum Beſten des Landes unternahmen. Ihr ſeyd jezt recht geplagt, meine lieben Leute! ſprach ich einſt zu einigen Bauern, welche mit *abgeroboteten* Vieh, eine weite Reiſe mit Fourage machen mufsten. Wir thans gern, Ew. Gnaden, ſprachen ſie; für den Kayſer alles; Wir hören, er will uns helfen, wiewohl uns e i n i g e das Gegentheil e i n r e d e n!

Verhältniſſe — urtheile als Menſch und Bürger darüber, und findeſt du das nicht, was ich finde, den gröſsten Undank, die gröſste Unbilligkeit und einen Eigenſinn, wie man ihn ſonſt ſelten findet: — ſo vergieb mirs, daſs ich die Sache ſo, und nicht anders, nenne. —.—

In den nachfolgenden Tabellen des Getraydepreiſses in Ungarn, wird jeder redlich denkende die Rechtfertigung meines gerechten Unwillens finden.

I. *Tabelle des Getraydepreißes,* in Ungarn ſeit der Theurung 1771 bis zum Ausbruch des Krieges, alſo bis 1787 inkluſive.

1. Preſsburger - Mezen, Weizen galt fl. 1. xr. 30

1. - - - - - Halbfrucht - - 1. -		12
1- - . - - - - Korn - - —		51
1. - . - - - - Gerſte - - —		45
1. - - - - - : Haber - - —		36

II. *Tabelle des Getraydepreiſes,* nach der *Aerarial - Schäzung* 1788, wie das Getrayde von der Regierung in die K. K. Magazine gefordert wurde.

1. Preſsburger - Mezen Waizen à fl. 2 xr. —

1. - - - - - Halbfrucht - - 1 -		30
1. - - - - - Korn - - 1 -		30
1. - - - - - Gerſte - - 1 -		15
1. - . - - - Haber - - 1 -		—

Der

Der Zufammenflufs von Menfchen aller Art, die einer Armee von beyläufig 300000 Mann nachgehen und mit der Armee effen wollen, vorzüglich aber der Aerarial-Schäzungspreifs des Getraydes, erhöhete den Werth deffelben, unter einigen Wochen fo fehr, dafs er auf einen hier zu Lande beyfpiellofen `Grad ftieg. Diefen hohen Werth zeigt die

III. *Tabelle*, *die den Marktpreifs der Getraydes darftellt*, wie ich ihn in der Ofner-Zeitung, und auf meinen Reifen in Fünfkirchen, Oedenburg, Tyrnau, Neufohl, Rofenau, Ka-fchau, Segedin und Arad, gefunden habe.

1. Prefsburger Mezen Waizen galt fl. 4. xr. —
1. - - - - - Halbfrucht - - 3. - 24
1. - - - - - Korn - - 3. - —
1. - - - - - Gerfte - - 2. - 24
1. - - - - - Haber - - 1. - 45

Hält ein denkender Menfch diefe Verhältniffe des Getraydepreifes gegen einander und fucht das Refultat derfelben mit unbefangenem Gemüthe; fo wird er der Regierung, die ihre Ausgaben wohl berechnen mufs, es gar nicht verargen können, dafs fie jenen in der zweyten Tabelle angegebenen Preifs feftgefezt hat.

Geht er aber weiter, nimmt er fich die Mühe, diefe Verhältniffe, nach einem angenommenen Dato, zu berechnen; fo wird feine Verwunderung über

über den Undank der Nazion, die durch den Türken-Krieg gewonnen hat, bis zur Beſtürzung ſtei-
gen. Vielleicht wird ſich nicht jeder Leſer dieſe
Mühe geben; darum will ich ihn derſelben über-
heben, und eine ſolche Berechnung vornehmen.

Nimmt man zum Beyſpiel an, daſs irgend ein
Edelmann von jeder Gattung Getrayde 100 Prefsburger-Mezen *in Vorrath* gehabt, und davon die
eine Hälfte gegen den *Schäzungspreiß* in die K. K.
Magazine geliefert, die andere Hälfte aber nach
dem *Marktpreiß* verkauft hätte: ſo betrug ſeine
Einnahme

von 50. Mezen Waizen	à fl. 2.	fl. 100. xr. —
50. - Halbfrucht--	1. x. 30-	75. — —
50. - Korn	-- 1. - 30-	75. — —
50. - Gerſte	-- 1. - 15-	62. - 30
50. - Haber	-- 1.- -	50. - —

Alſo für das nach dem Schäzungspreiſs in die
K. K. Magazine abgelieferte Getrayde fl. 362. xr. 30.

Die zweyte Hälfte von den hundert im Vorrath
liegenden Prefsburger-Mezen, wird auf dem
Markte, nach dem kurrenten Preiſs, verkauft.
Alſo

50. Mezen Waizen	à fl. 4. macht fl. 200. xr. -
50. - Halbfrucht - - 3. x. 24. -- 170. - -
50. - Korn - - 3. - - - - 150. - -
50. - Gerſte - - 2. - 24. - 120. - -
50. - Haber - - 1. - 45. - 87. - 30

machen nach dem kurrenten Marktpreiſs fl. 727. 30.

die

die ganze Einnahme, für die 100. Mezen
von jeder Sorte, welche theils in die K. K.
Magazine, theils auf dem Markte verkauft wurde, beträgt im Ganzen

fl. 1090.

Wäre der Krieg nicht ausgebrochen, fo
hätte jener Edelmann für feinen Vorrath,
nach dem alten Preifse, folgende Summe
eingenommen:

für 100. Mezen Waizen	à fl. 1. x. 30.	fl. 150
100.	- Halbfrucht -	- 1. - 15.	- 125
100.	- Korn	- - - - 51.	- 85
100.	- Gerste	- - - - 45.	- 75
100.	- Haber	- - - - 36.	- 60

im Ganzen nur fl. 495 —

die Kriegszeiten haben alfo feine Einnahme vermehrt mit   -   -   - fl. 595.

Und um kategorifcher im Detail zu fprechen;
der Edelmann, der nur 100. Mezen von jeder Ge-
traydeart im Vorrath hatte *), hat für 100. fl.

vor

*) Nach dem angenommenen Dato betrüge alfo die
Summe der verfchiedenen Getraydearten, von jedem
100 genommen, 500 Prefsb. Metzen überhaupt.
Viele Edelleute haben diefe Summe nicht. Denn,
die armen Teufel von Edelleuten, die Handwerke,
Künfte, Profeffionen treiben, oder etwa ein Bauer-
gütchen befitzen und bearbeiten, haben diefe Summe

vor dem Krieg, 220 $\frac{100}{495}$ fl. während des Krieges
eingenommen.

Daſs bei einer ſo plözlichen Erhöhung des Getraydepreiſses der Landmann überhaupt, alſo
auch der Grundherr, der mit dem gröſsten Nachtheil der, Frohndienſte verrichtenden, Unterthanen
weitläuftige Allodiaturen bebaut, ungemein viel
gewinnt, und daſs man dieſen, die in Ungarn
darniederliegende Induſtrie belebenden, Gewinn des
Landmannes, dem Kriege zu verdanken hat, das
ſieht jeder denkende Beobachter. Um deſto mehr
muſs ihn das Murren der Nazion, das -heiſst des
Adels, befremden. Dringt er, wie ich, bis auf
den Grund des Murrens; ſo muſs er böſe werden. Denn ſiehe, lieber Leſer! der Adel murret
nicht darum, daſs eine gewiſſe Quantität von Getrayde, in die K. K. Magazine, abgefordert wird.—

er

me nie beyſammen. Allein es giebt gewiſs, das we-
nigſte geſagt, hundert Magnaten und Edelleute, deren jeder, nach einem ſehr mäſsigen Calcul, nicht
500 ſondern 5000 Preſsburger Mezen von verſchiedenen Getrayde - Sorten *verkaufen* kann und wirklich
verkauft. Das iſt eine Summa von 500000 Preſsburger Mezen. Hätten ſie während des Kriegs nur die
Hälfte dem K. K. Aerario, und die andere auf dem
Markt verkauft, ſo iſt eine ungeheure Menge Geldes
ihnen zu Theil worden. Daſs ſie das erſte nicht gethan haben, das weiſs ich. Denn ſie haben — hie
und da — mit Hintanſezung der billigen Verhältniſſe,
die Vertheilung der zu liefernden Summen gemacht,
um auch den geringſten in Harniſch zu bringen.

er ift darum unzufrieden, weil man fie nicht,
nach den jezt laufenden Marktpreifsen, abfordert
— — . Hier, in diefer keinesweges geheimen,
fondern ausdrüklich geäufserten, in den Komitatsverfammlungen geäufserten Einwendung ver-
kenne ich den Ungar, der auf Vaterlandsliebe fo
laute Anfprüche macht, ganz. Zwar erkenne ich
felbft das Mögliche, das Gute, das wahrhaft
freye folcher Staaten, wo niemand taxiert wird;
wo jeder das, was er hat und produziert, jedem
Mitbürger, jedem Fremden, oder auch feiner
Obrigkeit, ohne alle Einfchränkung, um den *be-
dungenen* Preifs verkaufen kann; wo keine Ein-
fuhrsverbote, keine Ausfuhrsgefeze ftatt haben;
ja wo felbft die Landes - Obrigkeit es keinem zumuthen darf, dafs er für fie, für ihre Rechnung
arbeiten, und feine Produkte um einen beftimmten feftgefezten Preifs, ihr abliefern müffe. Ich
weifs es wohl, dafs wenn Engeland mit Holland
in einen Krieg verwikelt ift, die Engelländifche
Regierung in Holland, und die Holländifche in
Engelland, von jedem Partikulier, alle Arten von
Kriegsbedürfniffen negoziren, und fo gar die
Waffen felbft, gleichfam um *den beften Marktpreifs*, an fich bringen kann. Da heifst es: wer
beffer zahlt, der hat es. — Meine Regierung kann
es haben, wenn fie fo gut zahlt, als der Ausländer.
Das ift, glaube ich, die wahre Freyheit, welche
den Wohlftand des Kaufmanns, des Bürgers und
des Landmanns blühend macht. Freylich mufs
man *diefer Freyheit* manche *theure Opfer bringen*

P   fiey

freylich mufs'man durch verhältnifsmäfsig ftarke, gleich, ohne Anfehen der Perfon, zwekmäfsig ausgetheilte Steuern und Abgaben, die Regierung in den Stand fezen, dafs fie dadurch, allen Be- dürfniffen des Staats, in jedem vorkommenden Fall, ohne die Freyheit des Eigenthums und des Erwerbs anzutaften, abhelfen kann — —; freylich mufs der Edelmann wie der Bauer, der Lord wie der Bürger, der Gelehrte wie der Handwerker fein Vermögen gleichfam verzinfen — : aber dann hat er auch freie Hände, zu gewinnen was und wo er kann — er kann feinen Wirkungskreis, nach fei- nen beften Einfichten erweitern und beleben —. In einem folchen Lande 'der Freiheit wohnt fichs gut —. Der Preis, der für die Freiheit gegeben wird, lohnt mit fufsen Früchten. Da darf ich vor keinem kriechen, keines Menfchen Gunft erfchlei- chen. Da giebt es keine Exzeptionen und Ano- malien. Wer Steuern und Abgaben bezahlt, darf arbeiten, produzieren und verkaufen, was, wenn und wie er will und kann. Da mufs der verdien- te Bürger, dem unnüzen Befizer eines alten Per- gaments nicht nachftehen —. Da würdigt man die Dinge nicht nach Schein und Vorurtheil. Pa- pier ift Papier; Pergament, Pergament; Verdienft, Verdienft; Gefchicklichkeit, Gefchicklichkeit*) —.

Bezahlte

*) Die Ungarn prätendiren frey zu feyn. Sie find es wie alle Ariftokraten. Für jeden aber, der das Glück nicht

Bezahlte der ungarifche Adel, die Steuern und
Abgaben, die er zu den Bedürfnifsen des Staats
bezahlen follte: fo könnte er dem Könige gerade
urufen: taxiere mich nicht; ich habe mein Con-
ruum fchon gegeben. Brauchft du etwas für die
Armee: fo bezahle mich, wie ich dich bezahlt habe. So aber ift feine Unzufriedenheit eben fo un-
egründet als ftrafbar. Sie ift ein Beweis feines
igenfüchtigen, Ariftokratifchen Geiftes. Nicht
ufrieden damit, dafs das vermehrte Konfumo
les Kriegsvolks an den türkifchen Gränzen, den
Tarktpreis aller Gedreydearten fo erhöhet hat,
afs er jezt gegen den Marktpreis vor dem Kriege,
ch wie 1: gegen 4; und wohl auch gegen 5:
erhält und vorzüglich dem, der von Renten, Zin-
en, Kopf-und Händearbeit lebt, über alle mafsen
rükend wird, weil diefe, ihre Einnahmen auf
eine Weife, fo plötzlich, wie der Landmann,
rhöhen können — hätte er gerne, an feinem Kö-
ig, an feinem Kriegsvolk, zu deffen Unterhaltung
r gar nichts beyfteurt, Wucher, getrieben —,

P 2 jeden

nicht hat, ein altes Pergament zu befitzen, ift diefes
Land, ein Land der Sklaverey. Nie weifs man, wo-
ran man ift. Man ift ein Spiel einer willkührlichen
politifchen und iuridifchen Behandlung. — Frey
feyn, heifst wenigen, beftimmten, keine Exemzionen
leidenden Gefezen gehorchen. Wollt ihr frey
feyn, ihr Ungarn, im wahren grofsen Sinne frey, fo
müfst ihr euch unter wenige, beftimmte, dem Syftem
von Europa angepafste Gefetze reduzieren. Diefe
Redukzion wäre euer Heil. Der alte Schlendrian
befchleunigt euren Sturz!

jeden, der Brod kaufen muſs, auf eine unerhörte Art gedrükt, ſich aber Vortheile über Vortheile verſchaft, ohne dafür dem Publikum irgend einen Erſaz zu geben, ſeinem Vaterlande irgend ein Opfer zu bringen. Denn, hätten ſie vermocht den Kayſer dahin zu bringen, daſs er, die anverlangte Quantität, um den laufenden Marktpreis gekauft hätte: ſo wäre der Werth des Getraydes auf den Grad geſtiegen, der, mit der Hungersnoth —, verbunden zu ſeyn pflegt *). —

Der

*) Wenigſtens hier zu Lande. Und das ganz natürlich Der Ungar, der die fruchtbarſten Gegenden bewohnt, iſt zu indolent, zu unbürgerlich geſinnt, als daſs er auf die Zukunft bedacht wäre. — Von dem eigentlichen Bauer, gilt dieſes in jedem Verſtande. — Der ſorgfältigere Deutſche und Slovak *in den obern Gegenden* *), baut zu wenig, als daſs er vielen Vorrath erſparen könnte. Oft geſchieht es, daſs wenn er auch ein Landmann iſt, er doch Getrayde bald zum Brod, bald zum Anbau kaufen muſs. — Die Obrigkeit iſt noch nie darauf gefallen — denn das, *der Noth vorkommen,* war ihre Sache nie, in wohlfeilen

*) Das unterſtrichene iſt abſichtlich geſagt. Der Deutſche und der Slave, der, in den untern Gegenden mit den Ur-Ungarn vermiſcht wohnet, unterſcheidet ſich von dieſem zwar, in vielem Dingen zu ſeinen Vortheil, hat aber doch ſchon von dem indolenten Weſen des leztern einiges angenommen!

Der beſſere Theil des Adels, ſpannte die Forderungen des niederträchtigeren Theils herab, bewilligte, in den, zu dem Ende mit Konſens des

P 3   Kö-

len Zeiten, wo das Getrayde um Spottgeld verkauft werden muſs, eine der Volksmenge und den Beobachtungen über fruchtbare und Miſsjahre angemeſſene Quantität von Getrayde aufzukaufen, aufzubewahren und dann dem armen Volke in theuren Zeiten aufzuhelfen. — Wie leicht und wohlfeil könnte man, zu dergleichen öffentlichen Getrayde - Magazinen, die Thürme und andere öffentliche jezt unnüze Gebäude verwenden! Die Beſorgung des öffentlichen Getraydevorraths, würde in einem Lande, wo ſonſt alle Lebensbedürfniſſe Beyſpiellos wohlfeil ſind, auch nicht viel koſten. Dadurch würde man zwey wichtige, wohlthätige Abſichten erreichen. Einmal würde der Ankauf des Getraydes zu allgemeinen Bedürfniſſen auf die Zeit der Noth, den Werth deſſelben um ein merkliches erheben, und dieſes, die Hofnung eines höhern Gewinns den Landmann zum Fleiſs aufmuntern. Und zweytens wäre man vor einer allzugroſsen, die Kräfte des gemeinen Volks überſteigenden Theurung ſicher, wenigſtens ſicherer als jezt, da zwey Miſsjahre in dieſem Getraydereichen Lande allgemeine Noth — nach ſich ziehen können. Und wer leidet darunter mehr als der gemeine Mann und er faſt allein, — nicht die Beſitzer weitläuftiger Ländereyen, die ihr Getrayde, durch keine Noth gedrungen, auffſparen, und dann Wucher treiben können. Gute zweckmäſsig eingerichtete *Polizey, ſoll jedem Landesübel zuvorkommen.* Ihr Ungarn, wie ihr gewöhnlich ſeyd, habt aber keinen Begriff davon, vielweniger alſo die Sache ſelbſt!

Königs wieder gehaltenen Komitatsverfammlungen. die anverlangten Summen von Getrayde, um den, in der zweyten Tabelle angegebenen Preis, und lieferte fie in die K. K. Magazine ab. Nur einige wenige blieben mit denen auf fie ausgeworfenen Summen zurük. Einige; die mehr verfprochen hatten, als fie geben konnten, entweder aus patriotifchen Eifer gegen den Kayfer, oder weil die Verfprechungen und Adrepartizionen zu einer Zeit gefchehen, wo das Getrayde noch auf der Wurzel ftand — und wo man alfo den Ueberfchlag noch fehr ungewifsen Daten machen mufste. Wie inkonfequent doch die Nazion und ihre Vorfteher find! Sie repräfentirten fehr oft unbedeutende Kleinigkeiten. Aber eine Sache, die es gewifs verdient hätte, dem Hofe vorgeftellt zu werden, die Sache, dafs man vor der Vollendung der Erndte nichts gewifses verfprechen könne, liefsen fie aus der Acht. Mir ift es wenigftens nicht bekannt, dafs fie etwas ähnliches unternommen hätten. Und haben fie es wirklich gethan, nun fo handelte der Hof inconfequent und ungerecht, — wenn er auf die ungewifse Erndte, geiwfse herzugebende Summen ausfchrieb und forderte. Andere — ich könnte fie fo gar näher charakterifiren, hielten die ihnen zugetheilten und verfprochenen Summen darum zurük. weil, wie ich fchon oben berührt habe, der Preis des Getreides, binnen einer kurzen Zeit, von 1 auf 4: bifs 5: ftieg, und fie demnach bei dem von det Regierung veftgefezten Preifs von 2; nach dem Marktpreis andere zwey, *nach ihrer unbürgerlichen*

Mey-

Meynung, verloren, nach meiner Moral und bürgerlichen Denkungsart aber, der Vaterlandsliebe,
dem gemeinen Beften, dem Publiko zum Opfer
gebracht hätten. Unter folchen Umftänden follte
man kein Opfer für theuer genug halten. So denkt
der redliche Bürger, der nomadifchgefinnte anders.
Der perfönliche - privat Vortheil, überwiegt die
fchwache Vorftellung, die er vom gemeinen Beften von bürgerlicher Aufopferung fürs Ganze hat,
mit vielen Graden. Eben darum hat man hernach
diefe nomadifchen Sonderlinge, diefe Anomale in
bürgerlichen Gefellfchaften exequirt; ihre Schüttböden erbrochen, und die auf fie ausgeworfenen Getraydefummen, auf Rechnung der Regierung in die K. K Magazine geliefert.

Gewalt diefer Art, wenn die Vorráthskammern,
in welchen ich mein Eigenthum aufbewahre, erbrochen, und ausgeleeret werden, ift freylich eine
Art von ungerechten Eingrif in meine Eigenthumsrechte, welche Eigenthumsrechte der Monarch und der Unterthan gleich heilig halten follen. Und darum, war des Gefchreys, des Kla-
gens, des Drohens, kein Ende, von Menfchen, die
diefe Gewalt fich gefallen laffen muften. In der
That, ifts eine erfchrekliche Sache, wenn ich, als
Edelmann, Richter, Priefter, Herr, Polizeydirek-
tor, Fürft, und mit einem Worte alles — denn,
in Ungarn ift der Grundherr das alles, — es zu-
laffen mufs, dafs mein Kornhaus erbrochen wird,
und ich für die weggenommenen Früchte, halb

F 4   Geld,

Geld, halb Obligazionsfcheine bekomme. Da
möchte man ja, befonders wenn man, als *Nomadifcher Edelmann*, für burgerliche Aufopferung
keinen Sinn hat, alles todt fchieffen, oder felbft
aus der Haut fahren.. Indeffen giebt es doch
mannigfaltige Fälle, in welchen man, ohne — den
heiligen Rechten des Eigenthums nahe zu treten,
— auf Geheifs der Regierung — zum allgemeinen Beften, — unter den Augen der Obrigkeit —
gewiffer Starrfinnigen, unbürgerlichen Menfchen,
Schüttböden erbrechen, und das, was fie, es fey
verfprochen, oder, nach dem Urtheil der Obrigkeit zu geben hatten, wegnehmen darf. Und gerade diefer Fall ereignete fich hier in Ungarn, an
einigen Menfchen.

Es ift einem jedem, in der ungarifchen Staats-
Verfaffung bekannten, einleuchtend, dafs hier —
kein pohlnifches *nepozwoljm* gelten kann. Das
pohlnifche *nepozwoljm*, war einmal mehr oder weniger, als ein — Analogon da. Als ein Analogon fage ich. Denn, ich erinnere mich, in der ungarifchen Gefchichte, ich glaube, in der von *Gebhardi*, gelefen zu haben, *) dafs einige Landftände
bei einer gewiffen Gelegenheit, und es verfteht
fich

---

*) Jede kultivirte Nazion hat Männer, die ihre Ge-
fchichte aus jedem Gefichtspunkt aufnehmen und befchreiben. Die Hiftorien von Ungarn — find zum
Theil Sammlungen von Mährchen. — Ein *Gebhardi*,
ein Ausländer fchrieb die befte. Wer konfequent ift,
mache Konfequenzen — — — !

lich, bei Propofizionen, die ihnen unangenehm wa-
en, die Landtagsverfammlungen, ohne Vorwiffen des
Königs verliessen, und dadurch die Frucht eines ganzen *Landtages*, welche, *die Nazion immer höher halten
follten* — in ihrem Keim zertraten. Diefer *nepozwoljm* eines einzigen Menfchen, welches allein,
eine ganze Nazion, als *Scopas diffolutas*, auf dem
politifchen Auskehricht bringt, bringen kann, —
gilt hier nicht, — Vielmehr gilt hier das, was
felbft in einem höchften politifchen Dikafterio,
und oft in einem Komitat — mit und durch Mehr-
heit der Stimmen entfchieden wird, für ein Gefez.
Noch mehr, Man hat, felbft dem einzelnen Ausfpruch eines Regenten, die Kraft und Verbindlichkeit des Gefezes eingeräumt, und ift dadurch, jezt
wenigftens, in einen äufferft wichtigen Widerfpruch
gerathen. *) Die Getrayde-Subfidien zum Türken-

Krieg

*) Was ich fchon oben gefagt habe: *man wiffe es in Un-
garn nicht, wie man daran fey*; das mufs ich hier
wiederhohlen. Gefetze, wodurch den Proteftanten
bürgerliche und religiöfe Exiftenz, Freyheiten Gerechtfame eingeräumt werden — find Landtagsver-
träge, Friedensfchlüffe und Sankzionen als Refultate
der Landtags - Debatten. Und doch haben, die Kayfer, Leopold, Jofeph, (nicht allein und aus fich
felbft) Karl, Maria Therefe — auffer den Landttägen,
für fich felbft, de nobis, fine nobis, in den Freyheiten der Proteftanten abgeändert, blofs, weil fie
von Beichtvätern, Bifchöfen und Jefuiten dazu verleitet wurden. Hätte nur ein einziger Katholik damals gefagt: es ift nicht recht, weil es nicht Land-
tags-

Krieg wurden vom König verlangt; fie wurden
von den zwey höchften Landesftellen bewilligt. —
Denn, im vorbeygehen — erinnere ichs, — die
Männer,

tagsmäfsig ift! — 'Aber es war ihnen recht, weil es
ihnen günftig war — die Proteftanten fo, von aller
Aktivität ausgefchloffen zu wiffen. — Ferner war es den
Proteftanten erlaubt, fich, überall, ohne alle Einfchränkung anzufiedeln. Und doch hat man, nicht
auf den Landtägen — Denn das hätten wir doch
verhindert — fondern per *privileginm Regum*, ohne
Landtag es ausgewirkt, dafs fich, in denen oben,
unter der Rubrik „Toleranz" genannten Städten
„Tyrnau, Neutra, Gran, Erlau, Kalotfcha, Ofen,
Peft, Fünfkirchen, Stein am Anger, u. m." kein
Proteftant anfiedeln durfte. Auch das, dafs die Proteftanten in ihren bürgerlichen und religiöfen Freyheiten, in den genannten Städten gekränkt wurden,
dafs fie fo gar in einigen derfelben — ein gewaltthä-
tiges Confilium abeundi bekamen, und weil es ge-
waltthätig war, es auch befolgten, war nicht Landtags - Verordnung. Nein! Beichtväter, Bifchöfe, zum
Beyfpiel, Seleptfchini, Kallonitfch, Efterhazy, Bar-
kokzy, u. Jefuiten fpielten diefe Kabbalen — und man
war froh, dafs fie gelungen. Seht, katholifche Ungarn! — ihr wart von jeher *Sklaven des Klerus —
zur Unterdrückung der* Proteftanten *, aber dadurch auch
zur Vernichtung_enrer politifchen Gerechtfame!* Diefes
lezte kann man nicht oft und nachdrüklich genug fagen. Es ift eine gegründete Bemerkung, dafs fo,
wie die Proteftanten nach und nach ihre Freyheiten
verloren — auch die Ungarifche, freylich fchlechte
doch gepriefene Verfaffung — herab kam. Gut! unfer Verluft wäre zu verfchmerzen — wenn nur das
Ganze dabey gewonnen hätte! — — — — —

Männer, die da angeftellt find, — denken bürger-
licher (wenn fie nicht Jefuiten find;) — durch Komitats - Magiftratual - Perfonen, welche gebohrne
Ungarn find, auf, die, die fie geben follten und
konnten, — in manchen Gefpannfchaften, mit vieler Partheylichkeit — ausgeworfen. — Alles das,
hat allerdings, die Geftalt einer rechtmäfsigen
Steuer, Jeder gut denkende gab fie willig her.
Nur einige Eigennützige wollten fie nicht liefern.
Man wufste es, dafs fie, gleich den verderblichen
Wucherern ihr Getrayde den Bedürfniffen des
Staats entziehen und mittelft der plözlich geftiege-
nen Marktpreife auf höhere Prozente bringen wollten. Darum nahm man die denfelben zugetheilten Summen executionaliter weg.

So ohngefähr ftunden die Sachen, bis gegen
das Ende des zweyteu, für die öfterreichifche Armee ruhmvollen Feldzuges. Im September und
Oktober der vorigen 1-89ften Jahres, fchrieb die
Regierung, welche fich auf den dritten Feldzug
mit Proviant verfehen wollte, abermal Getrayde-
Subfidien aus. Was die übrigen Provinzen Oefterreichs dazu fagten, — dafs weifs ich nicht. Vielleicht haben fie die anverlangten Summen ohne
Widerfpruch und Lärm, bewilligt. — Vielleicht
fo ohne Lärm alles zugeftanden, wie die Böhmen
ihre Krone ohne Lärm und Geräufch, von Wien
nach Prag abgeholt haben.*) Nicht fo die Ungarn.

ver-

*) Diefe Thatfache verdient der Welt (bekannt gemacht
und mit dem, was in Ungarn gefchah, verglichen

zu

vermuthlich weil fie, ein weit gröfferes Quantum
her geben follten, als alle andern öfterreichifchen
Pro-

zu werden. Es verbreitet auf beedé Nazionen ein
gewiffes Licht — in welchem fie der Menfchenkenner mit Vergnügen oder mit Mifsmuth fieht.

Beyde Kronen — die ungarifche und die Böhmifche, wollte Kayfer Jofeph gerne zu Wien in feiner
Schatzkammer haben. — Warum? Die Regenten Haben viele und oft auch keine Antworten auf ein
Warum. Genug; Jofeph hatte gewifs feine Urfachen.
Er forderte alfo die Böhmifche Krone den Ständen
ab. Sie antworteten recht gründlich — Sie fagten:
Der König müfste, follte da feyn, wo die Krone ift,
und nicht vice verfa und was fie fonft noch fagten.
Endlich fahen fie den beftimmten Willen des Kayfers
und fchickten fie nach Wien. In Anfehung der ungarifchen Krone, wandte er fich an die Stände nicht.
Er trug es nur den Grafen, B. u. K. als Kronhütern
auf, die Krone, die in Prefsburg aufbewahrt wurde,
nach Wien zu bringen. Der eine der Kronhüter,
ftellte dem Kayfer vor: Die Gefeze forderten es, dafs
die Krone im Lande bleibe u. f. w. Mein lieber
Graf, war die 'Antwort, ich hätte nicht geglaubt,
dafs er auch an dem Vorurtheil hängt — und dies
vermochte die beeden Grafen, die Krone, aus dem
Prefsburger Schlofs, — wie man fichs erzählt, unter
Donnerfchlägen aus lichten Wolken — dem Aberglauben ein böfes Omen — nach Wien abfchicken zu
laffen. Seit dem war nun, — fagt ein altes Mütter-
chen — das, die Krone für eine Bundeslade —
hält, — kein Seegen im Lande.

Auf-

Provinzen zufammengenommen. Das kann, beim erften Ueberdenken, ungerecht fcheinen. Aber es ift

Aufrichtig — ein grofser Theil des Volks murrte darüber, geftimmt vom aberglaubifchen Ritter und Mönch. Der Kayfer achtete des Murrens nicht; er behielt den heiligen Schaz — in Wien. Eine gewiffe Gährung, die, im Oktober 1789. begonnen hat, und bis jezt Ende Merz 1790., unter dem Adel in Ungarn fortdauert, — vorzüglich aber die tödtliche Krank-heit Jofephs — in Krankheiten denkt man — klein-müthig oder ernfthaft — was man will — bewog den Kayfer auf das immer noch anhaltende Bitten der verfchiedenen Landftändetafeln, die Krone aus ihrer Gefangenfchaft — fo fagt man — zu entlaffen. Den Jubel, den lärmenden Jubel, mit welchem fie der Adel, fchon an der Gränze und noch mehr in Ofen empfangen hat, kann ich nicht befchreiben. So was mufs man fehen — und ich armer — der ich in Wien bleiben mufste — konnte das nicht. Nur aus Briefen meiner Freunde und ei-nigen Bewillkommungsgedichten und Reden weifs ichs, dafs der Adel im Pefter Komitat eine Art von einen uniformirten u. berittenem Corps (man heifst es hier Palatinal - Banderium) errichtete und der Krone entgegen zog; dafs die Pefter und Ofner Bürgerfchaft, das General - Seminarium (die Theologifche Fakul-tät mit ihren Zöglingen) die drey übrigen Fakultä-ten der Univerfität, u. d. m. aufziehen mufsten; — dafs man am 21 Februari wenigftens 500 Schüffe aus Kanonen that; den 22. ohngeachtet die Nachricht von Jofephs Tode fchon in Ofen feyn mufste, das Te Deum laudamus fang, wobey der Kardinal Erz-bifchof von Gran, mit vielen Gepränge das hohe Amt hielt; dafs die Stadt illuminirt wurde: dafs man bey

ist Wohlthat. *Der Akerbau in Ungarn.* nicht durch den Fleifs, den man darauf verwendet, denn der ist

bey dem Rathhaufe in Ofen Wein rinnen liefs; dafs die blofse Nachricht von der Ankunft der Krone, über den Adel einen gewiffen Natioualgeift ausgofs; dafs die Damen ihre französifche Tracht wegwarfen, zum Theil verbrannten; jeder adeliche vermögliche Jüngling einen Hufaren - Säbel fich machen liefs; auf alle: Verordnungen Jofephs ohne Unterfchied fchimpfte — und dafs ein Komitat, von Einem weifs ichs gewifs, die Schriften, welche einft zur Grundlage des phyfiokratifchen Syftems dienen follten, vetbrannt hat, — dafs — — dafs — — — . Doch es ift genug. Ich lobe mirs, wenn eine Nazion durch ihren Nazionalgeift fich auszeichnen will. Nur mufsten die Aeufserungen deffelben, einen *beftimmten Grund*, *Abficht* und *Maafs* haben· Hier nichts von alle dem. — Es war und ift eine Art von Fieber. — Den Ausgang deffelben, mit einftweiliger Sufpenfione iudicii will ich abwarten, und diefen fehr kranken Staatskörper, wie ich ihn nach dem Paroxysmo finden werde, in der Fortfetzung diefes *Manch - Hermüous*, wozu ich mich wirklich anheifchig mache, fchildern.

Das Benehmen der Böhmen, ift von einer ganz andern Art. Der Kayfer klein — weil er krank war, trug ihnen die Krone an. Nein! fagten fie: Böhmen ift von je her mit Oefterreich innigft verbunden; — die Krone wäre in guten Händen; — fie follte auch ferner in Wien bleiben. Das Wollen der Könige hat feine eigene Art. — Die Krone mufste aus der Schatzkammer in Wien nach Prag wandern. Sie ift dahin gebracht worden, ohne dafs jemand aus dem Fenfter gukte! — Servitus Bohemica -- wird man fagen. Nein! Böhmen war grofs und berühmt, als Ungarn, für das

ift fo klein als möglich. befonders in den Gegenden an der Donau, und der Theis — fondern, durch das groffe Terrain, den er einnimmt, und *die innländifche Konfumzion* find Verhältniffe, die vielleicht in ganzen Europa nicht ungleicher feyn können. Der Akerbau ift grofs, die Konfumzion unglaublich klein. Der Akerbau ift fo grofs, dafs der ungarifche Bauer fich bis jezt die Mühe nicht nimmt, ordentliche Drefchtennen zu bauen, und fein Getrayde mit dem Drefchflegel, oder irgend einer andern Mafchine im Troknen zu drefchen. Seine Tenne ift, fein Aker unterm freyen Himmel; da läfst er, zufammen in eine Reihe gekuppelte Pferde darüber laufen und das, was er fo, mit Verluft eines guten Theils der Körner austritt, bringt er in eine unterirrdifche in der Geftalt eines länglichten Topfs zubereitete Höle, (Grube) in welcher auch fehr viele Körner verdorben werden. Davon bringt er nun einen Theil zu Markte, und bekömmt für einen Prefsburger Mezen, den geringen, in der erften Tabelle oben noch viel zu hoch angefezten Werth. Dafs die Konfumzion, welche uns die Armee im Türkenkrieg verfchaft hat, für jeden Landmann eine Wohlthat ift, das habe ich oben bewiefen. Meine Rechnung kann ich verbürgen. Selbft die Grundherr-

das Volk genommen, noch nichts war. Sittlichen moralifchen Grund eurer Konftitution ihr Ungarn; fo wird euch eure Krone als ein unbedeutendes Klümpchen Gold erfcheinen.

Q

herrfchaften in Ungarn können es nicht läugnen, dafs der Ertrag ihrer Güter durch den Türken-krieg nicht etwa nur um ein nahmhaftes, nein! um das alterum tantum erhöhet worden ift. Mei-ne konfequenten Lefer wiffen nun, wohin ich zie-le., Ich will fagen: der Kayfer Jofeph, der gewifs, wenigftens dem Herzen nach — ob nun diefes Herz immer einen fichern Leiter an feinem Ver-ftande hatte? das werden feine unpartheyifchen Biographen ausmachen, — — ein Menfchen-freund war, befonders aber den Landmann zu he-ben wünfchte, — hat blofs darum, dem, an Kon-fumenten armen Königreich Ungarn, noch einmal fo viel Kriegs-Getrayde-Subfidien zugetheilt, und zutheilen laffen, damit der Getraydepreifs, der, wie gefagt, ehedem, dem Landmann keine Auf-munterung gab, fich noch höher fchwinge. *)

Blin-

---

*) Diefe Note wird nun nichts helfen. Für jetzt nichts. Das Fieber der Ungarn läfst mich fürchten, dafs fie diefe Note, wie der Febrizitant *anftarren* wer-den, ohne fie zu *verftehen*. Ueberdem, fiud ja, die fogenannten Ausmeffungsakten hier zerriffen, dort verbrannt. Aber den Ausländern und der Nachwelt, mag doch das, was ich hier fagen will, wichtig und nüzlich werden. Nach dem phyfiokratifchen Syftem foll der Grund zahlen. — Der Grund — der mit meinem Fleifs bebaute — der in Anfehung des jähr-lichen Erträgniffes fo ungewiffe Grund? Ja, fage ich, der foll zahlen, ohne dafs irgend jemand zu kurz oder frey davon kömmt. — Der Kayfer verfchafte euch mit feiner Armee, die den Trofs derfelben mit-gerech-

Blinder, unvernünftiger Widerwille, der den Kayſer
nur darum traf,weil er nicht adelich,ſondern bürger‑
lich,d. h. für das Ganze, und nicht ausſchlieſ‑
send nur für die Ariſtokraten, günſtig dachte, blen‑
dete die am Brett ſizenden Ungarn. Sie bemerk‑
ten den Vortheil nicht, den man denſelben ‑da‑

Q 2   durch

gerechnet — etwa 300000 Mann, in allen Gränzen,
ſtark war, einen nach den obigen Rechnungen allen
Glauben überſteigenden Gewinn. — Ihr habt für
eines, viere bekommen. Verſteht ſich nun ein Regent
darauf, einem Lande, welches den Akerbau treibt,
Konſumenten, nach Verhältniſs des Ackerbaues zu
verſchaffen, und das kann und muſs er, wenn er je‑
ne Liſten der ſo nöthigen Popular‑Konſkription —
und die Akten der Ausmeſſung, emſig, mit um‑
faſſenden Geiſte ſtudiert und neben bey noch ein
kaufmänniſches Genie iſt, wie der künftige Thron‑
folger gewiſs ſeyn wird und muſs, wenn er nicht
zurückbleiben will: — ſo iſts ihm ja etwas leichtes,
den Werth des Getraydes, mit einem Worte: der
Naturprodukte, trotz der Allmacht der Vorſehung. —
auf dem jetzigen Punkt zu erhalten. Da bekommt
ihr ſtatt 1. 4. Zu dieſen 3. welche das vorige 1.
überſteigen, kontribuiren die Soldaten, die Gelehr‑
ten, die Künſtler, die Handwerker, die Taglöhner,
mit einem Worte: reine Konſumenten, treulich bey, weil
ſie ohne euch nicht leben können. Durch einen ſolchen
Werth der Naturprodukte, ſetzt der Landmann, den rei‑
nenKonſumenten wirklich in eineArt von Kontribuzion.
Wie inkonſequent iſts demnach, daſs dieſer noch
einmal kontribuire. Und wie ungerecht iſts, daſs
ihr, von euren Gewinn nichts abgebet. Wärs nicht
billig von den 3, wenigſtens ⅔ gerne herzugeben?

durch in die Hände fpielen wollte. Die gewifs
wohlthätigen Abfichten des Kayfers wurden verkannt und verdächtig gemacht. So bald man es
durch Privatberichte erfuhr, dafs man fo grofse
Kriegsfubfidien fordere, fing man an, über die
Verlezung der Konftituzion zu fchreyen. Das
gab Lärm. Diefer Lärm — anders kann ich das
nicht nennen, wcnn ich auch einige kultivirte
und weiterfehende Männer ausnehme, die, mit
dem Geift eines *geläuterten Patriotifm* fprachen
*) wurde in den bald darauf ausgefchriebenen
Gefpannfchaftsverfammlungen lauter, gröfser.
Noch ehe man fie hielt, konferirte der Adel und
die katholifche Geiftlichkeit — denn die Städter,
find, in das Syftem der ungarifchen Ariftokratie
zu wenig eingeflochten —, was man denn auf die
Anträge und Forderungen des Kayfers, ex publico, wie fie hier fagen, antworten foll. — Sonft

zog

*) Könnte ich doch, diefe Männer, dem jetzigen wei-
fen Regenten bekannt machen — kennete er fie doch
fo gut, wie ich. Troft ifts mir, dafs diefer berühmte
Menfchenkenner und allgemein anerkannte*Be.lachtfame*,
fie bald kennen lernen kann — wenn fie nicht, durch
Kabbale von ihm entfernet werden. Aber er wird
ja, wenn er mein Buch lieft — ein nefander Stolz —
nein fchriftftellerifche Hofnung ifts — keine Kabbale,
kein *Indemus eum, ficut lufimus matrem et fratrem* —
gelten laffen. Gäbe es doch der Himmel, dafs man
gegen diefen Regenten *recht aufrichtig* zu Werke gien-
ge! Was auf Schrauben ift, ift nicht dauerhaft. —
Leopold II. wird eine eigene Bahn einfchlagen und
in derfelben fortwandeln. Auf! nach! Das ift Pflicht.

zog man die Proteſtanten ſelten oder nie zu Rathe. Unter den vorigen Regierungen, welche
die Hiérarchie begünſtigten, glaubten die katholiſchen Stände der Proteſtanten entbehren zu können. Da waren wir das fünfte Rad am Wagen.
Jezt ſtimmte man alle diejenigen unter uns, die
als Sprecher, mit Ruhm auftreten können. Brüder! Mitbürger! Freunde! (Dieſe Benennungen,
waren, vor der Regierung Joſephs, eine äuſſerſt
ſeltene Erſcheinung — man kann ſichs vorſtellen,
dafs ſie wirkten —) Brüder! ſagte man uns — ;
ihr werdet doch um der zwar ſchäzbaren, aber
immer noch nicht vollkommnen Gewiſsens und
Religionsfreyheit willen, die Grundverfaſſung
des Reichs nicht mit Füſsen treten laſſen! Schlaget nach im Buch der Geſeze, ihr werdet finden,
dafs die Schritte des Kayſers Geſezwidrig ſind.
Unſer Geſez verbietet uns, auſser den Landtags-
verſammlungen, irgend eine Kriegsſteuer und
ſelbſt die Aushebung der Rekruten zu bewilligen.
Wir würden uns ſelbſt verderben, wenn wir,
über unſer Geſez nicht hielten *), u. ſ. w. Das

Q 3   geſchah

*) Aber warum habt ihr denn, über die Verträge und
 Geſeze, des 1608. 1609. 1647. J. die eine ganze Hälfte
 des Königreichs angehen, und ihre Religionsfreyheit
 gründen — nicht gehalten? Warum die Abſichten
 der vorigen Regenten oder, beſſer, ihrer Beichtväter
 gegen uns, eure proteſtantiſchen Mitbürger, ſo ſehr
 befördert? Sagt ihr: wir haben da unſerer Geiſtlichkeit gefolgt; ſo kann euch das vor der Welt unmög-
                  lich

gefchah nicht, um uns dadurch aufmerkfam zu machen, auf die Rechtmäfsigkeit oder Unrecht-mäfsigkeit der K. K. Verordnungen, wenn man fie gegen die Konftituzion hält. Denn, läfst man jedem Talent Gerechtigkeit wiederfahren: fo mufs man geftehen, dafs die Proteftanten von je her, durch ihre Gefchiklichkeit in den Rechten des Landes fich auszeichneten. Das konnte aber auch nicht anders feyn. Bei der, in *einem freien*, das follte wohl heifsen, einem Lande, in welchem jeder feine Menfchen und Bürgerrechte, fo ferne fie mit dem Zwek der Gefellfchaft beftehen können, geniefsen kann, — unerhörten Ausfchliefsung der Proteftanten von allen öffentlichen Aemtern — blieb ihnen nichts anders übrig, als, fich auf die Rechtgelehrfamkeit, — leider! oft nur jene, welche innerhalb der Landesgränzen Brod gab — zu legen, und viele derfelben fanden dabei ihr Glük. Die erften katholifchen Familien des Landes, bedienten fich gewöhnlich proteftantifcher Sachwalter und Fifkale. — Vielleicht, weil fie bei denfelben, caeteris paribus, mehr Rechtsgelehrfamkeit, und die mit derfelben fo felten verbundene Gewiffenhaftigkeit fanden?— nein! — das zu behaupten, wäre Parthey-

lich entfchuldigen. Denn — bürgerliche Gefellfchaften und Verfaffungen, find nicht da, um — von Prieftern die ihr eigenes — Intereffe haben, gemodelt zu werden. Ihr fehet, dafs man die Geiftlichkeit, unter beftimmte Gefetze, in enge Schranken bringen mufs —, wenns gut gehen foll.

theylichkeit — fondern vielmehr darum, weil
der Katholik, dem jedes beßere Amt offen ftund,
mit der Advokatie fich nicht abgeben wollte. —

Unfer Adel, und man kann fagen, dafs er,
in den meiften Gefpannfchaften — befonders in
denen kein Bifchof refidirt — zahlreich genug ift, wufste alfo wohl, was in Anfehung der
K. K. Forderungen Rechtens ift. Um ihn hievon
zu belehren, war die Abficht jener Sprache nicht.
Nein. Man fprach uns auf die befchriebene Art
zu, *entweder*, weil fie uns für das Intereffe des
Landes, das heifst, für das einzige Intereffe, des
Steuerfreien Adels und Klerus gewinnen wollten,
weil fie glauben mochten, dafs die Liebe zu diefem Intereffe, durch die Erinnerung an ehemalige Bedrükungen, die wir von ihnen erfahren
haben, und durch das menfchenfreundliche Toleranzfyftem des Kayfers, in uns gefchwächt worden ift, — *oder*, fchwer, mit fchweren Herzen,
fag ichs — weil man uns dadurch in eine Falle
loken wollte. —

Das lezte mag wohl keine ungegründete Muth-
mafsung feyn, wiewohl ichs wünfchte, das es
eine wäre. Aber ich habe Urfachen, zu glauben,
dafs man keine reine Engelurfachen dabei hatte.
Man verwikelte uns Proteftanten bei den Komi-
tatsverhandlungen zu fehr ins Grofse; — man
lobte, wenn irgend ein Proteftant fprach, den
Sprecher zu unmäfsig; man nannte uns brave
Männer, Brüder, Stüzen der zerfallenden Reichs-

ver

verfafsung; Katholifche Priefter fagten einigen
Proteftanten von Adel, fo viel Komplimente ins
Geficht, als die Parifer Fifcherweiber dem Mirabeau und Konforten; man deputirte uns zur Af-
faffung der Remonftrazionen, die dem K. und
König zugefchikt wurden. — Sonderbar! Vor
zehn Jahren hatten die Proteftanten, iu den Komitatsverfammlungen wenige oder gar keine
Stimmen, uud hatten fie auch welche: fo waren
es Stimmen in der Wüfte, auf die niemand re-
flektirte. Jezt gab man uns die erften Stimmen.
Wir fchrieen nun, fo gut wie andere, und haben
mit geholfen, das fchöne Gebäude einer zwek-
mäfsigerem Staatverfafsung, welches der Kayfer
feit neun Jahren zu gründen anfieng, nieder zu
reifsen. Dafs wir uns bedacht haben, das beweifen die Akten der Gefpannfchaftsverhandlun-
gen. Die fo genannte, auf uns, im Sinne des
1608 — 1647, Jahres ausgedehnte Religionsfreyheit, von welcher man in den lezten Komitatsverfammlungen fprach, wäre eine fchäzbare Ad-
quifition, wenn fie beftehen wird. Aber ich habe meine Bedenklichkeiten. Mir wird ficher be-
richtet; der katholifche, bei den Komitatsverfammlungen — vielleicht gar abfichtlich — in
einer fehr geringen Zahl gegenwärtige Clerus,
habe bei der Propofizion, die das Toleranzwefen
betraf, wohlbedächtig gefchwiegen. Wie, wenn
er da feine refervationes mentales hatte? wie,
wenn er gegen die Protocolle proteftiren wird? wie,
wenn man von alle dem auf dem Landtage unter
ge-

gefuchten Vorwänden' präfcindiren wird? wie,
wenn die Obergefpäne, nach dem Landtage, die
Sprache führen werden, die fie vor wenigen Jahren, unter der vorigen Regierung geführt
haben. *)

Dem fey indeffen wie es wolle der Erfolg wirds am
beften lehren; die Proteftanten, bewiefen in allem, was bis jezt gefchah, dafs fie auf Biederkeit,
Gutherzigkeit, Vaterlandsliebe und Geradheit allen, aber auf diejenige Art der Klugheit, welche
fie der Geift des Katholizifm im eigentlichen Sinn
hätte lehren follen, faft gar keinen Anfpruch haben.

Q 5

*) Einer derfelben fchrieb an ein Komitat, in welchem
der proteftantifche Adel fehr zahlreich ift: „Die Axt
fey fchon an die Wurzel des Baums gelegt." Der
Baum bedeutet die Proteftanten. Diefer Gr. ift jezt
wieder in demfelbigen Komitat Obergefpan, Die
Stände haben ihm zwar, jener Drohung eingedenk
gefchrieben: er foll jezt die Axt zu Haufe laffen. Er
wird es vermuthlich aus Politik thun — aber vielleicht um folche wieder — fchärfer als fie war, her-
zunehmen und in günftigen Umftänden zu gebrauchen.

Ein anderer, bis jezt wirkender Obergefpan und
K. Kommiffär, fagte einigen Proteftanten, die fich auf
Gefez, Recht, Grundverfaffung des Reichs beriefen,
fie follten bedenken, dafs es auch Gefetze gäbe,
nach welchen die Kezer (Proteftanten) verbrannet
werden müfsten. Das fagte er in einer öffentlichen
Komitatsverfamlung. — Sagte er das, um dadurch
die Unbeftändigkeit der Gefeze zu beweifen: — fo
giengs an. Aber von einem Mann, der, mit Haar
und Stiel ein Jefuit ift, lafst fichs kaum denken.

ben. Denke ick mir den Geift des Katholizifm,
fo wie er ex inftituto feyn foll, und, will er, was
er ift, bleiben, feyn mufs, von der einen Seice,
von der andern aber, die Offenheit einiger gut
ungarifcher Proteftanten, mit welcher fie öffentlich fprachen, und die freylich inkonfequenten
Reichsgefeze vertheidigten: fo geht mir, in der
Sache der neulichen Denunziazionen ein helles Licht
auf. Ich begreife es wohl, wer die Proteftanten,
deren Patriotismus man Weyrauch ftreute, bei dem
von diefen Machinazionen zu wenig unterrichte-
ten Kayfer Jofeph angeklagt; wer den *einen* die
Abfezung vom Amt, und mehreren die Gefahr
einer fcharfen Ahndung zugezogen hat.

Sapienti fat!

Jezt follte ich wohl — manum de tabula. —

Aber nein. Am Grabe Jofephs fiel es mir ein,
der Nazion, die ihn ganz verkannt hat, ein paar
Wahrheiten ans Herz zu legen. Nur begüterte
Adeliche find Amtsfähig. Der Bürgerlich gebohrne, wär er auch die Themis felbft, ift von jedem Komitatsamte ausgefchloffen. — Selbft der
unbegüterte Adliche hat an die höhern Würden
keine Anfprüche. Er mag fein Talent in dem
Dienft eines Reichen vergraben, oder — aber
auch das ift fchwer — in die Kutte einhüllen. *)

Mit

*) Und das foll die wahre Freyheit feyn? Wir waren
auf dem Punkt — Jofeph führte uns dahin, frey zu
werden. — Er hob — nein! er wollte nur jedes

Ta-

Mit einem Wort: Ungarn hat, was er wollte —
aber nicht, was es haben follte und müfste, um
ein glükliches Land zu werden. — Es hat den
ganzen Gräuel der vorigen Verfaffung. Ein Ge-
fezbuch, das nicht unbeftimmter feyn kann. Ein
peinliches Recht aus den Zeiten der Barbarey.
Das elendefte Latein zur Kurialfprache. In den
Obergefpännen, bei 50 vice-Könige. Behörden
mit Jure gladii verfehen, eine Legion. — Dome-
ftik-Kaffe zur beliebigen Difpofizion der Gefpäne.
— Bey zweyhundert Stuhlrichter als Polizeydi-
rektoren, die kaum das Wort „Polizey" verftehen. — Geiftliche im hohen Rath, Geiftliche im
kleinen Rath, Geiftliche überall, bei der politifchen, juridifchen, peinlichen Verwaltung des
Reichs. Kriegsfubfidien giebt kein Edelmann
mehr. Alles ift in dem feit fünf Jahren ge-
wünfchten, dem reichen Adel und dem katholifchen Clerus günftigen, Labyrinth. — Armes
Volk, armer Bauerftand, nur du bift verlaffen,
ohne Sprecher. Findet es der Himmel nicht für
gut, dir bifs auf den künftigen Landtag, einen
Volksfreund — einen Vertheidiger zu erweken;
fo bift du Sklav, wie du es ehe warft. — Jofeph
konnte dich nicht befreien. Leopold, der weife Regent, wird fich deiner erbarmen, dein
Freund

Talent heben, wo er es fand. — In einer Stroh-Hüt-
te, im Pfarrhaufe — in der Kuria mit einem Aker —
oder in Paläften. — Jezt — foll nur der Reiche etwas gelten. — Alles übrige, was Bürger und armer
Adel ift, ift mehr oder weniger Sklav des begüterten
Ariftokraten.

Freund feyn, — durch beftimmte Gefeze dein
Erlöfer werden. — Er wird den Bürgerftand —
die Stärke aller Reiche — begünftigen, durch
Kommerz die Induftrie beleben, und gefchieht
das, fo mufs das jedem Lande verderbliche Syftem der Ariftokratie, früher oder fpäter — fo
wie in Amerika — durch Bemühungen eines
Franklin — oder fo — wie in Frankreich — —
niedergeriffen werden. Dann find wir gewifs nahe
daran, publike Religionsakte von der Art durch
zufezen, — wie jene ift, die Virginien gemacht
und Mirabeau in den Staatsakten von Amerika
bekannt gemacht hat. Der Priefter wird ein
Menfch und Bürger, die Religion freie Lebensweisheit feyn.